BIBLIOTHÈQUE CONTEMPORAINE

GABRIEL CHARMES

UNE AMBASSADE AU MAROC

PARIS
CALMANN LÉVY, ÉDITEUR
RUE AUBER, 3, ET BOULEVARD DES ITALIENS, 15
A LA LIBRAIRIE NOUVELLE

1887

UNE

AMBASSADE AU MAROC

CALMANN LÉVY, ÉDITEUR

DU MÊME AUTEUR

Format grand in-18.

L'AVENIR DE LA TURQUIE..................... 1 vol.
POLITIQUE EXTÉRIEURE ET COLONIALE....... 1 —
LES STATIONS D'HIVER DE LA MÉDITERRANÉE. 1 —
LA TUNISIE ET LA TRIPOLITAINE............. 1 —
VOYAGE EN PALESTINE...................... 1 —

Format in-8.

LA RÉFORME DE LA MARINE................... 1 —

BOURLOTON. — Imprimeries réunies, B, rue Mignon, 2.

UNE
AMBASSADE
AU MAROC

PAR

GABRIEL CHARMES

PARIS

CALMANN LÉVY, ÉDITEUR

ANCIENNE MAISON MICHEL LÉVY FRÈRES

3, RUE AUBER, 3

—

1887

Droits de reproduction et de traduction réservés

AVERTISSEMENT
DE L'ÉDITEUR

Ce livre est le dernier qu'ait écrit M. Gabriel Charmes. Bien qu'il ne soit pas tout à fait terminé, on peut dire qu'il est achevé, en ce sens qu'il donne du Maroc, depuis Tanger jusqu'à Fès, une image complète, et qu'il en laisse dans l'esprit une impression vive et nette. Jamais le talent descriptif de l'auteur ne s'était manifesté avec des couleurs plus brillantes, ni avec plus de grâce pittoresque et d'heureux abandon; jamais ses facultés d'observation précise et rapide ne s'étaient exercées avec plus de succès; et jamais aussi, au milieu de la verve qu'il savait mettre dans ses récits, la profonde mélancolie de son âme, aux souvenirs attristés, aux courtes espérances, ne s'était échappée en traits plus touchants. M. Gabriel Charmes avait à un degré rare le don puissant de la vie; il animait tout ce qu'il touchait; mais il était déjà et depuis longtemps en proie à un mal sans remède, lorsqu'il écrivait, avec une sorte de hâte, les chapitres de ce livre qu'il n'a pas fini. Les premières lignes sont pleines d'ardeur, d'humeur remuante, d'ambition voyageuse; les dernières sont douces, calmes et reposées comme une voix qui tombe. Le héros arabe du début se plaignait que l'Océan arrêtât sa marche; un obstacle plus impitoyable devait arrêter le jeune écrivain et arracher la plume à sa main défaillante.

Le public a suivi avec intérêt les travaux si divers de M. Gabriel Charmes. Nous lui offrons ces pages : elles lui plairont sans doute ;

et augmenteront ses regrets de la perte d'un homme qui a aimé passionnément tout ce qui était beau, et qui a consacré ses forces à tout ce qui était noble, patriotique et bon.

UNE
AMBASSADE AU MAROC

I

TANGER

Le fondateur de Kairouan, le héros de la conquête arabe, dont les armées victorieuses répandirent dans tout le nord de l'Afrique la puissance de l'islam, Sidi-Okba-ben-Nafé, parti de l'extrême Orient d'alors pour arriver à l'extrémité du Maroc actuel, au bord de l'Océan, fit entrer son cheval jusqu'au poitrail dans les flots, leva la main au ciel et s'écria : « Seigneur, si cette mer ne m'arrêtait, j'irais dans les contrées lointaines et dans les royaumes de Dou'l Kournein, en combattant pour ta religion et en tuant ceux qui ne croient pas à ton existence, ou qui adorent d'autres dieux que toi ! » Sans être aussi religieux et aussi féroce que Sidi-Okba, j'étais, moi aussi, faut-il l'avouer? mordu au cœur par l'ambition de pousser mes excursions au nord de l'Afrique, jusqu'au point où je pourrais faire entrer mon cheval ou mon mulet, — cette seconde monture convenant beaucoup plus à un simple publiciste que le coursier des conquérants, — dans les flots irrités de l'Océan, et m'écrier avec emphase : « Seigneur, c'est la mer seule qui m'arrête ; sans quoi, j'irais dans les contrées les plus fabuleuses chercher des objets d'étude et des sujets de description ! »

Ayant commencé mes observations par l'Égypte, ayant visité plus tard la Tripolitaine et la Tunisie, connaissant l'Algérie à l'aide des innombrables ouvrages qui ont été publiés sur elle, il ne me manquait plus que d'avoir vu le Maroc pour être en droit de dire que j'avais embrassé dans toutes ses parties la question de l'Afrique arabe; que, du Nil à l'Océan, j'en avais cherché partout la solution. Mais rien n'est moins aisé, on le sait, que de voyager au Maroc, où il n'y a ni route, ni ressources, ni sécurité pour les touristes. A moins d'être un de ces grands aventuriers, comme il en existe tant aujourd'hui, dont l'âme est d'acier et dont le corps n'est pas d'un métal moins solide, à moins de se sentir moralement et physiquement capable de supporter toutes les privations, de braver toutes les misères, le seul moyen de parcourir une région si voisine de nous et qui nous est néanmoins si complètement fermée, est de suivre une des ambassades que les puissances européennes envoient parfois saluer le sultan du Maroc dans une de ses trois capitales, Maroc, Fès et Meknès. C'est ce qu'une heureuse circonstance m'a permis de faire. J'avais eu occasion de voir de près à Tripoli, où il était alors consul général, notre nouveau ministre à Tanger, M. Féraud; j'avais pu apprécier le diplomate qui, comme agent arabe, est hors de pair, et l'homme privé, qui est un des plus intelligents, des plus aimables, des plus charmants qu'il soit possible de rencontrer; j'étais devenu son ami. Lorsqu'il m'a proposé de l'accompagner à Tanger, j'ai accepté son offre avec joie; tous mes instincts nomades se sont réveillés à la pensée de cette nouvelle course dans l'inconnu. Ombre de Sidi-Okba, que de fois tu m'es apparue dans mes rêves, tandis que je franchissais l'Espagne à toute vapeur afin d'arriver plus vite à Tanger, où je craignais que l'ambassade française, trop pressée de partir, ne m'eût point attendu et eût pris sans moi cette route de Fès que je me figurais si belle, sous le soleil africain !

Bien souvent, en effet, j'avais entendu affirmer qu'en dépit de sa situation à l'extrême Occident, le Maroc, *Maghreb-el-Acsa*, comme disent les Arabes, était plus oriental que l'Orient. Que de voyageurs enthousiastes, ayant touché à Tanger après une excursion en Espagne, m'avaient parlé de sa lumière translucide, dans laquelle Henri Regnault avait trempé son magique pinceau, sans parvenir à le colorer de ses tons d'un inimitable éclat ! « Non, me répétaient-ils, non, il n'y a rien de pareil en Syrie ou en Égypte ! Se fût-il baigné dans l'éblouissante limpidité de l'atmosphère de Damas ou de Louqsor, celui qui n'a point admiré les lueurs de l'aurore ou du couchant lorsqu'elles rougissent les murailles en ruine de Tanger ignore ce que c'est que la clarté ! »

Sous la pluie, qui tombait à flots en Espagne, j'avais lu, blotti au fond de mon wagon, dans un livre d'apparence sérieuse : « L'un des résidents de Tanger, qui a habité Le Caire, me disait qu'il préfère mille fois le climat du Maroc à celui de l'Égypte... Le séjour de Tanger est très sain, en dépit de l'incroyable saleté de la ville. Tanger serait

une excellente station d'hiver pour les malades... »
J'attendais donc, non sans une impatience fébrile,
le délicieux spectacle, si fréquemment annoncé, de
la blanche Tanger sortant des flots bleus, avec sa
ceinture de cactus, ses fortifications pittoresques,
ses minarets dorés, ses terrasses et ses palmiers. En
m'embarquant à Gilbraltar, le cœur me battait. Je
dois confesser pourtant que le ciel était fort gris et
qu'un gros nuage couvrait le rocher. Mais tout
cela allait se dissiper dans le détroit! Le bateau file,
une heure se passe. Chose étrange! Loin de dimi-
nuer, le brouillard augmente; bientôt même, la
pluie commence à tomber noire et lourde; à mesure
que nous avançons, elle devient plus violente; des
torrents d'eau s'abattent sur le pont. Nous stoppons;
il paraît que nous sommes arrivés. Je regarde avec
épouvantement le rivage obscur. Cette masse
sombre, d'un affreux ton d'encre de Chine étendue
d'eau, sur laquelle s'abattent toutes les cataractes
du ciel, c'est Tanger, la brillante Tanger, Tanger
la belle, *Tanjir-el-Bahja*, ainsi que l'appellent les
Arabes; c'est la rivale victorieuse du Caire, c'est
la ville chère à Henri Regnault, c'est la patrie
préférée de tant de coloristes! A cette vue, j'en
conviens, j'ai presque douté de Sidi-Okba, et peu
s'en est fallu que, sans descendre du bateau, je

ne reprisse, à jamais désenchanté, le chemin de l'Europe.

J'aurais eu tort, à coup sûr, car le Maroc m'a offert bien des compensations à son mauvais climat. Mais l'opinion que je me suis faite d'emblée de ce dernier ne s'est pas modifiée par la suite. Il paraît que l'hiver a été excessivement pluvieux cette année au Maroc : depuis le mois de novembre, on y a vécu en plein déluge, sans arche de Noé pour éviter l'inondation. Mais, tous les hivers, la pluie tombe abondamment pendant deux mois au moins; les autres mois, une humidité fort malsaine règne un peu partout. Je n'en veux pour preuve que les trop nombreux Européens rhumatisants qui habitent le pays! Je n'ai rien remarqué de pareil au Caire, ni à Damas, ni à Beyrouth. Dieu garde donc les poitrinaires de la malencontreuse idée d'aller s'établir à Tanger! Quant aux peintres, ils peuvent encore tenter l'aventure. J'en ai vu, il est vrai, qui, durant tout l'hiver dernier, n'avaient pu travailler que trois ou quatre fois à peine en plein air; mais il semble bien qu'il n'en soit pas toujours ainsi : l'exemple d'Henri Regnault, de M. Benjamin Constant et de quelques autres est rassurant. Or, lorsque la pluie cesse et que le soleil revient, il est incontestable que Tanger est pour les peintres une mine inépuisable d'études; non que la lumière d'Orient y brille, — ceux qui disent cela ne se doutent même pas de ce que c'est que la lumière d'Orient, dont l'intensité est telle, qu'elle éteint les couleurs et ne laisse plus subsister que des nuances si délicates, qu'on ne saurait songer à les reproduire, — mais parce qu'une lumière bien différente de la lumière d'Orient, une vraie lumière d'Occident, vive, puissante et forte, y projette sur chaque chose des tons d'une merveilleuse vigueur.

Un jour que j'étais monté à la Kasbah, c'est-à-dire à la citadelle qui domine Tanger et d'où l'on aperçoit l'ensemble de la ville étendue sur une colline faiblement inclinée vers la mer, les nuages étant venus subitement à s'écarter pour laisser se produire une courte éclaircie, j'ai compris enfin l'admiration des voyageurs et des artistes qu'il m'avait été jusque-là si difficile de m'expliquer. Prise en détail, Tanger n'a rien de remarquable; son architecture, à une exception près dont je parlerai plus loin, est des plus communes; ses mosquées manquent de caractère; ses petites rues étroites et tortueuses présentent un aspect d'une parfaite monotonie. Mais toutes ces maisons, soigneusement peintes à la chaux, sont à l'extérieur de la plus pure blancheur, et des terrasses, où se tiennent sans cesse quelques mauresques couvertes de leurs voiles ou quelques juives vêtues de costumes multicolores, les surmontent de la manière la plus heureuse. Çà et là de beaux jardins tranchent par leur verdure sur le blanc panorama. Aux alentours, la campagne est charmante, remplie de figuiers aux larges feuilles, qui grimpent sur les dunes de la mer et qui se mêlent plus loin aux joncs et aux palmiers nains. Cette ville claire, ce paysage égayé, forment un spectacle d'une harmonie ravissante. Il est naturel qu'on s'y laisse séduire, surtout lorsqu'on ne connaît l'Orient que par les livres, et qu'on peut se persuader, en toute sécurité de conscience, qu'on en a sous les yeux une image accomplie. Cette ressource me manquait; c'est peut-être ce qui m'a rendu sévère pour Tanger.

Je m'attendais encore à voir souvent, dans la vapeur argentée du matin ou dans l'éclat rougissant du soir, la rive espagnole du détroit m'apparaître au loin telle qu'on me l'avait décrite, développant sur le ciel ses grandes lignes, élevant au-dessus de la mer ses montagnes d'un bleu doux et transparent. A force d'ouvrir les yeux, je suis arrivé à discerner une fois, durant le mois que j'ai passé à Tanger à deux reprises différentes, avant et après mon voyage à Fès, en avril et en juin, une sorte d'ombre opaque tranchant sur le gris noirâtre du brouillard. C'était la côte d'Espagne! On m'a affirmé que je n'avais pas eu de chance et qu'il n'en est pas ainsi tous les ans. En effet, je n'ai pas eu de chance!

Le seul avantage que j'aie retiré des pluies torrentielles qui m'ont accueilli à Tanger, ç'a été de séjourner beaucoup plus longtemps dans cette ville que je n'avais eu le dessein de le faire. On ne pouvait pas songer à partir pour Fès par un temps semblable; la caravane que le sultan envoyait pour nous chercher et pour nous escorter auprès de lui s'était d'ailleurs perdue dans la boue; elle n'arivait pas, et sans elle il n'y avait pas de voyage possible. Il ne me restait plus qu'à profiter de ce retard pour examiner Tanger en détail, pour en étudier les mœurs, pour en observer les habitants. Je viens de dire que, comme architecture, cette ville offrait médiocrement d'intérêt. J'ai voulu parler surtout des mosquées, qui paraissent peu remarquables, autant du moins qu'on est en mesure d'en juger; car, étant absolument fermées aux infidèles, on n'en voit jamais l'intérieur. L'extérieur est fort commun. Elles sont toutes surmontées d'un minaret carré, en forme de tour, au-dessus duquel s'élève un petit observatoire que terminent un certain nombre de boules dorées enfilées les unes sur les autres; parfois, mais rarement, un croissant imperceptible est placé au-dessus de la plus haute boule. On dit que le grand minaret de Maroc est décoré d'un gigantesque croissant. C'est à coup sûr le seul qui présente dans le pays de pareilles dimensions. Le rôle du croissant est absolument nul au Maroc; il ne figure ni sur les drapeaux, ni sur les cachets, ni sur aucun insigne; on ne le voit presque nulle part. Il est remplacé par l'anneau de Salomon, figure cabalistique destinée à préserver du mauvais œil. Cet anneau se rencontre partout, dans les maisons, dans les mosquées, aux plafonds, dans les arabesques, sur les tapis, dans les candélabres suspendus, dans le mobilier du pauvre et jusque sur le cachet du sultan. Ce n'est d'ailleurs qu'une imitation imparfaite de l'anneau de Salomon, *Khatem Sidna Seliman*, lequel est caché dans le tombeau du grand roi, patron des sorciers musulmans, où personne n'est allé le chercher; on se contente d'en reproduire une image approximative, qui se compose de deux triangles équilatéraux enlacés de manière à former une étoile à six pointes. L'anneau dont Salomon usait à son ordinaire était, dit-on, d'une seule pièce, et l'on y avait fait entrer une parcelle de tous les métaux; il représentait bien des entrelacs, mais il était impossible d'y découvrir aucune jointure. Avec ce précieux talisman, Salomon gouvernait les éléments et les esprits, tant les esprits bienfaisants ou *djenoun* que les mauvais ou *chitamin;* son action ne s'arrêtait qu'à Satan le Lapidé, le diable noir par excellence, *chitan-el-k'hal*. Après tout, c'était déjà beau, et je doute que le croissant soit capable d'aller jusque-là!

Si les mosquées de Tanger n'ont rien de remarquable, il n'en est pas de même de la Kasbah, qui renferme le palais du gouvernement, les casernes, les prisons et un certain nombre d'habitations particulières. Un minaret octogone, décoré de jolies arabesques et de gracieuses ogives, la domine de toute sa hauteur. Le palais du gouverneur mérite surtout d'être visité. On y arrive par une vaste cour intérieure, que les peintres ont cent fois reproduite, mais qu'on admire encore après tant de reproductions; elle est ornée de colonnes de marbres de différentes couleurs, sur lesquelles sont posés des chapiteaux corinthiens, échappés sans doute à la destruction de l'ancienne Tingis. Après avoir traversé cette cour, il faut se hâter de pénétrer dans l'appartement des femmes, une merveille, un bijou, un joyau d'art arabe. Jamais peut-être l'idée poétique que nous nous faisons du harem n'a paru aussi heureusement réalisée. Figurez-vous une série de

petites chambres reliées entre elles par plusieurs
séries de corridors qui montent, qui descendent, qui
tournent dans toutes les directions, qui se croisent
et s'entre-croisent comme dans un labyrinthe inextricable. C'est le plus délicieux des désordres, c'est
le plus délicat des chaos. Un souffle de volupté discrète et prolongée plane sur ces adorables réduits,
où l'on ne sait comment on entre, d'où on sait encore
moins comment on pourra sortir. Chacun d'eux
semble un nid caché, séparé de tous les autres, et
aussi amoureusement préparé que s'il existait seul.
Il est impossible d'imaginer, il est plus impossible
encore de décrire les décorations de ces chambres;
aucune ne ressemble aux autres, toutes sont exquises.
Un fouillis d'arabesques couvre les plafonds; les
murs sont revêtus de mosaïques d'une élégance et
d'une complication invraisemblables; les fenêtres,
très petites, sont soutenues par des colonnettes
minuscules, merveilleusement ouvragées; de véritables dentelles de bois ou de plâtre servent de corniches. Mais ce qui est plus charmant que tout le
reste, ce sont les espèces d'enfoncements, les sortes
d'alcôves où se tenaient les femmes sur des tapis et
des coussins amoncelés; les plus belles et les plus
extraordinaires décorations arabes y sont prodiguées;
le plafond, taillé en demi-voûte, est formé de ces

petits cubes, de ces alvéoles étagées les unes sur les
autres comme les rayons d'une ruche, dont les
artistes orientaux tirent des effets d'une variété si
imprévue; peints de couleurs diverses, ils ressemblent à un kaléidoscope, où l'œil se perd dans les
plus étranges visions. Et quelles visions devaient
apparaître, en effet, aux heureux possesseurs de ce
palais féérique, lorsque, à la suite de longues conversations amoureuses, ils laissaient errer leurs regards
sur une des plus fantasques productions de cet art
des Arabes, qui ne parle pas à l'âme, qui ne s'adresse
pas davantage à l'esprit, qui n'est fait que pour
animer les sens, pour les étonner et les enivrer par
des fantaisies de plus en plus hardies, par des
gageures de mieux en mieux soutenues contre
l'impossible? Enveloppés d'une demi-obscurité,
perdus dans le vague de leurs pensées ou dans l'indécision des formes environnantes, tout, autour
d'eux, les invitait à se lancer et à se perdre dans le
domaine infini du rêve. Et, lorsque la lassitude ou
le dégoût était sur le point de les ramener à la
réalité, ils avaient seulement quelques pas à faire,
un corridor silencieux et facile à franchir, pour
trouver de nouveaux enchantements ou de nouvelles
déceptions. N'est-ce pas l'idéal du harem? N'est-ce
pas ainsi qu'il doit être : compliqué comme une

arabesque, afin de prêter aux illusions, et tout estompé de mystère, afin de les rendre moins fugitives? Les salles communes de celui de la Kasbah ne sont pas moins ravissantes que les petites chambres séparées; il y en a de toutes les formes, rondes, carrées ou polygonales; il y en a de toutes les décorations. Enfin, une terrasse couverte, que supportent des colonnes de marbre, donne sur un petit jardin, où l'on entre par une porte du plus beau style, qui semble être là dans le seul dessein de rappeler que les Arabes ont su faire grand, s'ils ont excellé dans le joli. Mais l'impression dominante qu'on emporte du palais du gouverneur de Tanger, c'est qu'ils ont su donner à la vie tout ce qu'elle peut contenir de jouissances; c'est qu'ils ont été les premiers des maîtres dans l'art de savourer le plaisir.

Au reste, ils n'ont pas moins perdu cette supériorité là que les autres. Le harem de la Kasbah tombe en ruines, ses décorations s'écaillent, ses mosaïques se détachent des murs, où il ne restera bientôt plus trace de leur inimitable dessin et de leur fin coloris. On le quitte à regret, convaincu que, bientôt, il n'existera plus. Lorsqu'on se retrouve dans la cour du palais, les gardiens, pour varier vos plaisirs, vous conduisent à la prison. On n'y pénètre pas, mais on peut l'examiner à loisir par une petite fenêtre grillée, qui sert à satisfaire la curiosité des touristes et qui permet aussi aux parents des condamnés de porter à ceux-ci quelque nourriture. Comme l'autorité les abandonne absolument à leur sort, ils périraient de faim si leur famille ne pourvoyait à leurs besoins. C'est un spectacle absolument hideux, sombre et répugnant, que celui de ces malheureux entassés dans une demeure infecte, couverts de crasse et de vermine, vêtus de haillons, manquant souvent de pain, et toujours d'air, de lumière et de soleil. Pour le motif le plus futile, les uns sont plongés dans ce bouge terrible durant de longues années, les autres doivent y passer toute leur vie. Je laisse à deviner l'existence de ces derniers. Au bout d'un certain temps, la charité de leurs parents et de leurs amis s'émousse; on oublie de leur porter des vivres; ils périssent lentement d'inanition. Le gouvernement n'en a cure; une fois qu'il a enfermé un prisonnier, il ne songe plus à lui. Les geôliers ne s'en tourmentent pas davantage. Ce n'est que lorsqu'il est mis en liberté que ces derniers consentent à s'en occuper, et savez-vous pourquoi ? Uniquement pour lui réclamer un droit de geôle, plus ou moins élevé, nommé *sokhra*. Il ne suffit pas d'avoir été prisonnier, il faut encore payer pour l'avoir été. Je me quelle outrecuidance, ou plutôt avec quelle naïveté, les geôliers de Fès poursuivirent un jour, jusque dans le palais que nous habitions, un Algérien que le cadi de la ville avait fait jeter en prison, contrairement au droit et en violation des traités, et dont M. Féraud, dès son arrivée dans cette ville, s'était empressé d'exiger la délivrance. On convenait que l'Algérien n'aurait jamais dû être emprisonné, qu'il était parfaitement innocent; mais, enfin, il n'en avait pas moins occupé un logement dans la prison : il devait en payer le loyer. M. Féraud fit proposer aux geôliers de le leur solder en coups de bâton. Mais il s'agissait d'un Algérien ! Coupables ou non coupables, les infortunés Marocains que la plus injuste des justices entasse dans les cachots n'ont pas de ministres pour les en tirer gratuitement. Quand ils en sortent vivants, ils sont ruinés. C'est ainsi que les effets les plus odieux de la tyrannie s'étalent à quelques mètres du palais où l'on retrouve encore les débris des plus grands raffinements de la volupté.

La Kasbah, je le répète, est seule digne à Tanger d'exciter la curiosité des voyageurs. La place du marché, le *Socco*, célébrée par tant d'écrivains enthousiastes, n'a rien que de parfaitement vulgaire. Il n'existe pas de bazar proprement dit ; dans toutes les rues s'étalent ces petites boutiques que l'on voit partout en pays arabe. La population qui s'y presse est très variée sans doute; mais les types et les costumes y sont bien loin de l'inépuisable diversité de ceux du Caire ou de Constantinople. Rien ne ressemble ici au pont de la Corne-d'or ou au pont du Nil, sur lesquels tous les êtres que Dieu a créés dans son intarissable fantaisie semblent s'être donnés rendez-vous pour défiler sous ses regards. A Tanger, on ne rencontre guère que des nègres, des musulmans berbères ou arabes, et des juifs. Pour un œil exercé, la différence est grande entre l'Arabe des plaines, le montagnard du Riff, l'habitant du Sous, le Maure des villes, etc.; mais, quand on n'y regarde pas de très près, ils se confondent les uns avec les autres sous leurs *djellaba* blanches ou grises. Seul, le Riffain, à la tête nue et rasée, entourée d'ordinaire d'une simple corde en poil de chameau, présente un caractère très tranché. Ce qui m'a le plus frappé, c'est de voir aux enfants berbères, sur un crâne absolument dépouillé, une simple mèche tressé, placée de côté au-dessus de l'oreille droite. C'est le signe distinctif de la jeunesse. Or, la même mode existait déjà chez les anciens Égyptiens; et l'on reconnaît les jeunes gens, dans les représentations antiques, à cette mèche tressée sur le côté qu'ils portent encore aujourd'hui parmi les Berbères. Quant aux juifs, la plupart d'entre eux adoptent les costumes et prennent de plus en plus le visage des Européens. Les femmes ont abandonné les toilettes nationales pour des robes de cotonnade claire, qui leur donnent l'air de méridionales endimanchées. Je n'ai pas remarqué qu'elles fussent aussi jolies qu'on le prétend ; je n'en ai même rencontré aucune qui me parût réellement belle.

En se promenant à travers les rues et les places publiques, il va sans dire qu'on rencontre des charmeurs de serpents, des conteurs arabes, des diseurs de bonne aventure ; mais ils ne sont ni nombreux, ni originaux en aucune manière. Il m'a même semblé que Tanger n'abondait pas en sorciers. J'en ai cherché toute une journée avec deux amis, désireux, comme moi, de s'initier aux croyances et aux superstitions populaires. Nous sommes entrés, à cet effet, dans un certain nombre de cafés arabes, où nous n'avons tâché, tout en dégustant nos tasses de café, de faire causer les assistants sur ce sujet scabreux. Au premier mot que nous disions, les consommateurs, étalés, couchés à terre, dans les poses les plus alanguies, à demi abrutis par le kif et l'oisiveté, se réveillaient, souriaient et nous affirmaient, en hochant la tête, qu'il n'était pas difficile de trouver

des sorciers au Maroc, attendu que tous les juifs
l'étaient plus ou moins. N'obtenant des Arabes que
cette réponse évasive, nous nous sommes adressés à
une juive qui paraissait de bonne composition, afin
de nous mieux renseigner. Celle-là nous a donné les
détails les plus nombreux et les plus circonstanciés
sur les faits et gestes des diables du pays. Mais je
crois sincèrement qu'il n'y avait de diables que dans
ses grands yeux noirs, brillants comme du feu ; il
est vrai qu'ils avaient tout l'air d'en être pleins et
qu'à chaque parole de la juive ils lançaient au dehors,
comme pour nous embraser, les éclairs les plus perçants de l'enfer.

Si les musulmans prétendent que tous les juifs
sont sorciers et plus ou moins disciples de Satan, il
n'en faudrait pas conclure que Tanger soit une ville
très fanatique ; c'est, au contraire, la seule du
Maroc où musulmans et juifs vivent côte à côte en
bonne intelligence. Il n'y a pas, pour ces derniers,
de quartier particulier, de *ghetto*, ou, suivant le
terme du pays, de *mellah*. Ils sont répandus partout
au hasard et ne souffrent aucune avanie. De leur
côté, les Européens jouissent à Tanger de la plus
parfaite sécurité. On sait qu'il n'en était pas de
même autrefois. Le Maroc est peuplé de chérifs, ou
de prétendus chérifs, descendants de Mahomet, qui se

permettaient envers les juifs et les chrétiens toutes les impertinences et toutes les violences. En 1820, l'un d'eux se passa la fantaisie d'étendre par terre d'un coup de bâton le consul de France, M. Sourdeau, et, lorsque celui-ci se plaignit au sultan, Moulâ-Soliman se borna, en guise de réparation, à lui rappeler qu'il est dit dans l'Évangile : « Si l'on vous soufflette sur une joue, présentez l'autre. » Mais le gouvernement français ne tarda pas à prouver au facétieux sultan qu'entre la morale de l'Évangile et la politique française, il n'y a pas moins de différence qu'entre le Coran et certains actes des souverains musulmans. En 1853, un autre chérif s'étant enhardi jusqu'à assassiner un Français, il fallut consentir à verser le sang du Prophète pour racheter celui de l'infidèle : le chérif fut condamné à mort et exécuté, à la très grande surprise, mais à la très grande édification des Marocains. Depuis lors, chaque fois qu'un chérif a mérité la bastonnade pour quelque méfait commis contre un Européen, elle lui a été libéralement donnée ; et, chose étrange, quelque prosaïque que soit ce moyen de calmer les fureurs religieuses des saints, il a si bien réussi qu'aujourd'hui, encore une fois, il ne reste plus à Tanger que bien peu de trace de fanatisme.

C'est dans cette ville, tout imprégnée des mœurs de

l'Europe, que réside presque constamment le principal chef religieux du pays, le grand-maître de l'ordre de Moula-Thaïeb, le fameux chérif d'Ouezzan, qui est devenu récemment notre protégé, après avoir toujours été notre ami. Il n'a pas eu besoin de la moindre leçon, lui, pour secouer tous les préjugés de l'islamisme, car jamais aucun d'eux n'était entré dans son esprit parfaitement libre, ou, comme on le disait au XVII° siècle, parfaitement libertin. C'est à son corps défendant et bien malgré lui qu'il est pontife. Mais cela ne le gêne aucunement. Il porte sa sainteté avec une désinvolture admirable, se laissant adorer par le peuple, permettant à la foule de baiser avec dévotion la frange de son burnous, l'étrier, la selle, les pieds et jusque la queue de son cheval, passant avec une suprême indifférence et un absolu dédain au milieu de ses fidèles prosternés. Court, gros, ramassé sur lui-même avec un faux air de Sancho Pança, bronzé comme un mulâtre, la lèvre épaisse et sensuelle, l'œil fatigué, la figure lourde et commune, sans aucune recherche de costume, sans aucun signe qui le distingue des autres indigènes, il n'a cessé de mettre aux plus rudes épreuves la foi des adeptes de son ordre. Peu croyant dès sa jeunesse, lorsqu'il entreprit le voyage de La Mecque, il fit la traversée sur un bateau français. Il en revint médiocrement édifié par la pierre noire de la Kasbah et par le puits de Zemzem, mais enchanté de nous, de nos mœurs, de notre scepticisme et surtout de nos boissons. Pendant de longues années, en dépit des défenses du Coran, il se grisait résolument chaque jour, et, dès qu'il était gris, commettait avec la hardiesse d'un saint en rupture de sainteté toutes les sottises qui lui passaient par la tête. Un jour même, les choses furent poussées si loin, que les marabouts et les tolba d'Ouezzan crurent devoir prier leur grandmaître d'aller vivre hors de la zaouïa, que souillaient ses débauches. Sa femme, se mettant de la partie, lui fit une violente scène conjugale. Le chérif irrité lança par trois fois, pour la répudier, la fameuse phrase consacrée : *Haram alia*, puis quitta Ouezzan et se rendit à Tanger, tandis que la malheureuse abandonnée allait se réfugier avec son fils auprès du sultan. A Tanger, le chérif, peu enclin au célibat, ne trouva rien de plus simple que d'épouser, à la place de sa fanatique et acariâtre épouse, une femme de chambre anglaise, à laquelle il permit d'ailleurs de garder son christianisme, ne se sentant nul goût pour les conversions. Ce fut, il faut en convenir, une très sage résolution, bien qu'elle ait soumis encore à une rude épreuve la crédulité des fidèles. Le chérif d'Ouezzan n'a eu qu'à

se louer de sa nouvelle femme, qui a pris peu à peu
assez d'empire sur lui pour le décider, non seulement à ne plus se griser, mais même à ne plus boire
du tout de boissons alcooliques. Elle s'est tout à fait
pliée aux nécessités de sa position. On l'a vue escorter son mari dans les pèlerinages pieux et tendre
la main aux croyants pour recueillir les redevances
qui sont les revenants-bons du métier de pontife musulman. Elle a eu des enfants que le peuple vénère,
comme si leur mère n'était pas protestante. On peut
voir dans les rues de Tanger de hardis cavaliers, des
guerriers audacieux s'incliner, se mettre à genoux
devant ces rejetons croisés du sang le plus pur de
l'islam et du sang le plus commun du christianisme,
embrasser dévotement leurs babouches, se faire
imposer leurs mains sur la tête en signe de bénédiction. Les fils de l'Anglaise ne sont pas moins respectés que le fils de la musulmane, qui, voyant ses
frères grandir dans la piété du peuple, a jugé plus
sage de quitter le sultan, de se rapprocher de son
père et de vivre en bonne intelligence avec lui.

J'ai eu l'occasion de rencontrer la chérifa
d'Ouezzan. Elle n'a absolument rien d'une héroïne
de roman ; et, quoique son mariage soit des plus
aventureux, elle parle de son mari et de ses enfants
comme une bonne bourgeoise de Londres parlerait

des siens. On dirait, à l'entendre, qu'il n'y a rien d'étrange dans sa famille. Elle n'est pas jolie; il est difficile d'expliquer l'amour qu'elle a inspiré à un des plus grands personnages de l'islamisme. D'ordinaire, elle est vêtue très simplement à l'européenne, ou plutôt à l'anglaise; les vendredis seulement, elle revêt un costume arabe. Elle a des cartes qui portent la suscription suivante: *S. A. Mme de Wazzan, princesse du Maroc.* Je ne lui reproche ni de s'intituler altesse, ni de se donner le titre de princesse : elle a droit à tout cela de par son mariage ; je ne lui reproche que d'écrire Wazzan à l'anglaise, ce qui rappelle trop son origine. La voilà maintenant protégée française.

Je n'affirmerai pas que ce protectorat accordé au chérif d'Ouezzan et à sa famille ait été un acte diplomatique fort habile. Il n'a pas pu resserrer notre intimité avec un homme qui avait toujours été notre ami. En revanche, il a encore été pour les fidèles un sujet d'étonnement et de scandale. Les ennemis du chérif se sont aussitôt mis à répandre le bruit qu'à force de se moquer du Coran, il en était venu jusqu'à se faire chrétien ; cette rumeur mensongère, grossie, exploitée par nos adversaires, a couru dans toute l'Afrique. Il ne faut pas que les chérifs soient fanatiques; mais il est bon, pour eux et pour ceux qui veulent s'en servir, qu'ils restent musulmans, du moins en apparence. Soyons toujours les alliés du chérif d'Ouezzan; élevons, comme nous le faisons, ses fils dans nos lycées; donnons-lui toutes les marques possibles de notre bienveillance; mais ne le compromettons pas au point que, lorsqu'il circule au milieu de ses disciples prosternés, quelques-uns d'entre eux, se rappelant qu'il a bu beaucoup, qu'il a épousé une Anglaise, et qu'enfin il s'est mis sous notre protectorat, sentent peut-être un doute terrible envahir leur âme et se disent avec inquiétude : « Après tout ! s'il était chrétien ? »

II

DÉPART POUR FÈS

Il pleuvait ! J'étais depuis plus de dix jours déjà à Tanger, et la pluie tombait toujours, et le ciel étendait toujours son linceul de nuages noirâtres sur une ville assombrie ! Cependant la caravane qui devait nous escorter à Fès était arrivée ; elle avait fait la route avec une lenteur désespérante, mettant des journées à traverser les fleuves débordés, tombant sans cesse dans des fondrières, se perdant dans des marais ; à son entrée à Tanger, elle était tellement couverte de boue, que le caïd qui la commandait vint nous prier de ne pas venir la visiter avant qu'elle eût procédé à un nettoyage général, qui devait demander beaucoup de temps. C'était un fort bel homme que ce caïd, un des types les plus remarquables du Maroc, avec sa taille gigantesque, sa tête énorme et tout son corps, dont les dimensions rappelaient celles d'un mastodonte. Il aurait été monstrueux s'il n'avait pas été si grand. Mais il dépassait pour le moins de la tête les plus élevés d'entre nous. Tout était proportionné en lui : sa figure large, ornée d'une barbe grise ; son cou de taureau ; son immense poitrine ; ses jambes solides comme des colonnes, et dont les chevilles semblaient atteintes d'éléphantiasis, tant elles étaient enflées et charnues. Ce colosse, du reste, avait l'air du meilleur enfant du monde ; sa bouche souriait toujours, et son œil brillait de la plus franche gaieté. Nous n'avons jamais eu qu'à nous louer de lui, bien que nous ayons pu constater des hauts et des bas dans son amabilité, suivant que nous paraissions plus ou moins en faveur auprès du sultan. Il n'eut pas été sans cela un véritable Marocain ! Il avait toute la force, mais en même temps toute la lourdeur de ce peuple dans les veines duquel ne coule presque plus de sang arabe et qui est assurément le plus dégénéré des peuples musulmans du nord de l'Afrique. Il s'appelait, de son nom personnel, le caïd Ghazi, et, du nom de sa fonction, le caïd Raha, ce qui signifie kaïd du campement. Toutefois, le terme est assez obscur, *Rah* voulant dire moulin. Il est donc possible que le caïd Raha soit le caïd d'un corps qui moud, la meule du moulin devenant le signe distinctif d'un certain nombre de soldats, comme les janissaires à Constantinople avaient leurs marmites pour insignes. Le caïd Raha était en même temps caïd Alef, commandant 1 000 hommes, et ayant sous ses ordres dix caïds Mia, commandant chacun 100 hommes. C'était donc une sorte de colonel, ou plutôt de général, un personnage fort important, et, de plus, très habitué aux Européens. Il avait fait partie de diverses ambassades, à Rome, à Londres et à Paris, parlait volontiers de ses voyages et montrait peu de préjugés, ainsi qu'il convient à quelqu'un qui a beaucoup vu, et partant beaucoup retenu. La caravane qu'il conduisait à notre rencontre se composait de 170 mulets porteurs de bagages, de 52 mulets affectés au service de deux batteries d'artillerie de montagne que nous allions offrir au sultan, de 69 soldats d'escorte permanente, de 18 chevaux pour les diplomates et les officiers, de 13 chevaux pour les ordonnances, les sous-officiers et les domestiques, de 12 mulets montés, de 10 chevaux et mulets haut-le-pied, enfin, de 12 chameaux. Nous devions, en outre, être rejoints et escortés, dans chaque province, par le caïd de la localité, entouré de son goum, c'est-à-dire de quelques centaines de cavaliers chargés plutôt de nous faire honneur et d'exécuter des fantasias autour de nous que d'assurer notre sécurité, suffisamment garantie par nos 69 soldats d'escorte et par les janissaires de la légation.

La caravane nous attendait donc aux portes de Tanger; mais il pleuvait toujours! Ce temps épouvantable avait retardé également l'arrivée de la mission militaire, commandée par un lieutenant-colonel de cavalerie, le colonel Teillard, du 8e cuirassiers, et composée d'une dizaine d'officiers d'armes diverses, qui nous était envoyée de France et d'Algérie. La mer était singulièrement mauvaise, le débarquement au port des plus difficiles. Pour transporter du bateau, dans la ville, les canons destinés au sultan, il fallut les plus pénibles et surtout les plus longs efforts. Il ne fut pas plus aisé d'y transporter quatre admirables juments que nous devions offrir aussi au souverain du Maroc. L'une d'elles mourut même des suites de l'opération. Enfin, les entreprises les plus compliquées ont un terme. La caravane marocaine était nettoyée, la mission militaire était rendue à Tanger, les présents étaient dans la cour de la légation de France. Il ne cessait pas de pleuvoir! Le temps s'écoulait tristement, chacun était las d'attendre, on se décida à partir coûte que coûte. Le 24 avril, une légère éclaircie eut lieu dans le ciel; aux averses à jet continu succédèrent de courtes averses plus fines. Était-ce le retour du soleil? Pour tenter la fortune, on résolut d'expédier le camp et les bagages en avant et de fixer, quoi qu'il arrivât, le départ de la mission au lendemain. Le lendemain, 25 avril, les courtes averses plus fines avaient cessé, et les averses à jet continu avaient repris leur train; il semblait même qu'elles fussent plus violentes que jamais. Mais notre décision était prise, nous nous étions fait un cœur d'airain. A l'heure convenue, le clairon retentit, et tout le monde fut en selle. C'était le spectacle le plus tragi-comique que j'aie vu de ma vie. On m'avait annoncé que le départ de l'ambassade donnerait lieu à une manifestation splendide : toutes les autorités religieuses et civiles de la ville, tous les ministres plénipotentiaires, toute la garnison, enfin toute la population, devaient nous accompagner jusqu'à une certaine distance au milieu des plus brillantes et des plus bruyantes manifestations. Et, en effet, personne ne manquait au rendez-vous. Mais, sous les torrents qui tombaient du ciel, on ne distinguait rien, absolument rien qu'une masse boueuse et mouillée, qu'un flot de parapluies, qu'un torrent de manteaux et de caoutchoucs de toutes sortes roulant à travers les rues et les sentiers avec des clapotements sans fin. Je m'étais, quant à moi, tellement recroquevillé sur ma selle, tâchant de me faire le plus petit possible, pour donner moins de prise à la pluie, que j'avais la sensation de disparaître à tous les regards et que mes compagnons d'infortune ne me paraissaient pas beaucoup plus visibles que moi. Je passai, sans les apercevoir, auprès du chérif d'Ouezzan, du ministre des affaires étrangères, du pacha de la ville, des ministres étrangers. Jamais départ solennel ne fut plus complètement manqué. Peu à peu notre escorte s'égrena; chacun s'empressa de nous laisser à notre malheureux sort. Nous restâmes seuls, nous avançant résolument dans la brume, faisant, à mesure que nous marchions, une trouée plus profonde dans la nuit.

A quelque distance de la ville, notre caravane solitaire commença à se dérouler au milieu de mamelons couverts de myriades de palmiers nains, pareils à une herbe plus haute, plus dure et d'une verdure plus sombre que l'herbe ordinaire; çà et là, des cactus, des moissons couchées par le vent, partout des flaques d'eau, des ruisseaux débordés, des marais où nos bêtes buttaient horriblement. Les chemins les plus détestables de la Syrie et de la Tunisie ne sauraient donner une idée de la viabilité marocaine, même aux environs de Tanger, même dans cette région, si voisine de l'Europe, où l'on est toujours obligé, cependant, de traverser, pour avancer, une succession de bas-fonds marécageux. Par cette cruelle saison, ils étaient devenus de véritables fondrières, où mulets, chevaux et chameaux enfonçaient jusqu'au ventre, où les moindres cours d'eau étaient transformés en impétueux torrents. Rien de plus pittoresque, mais rien aussi de plus affreux que la traversée de ces *oueds*. Nous nous y lancions bravement, plongeant jusqu'à la ceinture, n'ayant plus rien à craindre de l'humidité; mais, pour passer les quelques bagages restés avec nous, c'étaient des mouvements, c'étaient des cris, c'étaient des maladresses inimaginables! Il n'y a pas de peuple plus franchement incapable de se tirer habilement d'une difficulté que les Marocains. A chaque oued, il fallait s'arrêter sous la pluie pour surveiller nos valises, qui tombaient dans la vase, notre escorte, qui s'embourbait, tout notre matériel en danger. Nous faisions la plus piteuse figure. Un seul d'entre nous, M. Henri Duveyrier, qui représentait avec moi dans la mission l'élément non diplomatique ou non militaire, ne perdait pas une minute; son carnet de notes d'une main, son chronomètre ou sa boussole de l'autre, il travaillait à l'itinéraire, insouciant des cascades qui dégringolaient sur nos têtes et des écarts de son cheval, qui glissait sur la terre détrempée. Au bout de quelques heures de marche, nous avions tourné le cap Spartel, la mer nous apparut tout à coup ; cette première vue de l'Océan était lugubre : d'immenses lames jaunâtres, que surmontait une écume d'un blanc sale, venaient se briser sur la plage avec un hurlement monotone qui dominait à peine celui de la pluie et du vent, semblable à un cri de détresse toujours répété au milieu des rumeurs d'une catastrophe. Descendus sur le rivage, nous le suivîmes en silence jusqu'au Tahaddar, remarquant partout d'énormes débris, de lourdes poutres, des fragments informes que la tempête avait jeté le long des dunes. Au Tahaddar, commença un nouveau supplice, un des plus cruels que j'aie éprouvés dans mes voyages. Il n'y avait, pour traverser le fleuve, qu'un méchant bateau, où ne pouvaient passer à la fois que deux ou trois chevaux et à peu près autant de voyageurs. Nous allions donc rester là des heures, puis des heures encore, et chacun de nous grelottait la fièvre ! Et je sentais, pour mon compte, les jambes perdues dans le sable, le dos courbé sous l'averse, un froid glacial m'envahir tout entier avec les frissons et les sueurs les plus pénibles! Par bonheur, le gros de notre bagage était déjà sur l'autre rive. Il n'en fallut pas moins bien longtemps pour que nous y fussions tous transportés. Les chevaux, fatigués, refusaient de se laisser embarquer et on ne pouvait songer à les conduire à la nage dans une eau glacée. C'était à désespérer de l'Afrique! Pourtant nous touchions au port, je veux dire au camp. Nous l'apercevions à quelque distance, à un endroit nommé *El-Bridj*, le fortin, au penchant d'une colline où quelques tentes avaient été plantées. Nous y fûmes bientôt. Par une heureuse fortune, la pluie diminua quelque peu, comme pour nous souhaiter la bienvenue. Nous pûmes nous changer sans trop de difficulté, baigner nos pieds dans de l'eau bouillante, avaler les plus chaudes boissons, nous frictionner tout le corps et dîner avec l'appétit de gens qui cherchent, dans une nourriture abondante, un moyen de se réchauffer. Nous pûmes même nous coucher avec quelque espoir au cœur.

Hélas! cet espoir ne fut pas de longue durée. A peine nous étions-nous étendus tout habillés, la tête soigneusement couverte, sur nos lits de camp, qu'un bruit formidable se fit entendre. C'était l'orage qui recommençait. En cinq minutes, des trombes d'eau s'abattaient sur nos tentes, qui furent changées en véritables rivières. On avait eu soin de les construire, comme je l'ai dit, au penchant d'une colline, ou plutôt dans la vallée placée au-dessous de cette colline. C'était le fils du pacha de Tanger, chargé de nous faire escorte avec son goum, qui avait imaginé cette manière de marquer l'infériorité des chrétiens vis-à-vis des musulmans : il avait campé au haut de la colline, et il nous avait relégués sous lui, voulant à la fois être à son aise et nous dominer, trouver, comme dans la fable, son bien premièrement et puis le mal d'autrui. Grâce à cette ingénieuse combinaison, nous étions en plein torrent ; en plongeant nos mains sous nos lits, nous avions de l'eau jusqu'à l'épaule ; tous nos effets nageaient autour de nous ; nos têtes n'étaient pas mieux garanties que le reste, car d'énormes jets de pluie traversaient la toiture des tentes et arrivaient sur nous avec fracas. La nuit était d'une noirceur opaque avec des secondes de lueurs fulgurantes quand un éclair la déchirait. Je me sentais envahi par le désespoir ; je jurais mes grands dieux de rentrer le lendemain même à Tanger et de prendre résolument le premier bateau en partance pour l'Europe, quittant ce pays inhospitalier, où j'étais venu chercher le soleil et où je ne trouvais que le déluge. J'avais pour compagnon de tente M. Henri Duveyrier, dont j'avais admiré toute la journée l'impassibilité. « Du moins, me disais-je, voilà un vrai voyageur qu'aucun désastre n'émeut ! » Tout à coup, je l'entends pousser les plus tristes soupirs, déclarer qu'il n'a jamais vu chose pareille, que c'est intolérable, qu'il n'y a plus d'Afrique, qu'il faut repartir au plutôt pour l'Europe. — Lui aussi! C'en était trop; et, lorsque sa voix plaintive se tut, brisée par la fatigue, je me laissai aller au dernier degré du découragement. L'orage s'éteignait, les éclairs avaient disparu : toutefois je voyais parfaitement des lueurs vacillantes, je ne savais lesquelles, colorer fantastiquement la toile de ma tente. Dans la disposition d'esprit où j'étais, j'aurais cru aux plus folles apparitions. Par bonheur, le mystère me fut expliqué par M. Féraud, qui entra dans ma tente vers deux heures du matin avec une lanterne sourde. En vrai chef de caravane, au lieu de rester sur son lit, il était allé de tente en tente, faisant faire autour de chacune des rigoles pour laisser l'eau s'écouler, consolidant des piquets qui permettaient à la toile de résister au vent, luttant autant que possible contre ce déchaînement de toutes les horreurs de la nature. Je m'empressai de lui faire part de ma résolution de retourner dès l'aurore à Tanger; il ne me répondit pas, sortit et rentra un poulet froid et une bouteille de chartreuse à la main, m'assurant que rien n'était meilleur pour combattre l'humidité. Sans le croire, je consentis à faire une expérience qui paraissait lui être agréable, et peu à peu je ne sais trop ce qui resta de la bouteille de chartreuse, mais je suis très sûr qu'il ne resta rien du poulet. Je me sentais réellement mieux, et, comme M. Féraud m'avait affirmé que nous ne lèverions pas le camp jusqu'à ce que le beau temps fût revenu, rasséréné par cette bonne nouvelle qui me laissait toute ma liberté de revenir sur mes pas si la pluie continuait, je me pris à penser, avec mon optimisme habituel : « Après tout, cet orage est peut-être la fin de cette saison de pluies continues! »

Et, en effet, c'était la fin. Dès le matin, un mieux sensible se produisit, bien que le ciel restât très sombre et la mer très houleuse à peu de distance de nous. Vers midi, quelques rayons d'un soleil décoloré percèrent les nuages ; il fut décidé qu'on transporterait le camp à une heure de marche environ, près de l'oued El-Aïcha, toujours difficile à traverser, parce qu'il grossit démesurément lorsque la marée monte. Ce nouveau campement avait l'avantage d'être sur un terrain pierreux et sablonneux, partant moins humide, et, comme nous le dirigeâmes nous-mêmes, nous prîmes, bien entendu, notre revanche du fils du pacha de Tanger en lui laissant la plus mauvaise place. Nous avions en face de nous la plage toute droite, tout unie, s'étendant à perte de

3

vue jusqu'à la petite ville d'Azila, à peine distincte dans le lointain. Les longues lames uniformes venaient s'y aplanir sans cesse avec leur bruit violent. Je commençais à comprendre le mot par lequel Salluste caractérise ces parages de l'Afrique : *mare sævum, importuosum.*

Toute cette côte du Maroc, à bien peu d'exceptions près, forme ainsi une ligne continue de sable ou de rochers, sans baies, sans refuges, sans abris, que bat une mer rude, triste, agitée. Je l'entendis gronder la nuit, presque aussi tumultueuse que l'orage de la veille. Le lendemain, à cinq heures du matin, le clairon sonna le réveil, et le passage de l'oued El-Aïcha commença. Je le franchis un des premiers pour jouir du spectacle de la caravane, que je n'avais pu contempler jusque-là. De gros nuages étaient amoncelés au ciel, du côté du levant, juste au-dessus de la colline où l'on renversait nos tentes, où l'on chargeait nos bagage et où notre colonne se mettait en mouvement. Mais l'aurore les peignait déjà d'une teinte plus claire, d'une sorte de nuance roussâtre qui semblait annoncer un beau lever de soleil ; à mesure que celui-ci montait vers l'horizon, le roux fit place à une coloration rose qui s'enflamma de plus en plus, passant par des tons de flammes pour arriver aux ardeurs les plus vives d'un brasier. Avec un pareil fond de tableau, la traversée de l'oued ne pouvait être qu'admirable. Un cordon de cavaliers était arrêté au milieu de la rivière afin d'indiquer le gué : pour la première fois, je fis attention aux cavaliers marocains, à leurs costumes, à leurs armes, à leur physionomie. Ils sont loin, bien loin, de l'élégance des Tunisiens ou des Arabes de la province de Constantine. Leurs vêtements, insuffisamment flottants, manquent de grâce; leurs fusils, toujours enveloppés d'une gaine en drap rouge, ressemblent à de gros bâtons qu'ils tiennent chacun comme il lui plait, sans aucun souci de la discipline ou de l'élégance; leur sabre est invisible sous les lourds plis de leur djellaba, sorte de manteau à capuchon que tout le monde porte dans le pays. Mais ce qui est vraiment original, en même temps que franchement laid, c'est leur coiffure. Elle se compose d'une sorte de fez rouge, pointu comme une pyramide qu'ils comparent eux-mêmes à un piment. Sous ce piment ridicule, la plupart d'entre eux laissent pousser des deux côtés de la tête d'énormes papillotes, qu'ils ébouriffent dans tous les sens de manière à se donner l'air le plus farouche. Ils réussissent surtout à se donner l'air le plus grotesque. En Orient, les papillotes sont considérées comme déshonorantes; les juifs seuls en portent, en vertu d'une prescription de la Bible qui leur ordonne de le faire pour se distinguer des Arabes. Ce serait un mauvais moyen pour se distinguer de ceux du Maroc.

Le suprême bon ton chez ces derniers, tout le reste de la tête étant rasé, consiste à se garnir le sommet des oreilles avec ces longues mèches de cheveux, flottantes et sales, qu'ils prennent pour des épouvantails capables de terrifier l'ennemi. Presque tous nos soldats en étaient abondamment pourvus, et on les voyait s'agiter à la brise du matin. Droits sur leurs étriers, ces porteurs de papillotes, qui ressemblaient à certains personnages qu'on voit rôder le soir sur nos boulevards, regardaient défiler nos muletiers, chameliers, voyageurs, avec une impassibilité absolue. Le passage, étant facile, ne donnait pas lieu à tous les accidents que nous avions subis l'avant-veille. Toutefois notre colonne ne s'avançait que lentement, dans un assez grand désordre, occupant à peu près une longueur de 6 kilomètres. Nous nous tenions à la tête, avec les officiers de la mission; quant aux soldats français et aux ordonnances, enchantés de se trouver dans un pays où on leur fournissait des vivres en abondance, ils gardaient tranquillement leur rang, plus occupés à manger des oranges ou des tartines de beurre qu'à conserver, en présence des indigènes, la dignité de l'uniforme national. L'oued El-Aïcha traversé, nous suivîmes quelque temps la plage, sous une sorte de pluie fine qui se dissipa plus tard, lorsque, à peu de distance d'Azila, nous tournâmes à gauche pour entrer dans une région de collines sans arbres, mais remplies de fleurs de toutes sortes au point qu'il était impossible de faire un pas sans en voir paraître des milliers, d'une fraîcheur et d'une beauté ravissantes. Plus nous avancions, plus nous pénétrions dans la montagne. Nous devions faire halte au tombeau de Sidi-el-Yemani, célèbre marabout qui s'est illustré, paraît-il, lorsque le prince de Joinville bombarda Tanger, par un exploit bien remarquable, dont l'histoire a tort de ne pas faire mention. Chaque fois qu'un boulet parti de nos canons arrivait sur la ville, le marabout le recevait dans sa main et le déposait tranquillement à terre. De cette manière, aucun d'eux ne porta, et le bombardement fut manqué. Le fait est certain; on peut voir encore sur le tombeau du saint homme les boulets qu'il a si miraculeusement rendus impuissants. Il y en avait jadis un fort grand nombre, il n'y en a plus aujourd'hui que trois, mais ces trois sont un témoignage suffisant de la vérité d'un événement que, malgré mes répugnances de Français, je me vois forcé de faire connaître à l'Europe, qui l'ignorait. Le tombeau de Sidi-el-Yemani est d'ailleurs situé dans un lieu charmant abrité d'oliviers admirables, d'où l'on jouit d'un merveilleux panorama de montagnes. Le saint se repose de ses prouesses au milieu des fleurs et de la verdure, dans un des plus souriants paysages de tout le Maroc.

Nous avions eu le dessein de nous reposer aussi en cet endroit; mais nous étions pressés d'aller plus loin, et d'ailleurs un grand marché qui se tenait aux environs nous rendait le lieu peu agréable. Nous ne nous arrêtâmes donc que le temps de recevoir le caïd ou plutôt le califat (second du caïd) d'El-Araîch, qui arrivait avec son goum pour remplacer auprès de nous l'escorte de Tanger. Cette réception ne se passa pas sans donner lieu à une petite scène de mœurs des plus instructives. Nous étions descendus de cheval pour regarder le tombeau du marabout, et nous attendions à pied le califat, qui n'arrivait pas. Tout à coup, il apparaît entre deux collines, au milieu d'un groupe de cavaliers blancs. C'était un homme d'une taille élevée, à figure longue et dure, vêtu d'un magnifique costume d'une élégance et d'une finesse qui dénotait la plus grande richesse. Notre caïd raha s'avance vers lui d'un air sévère. Le califat lui fait les salutations ordinaires, prenant sa main, puis baisant la sienne pour indiquer combien il la trouvait honorée par cet attouchement. Le caïd raha, de son côté, n'oublie pas un seul point du cérémonial. Mais à peine a-t-il fini, qu'il accable d'injures celui qu'il vient de saluer si amicalement et lui reproche, dans des termes d'une inimaginable grossièreté, de n'être pas arrivé à temps au rendez-vous. Cela fait, il s'avance avec lui jusque vers M. Féraud, auquel il dit : « Voici le califat d'El-Araïch. » — M. Féraud était à pied; le califat restait à cheval. C'était une insolence grave, c'était encore une manière de marquer la supériorité du musulman sur le chrétien. — M. Féraud ne bouge pas; pour toute réponse, il se tourne vers le caïd raha en disant : « Je l'attends! » Le califat comprend; il descend honteux, mais furieux, de cheval. Alors seulement M. Féraud consent à lui parler. Cet épisode, venant après celui du fils du pacha de Tanger, nous prouvait surabondamment que les Marocains voulaient en quelque sorte nous tâter, pour savoir combien d'insolences ils pourraient se permettre impunément envers nous. Aussi, quand nous reprimes notre route, le califat, de mauvaise humeur, ayant voulu nous engager dans un sentier trop boueux, M. Féraud lui donna l'ordre de se retirer au plus vite, lui déclarant qu'il n'avait pas besoin de lui, et qu'il rendrait compte de sa conduite au sultan. Ce califat partit abattu. Je ne pensais plus à l'incident, lorsque, le soir, parmi les paysans qui venaient pour apporter au camp la *mouna*, c'est-à-dire les vivres nécessaires à notre subsistance, j'aperçus avec surprise un homme vêtu de haillons, l'air plus que modeste, la contenance humiliée, qui ressemblait pourtant de la manière la plus frappante au riche et hautain califat d'El-Araïch. C'était en effet lui, qui arrivait en suppliant après s'être montré en dominateur. M. Féraud fit semblant de ne pas le reconnaître. Mais, en remerciant les paysans de la mouna, il leur adressa un petit discours dans le plus pur arabe, où il leur dit qu'il allait vers le sultan, allié de la France, et qu'il saurait lui parler d'eux. « Nous sommes les serviteurs de sultan! » s'écrièrent-ils tous en chœur, le califat criant plus haut que les autres. « Sans doute, répondit M. Féraud; par conséquent, comme nous sommes ses alliés, ses amis sont les nôtres, et de même nos amis sont les siens. » A ce mot, je vis pâlir le califat; il semblait chercher à se cacher sous son vêtement sordide et, dans l'obscurité du soir, sa figure effrayée avait quelque chose de bas, de sombre et de cruel.

Je relève ces traits de mœurs parce qu'ils peignent bien le caractère des Marocains. Ils n'ont rien du charme et de la délicatesse de certains Arabes; ils ne sont point naturellement affables et hospitaliers. Ce sont des natures lourdes, dures et grossières. Je me garderais bien de leur reprocher leur insolence envers les Européens, si cette insolence partait de l'âme, si elle était la protestation de la faiblesse qui se sent opprimée et qui s'en indigne. Mais elle est provoquée par un sentiment différent. Les Marocains ne se montrent d'abord si pleins de morgue que pour essayer leur force contre nous; et ce qui le prouve, c'est l'humiliation dans laquelle ils se vautrent spontanément devant nous dès qu'ils se sont bien convaincus que cette force n'existe pas. Quand ils ont reconnu qu'ils ne sauraient marcher sur nos têtes, ils tombent à nos pieds. Le califat d'El-Araïch, après nous avoir insultés, ne trouvait pas de costume assez vil pour nous marquer son repentir. Assurément, les Marocains ne sont point seuls à agir ainsi. Tous les musulmans ont les mêmes mœurs. Je n'oublierai jamais le voyage que j'ai fait en Tunisie avec M. Cambon, un an à peine après la conquête. A chaque ville, à chaque village où nous passions, la population entière, les autorités en tête, accourait se prosterner sous nos pas, baiser nos bottines, nous marquer l'obséquiosité de la plus dégradante servitude. Nous venions pourtant de prendre leur pays! Le sang de leurs frères répandu pour la défense d'une terre de l'islam était encore chaud! N'importe! nous étions les maîtres, ils se courbaient sous nos talons. C'est par là que ces peuples sont inférieurs; c'est par là qu'ils sont condamnés à subir la domination étrangère; c'est par là qu'ils diffèrent de nous et qu'ils nous répugnent profondément. Il n'y a, Dieu merci! point en Europe de race assez avilie pour s'incliner ainsi, le lendemain de la défaite, devant le conquérant! Souvent même le temps n'étouffe pas la protestation du patriotisme et de l'honneur! Mais les Marocains m'ont paru plus arrogants et plus plats encore que les Tunisiens et que les Orientaux. Je ne veux pas dire pour cela — le ciel m'en préserve! — qu'ils doivent être conquis; je me borne à constater l'impression qu'ils m'ont produite et qui ne s'applique d'ailleurs qu'à une partie d'entre eux, la partie sur laquelle s'étend le pouvoir du sultan.

Débarrassés du califat d'El-Araïch et de son escorte, nous étions allés camper au flanc d'un coteau encore plus chargé de fleurs que tous les autres, près d'un village nommé Kerarete, de *kareta*, charrette. C'est à coup sûr un des plus délicieux campements que nous ayons eus au Maroc. Le temps était devenu tout à fait beau ; il ne restait de la pluie qu'une fraîcheur exquise qui ravivait les fleurs et la verdure. Autour de nous s'étendaient des collines gracieuses; en face de nous, d'immenses montagnes enveloppées d'une atmosphère d'or s'élevaient sur le ciel transparent et rosé. Ce pays ressemblait d'une manière frappante à celui où je suis né, et, si je n'avais vu tant d'Arabes autour de moi, je me serais cru sur les hauts plateaux du Cantal, non moins fleuris, plus poétiques encore que ceux du Maroc, et dont j'ai si souvent parcouru les solitudes aux jours déjà lointains de mon enfance. A de si grandes distances, des milliers de souvenirs s'éveillaient dans mon cœur pendant que je me promenais seul aux abords du camp. Je cherchais à m'expliquer pourquoi une nature toute pareille à celle qui, jadis, me causait des émotions si douces, provoquait aujourd'hui en moi tant de rêveries troublantes, et ne se reflétait plus sans tristesse dans le miroir terni de mon âme. Hélas ! ce n'était pas une énigme que je me posais, car la réponse était facile à trouver. Quand j'errais, plein d'espérance, sur leurs cimes, les montagnes du Cantal me parlaient d'un monde que je m'imaginais rempli de prestiges et où je me proposais de marquer par les plus féconds travaux. Celles du Maroc ne pouvaient pas me tenir le même langage. Je savais trop bien que je n'y étais venu chercher que de simples études politiques, et je n'ignorais pas davantage à quoi servent et le peu que valent les études politiques. Toutes les illusions du passé sont retombées trop lourdement sur moi pour qu'il m'en reste sur l'avenir. Ce n'est point une raison de renoncer à l'œuvre entreprise. Même avec la conviction qu'elle sera inefficace, il faut la poursuivre avec l'obstination du patriotisme, qui survit à tout. Voilà ce que je me disais en rentrant au camp, sans m'apercevoir que la nuit était tombée, que la lune s'était levée et que nos tentes blanches, sous sa douce clarté, ressemblaient à des fantômes subitement arrêtés au milieu d'un site approprié aux plus imprévues des féeries. Mes compagnons de voyage, plus sages que moi, avaient travaillé au lieu de méditer sur la vanité du travail. Les militaires avaient complété leurs itinéraires, M. Henri Duveyrier avait rempli plusieurs feuilles de son herbier, et M. Féraud avait ramassé un grand nombre de pointes de flèche et de silex taillés qui abondent sur ces plateaux. Sept années plus tôt, accompagnant une ambassade à Fès, il avait déjà fait une ample moisson d'objets du même genre au marabout de Sidi-el-Yemani. Mais il tenait à prouver que l'âge de pierre avait laissé de nombreuses traces dans toute la contrée, et il s'était résolument mis en course à cet effet. Bel exemple, qui prouve plus que mes réflexions mélancoliques la profonde sagesse de la devise que Septime-Sévère donnait pour mot d'ordre aux désabusés : *Laboremus !*

III

EL-ARAÏCH

De Kerarete à El-Araïch, l'étape est charmante au mois d'avril, alors que les fleurs poussent partout et que le soleil colore la campagne de ses plus beaux rayons. Au milieu des verts taillis mouillés auxquels elle avait donné un éclat d'une douceur et en même temps d'une vivacité inimaginables, j'ai presque béni la pluie qui m'avait fait si cruellement souffrir quelques jours auparavant. A très peu de distance de Kerarete, nous sommes entrés dans ce qu'on appelle au Maroc une forêt; mais il ne faut rien imaginer de pareil aux forêts de Fontainebleau et de Saint-Germain. Ici, point d'arbres aux ombres profondes, point de fourrés impénétrables, point de hautes branches filant hardiment vers le ciel et se cachant aux regards des voyageurs ; les chênes-liège, au milieu desquels nous circulions, étaient à peine plus élevés que nous; les bruyères blanches et rouges qui poussaient à côté d'eux atteignaient leur sommet, mariant un coloris délicat à leur vert un peu grisâtre ; on eût dit plutôt des massifs continus d'arbustes qu'une véritable forêt. Oh! nul plus que moi n'aime et n'admire les véritables forêts sous lesquelles on s'enfonce, perdu dans un mystère silencieux, qu'interrompt seul le bruit du vent dans les feuilles ou quelque cri d'oiseau, étrange et plaintif. Mais, pour servir de cadre à une longue caravane, interminable farandole s'étendant au loin en innombrables anneaux, il vaut mieux ces broussailles multicolores qui l'entourent toujours et ne la dissimulent jamais. J'avais pris soin de rester à l'arrière-garde, afin de jouir du coup d'œil. Il était charmant. Nos cavaliers, de près assez vulgaires, faisaient illusion à distance, parmi cette verdure et ces fleurs. Leurs grands burnous blancs agités par la brise matinale, leurs fès écarlates, leurs fusils à gaines rouges passaient et repassaient le long des collines boisées, ondulant en quelque sorte sur leurs flancs égayés. Parfois une gorge profonde, mais entièrement couverte de chênes-liège, d'oliviers et de bruyères, s'ouvrait sous nos pas. Nous la franchissions sans peine et, pendant que les derniers venus descendaient une pente, les autres, remontant la pente opposée, formaient un ruban mobile, aux tons délicieux.

On ne sentait pas la fatigue de la route. C'est presque sans nous en apercevoir qu'en avançant ainsi, à demi grisés par les sensations de cette matinée de printemps, nous nous trouvâmes, au bout de quelques heures de marche, sur le vaste plateau d'El-Khmis, point culminant d'où l'on embrasse à la fois et la contrée très accidentée que nous venions de traverser, et l'immense bassin du Loukkos, où nous allions pénétrer. Il arrive rarement au Maroc de se trouver en présence d'un panorama aussi vaste et aussi varié. Le village d'El-Khmis, environné de cactus, comme tous ceux du pays, est fort grand. Le nom qu'il porte indique qu'il s'y tient un marché le jeudi. Il paraît avoir beaucoup d'importance commerciale. Les indigènes y sont très affables. Les femmes nous attendaient sur leurs portes pour nous offrir un lait exquis; les hommes faisaient la fantasia autour de nous; les enfants nous poursuivaient avec des cris d'animaux; les chiens aboyaient, sans doute par sympathie. Tout semblait de bonne humeur. Quant à nous, comment ne l'aurions-nous pas été quand, à quelque distance du village, nous aperçûmes la mer, cette fois toute bleue, la petite ville d'El-Arâîch, blanche et rose, à l'embouchure du Loukkos, ce fleuve jauni serpentant à perte de vue dans une contrée plate, mais chargée de culture et de bois d'oliviers, puis les montagnes de l'horizon à demi effacées par la lumière trop claire du matin, et néanmoins assez visibles pour fermer avec grandeur ce paysage plein de grâce, qui nous promettait enfin quelques-unes des séductions de l'Orient?

Il faut près d'une heure encore pour aller de El-Khmis à El-Araïch. Cette dernière ville est située sur l'autre rive du Loukkos, qu'on doit traverser pour y pénétrer. On commence par longer quelque temps le fleuve et l'on passe tout près de vieux débris de navires, que les uns affirment être les derniers restes de la flotte des fameux pirates marocains, et que les autres déclarent tout simplement avoir appartenu à des barques de commerce depuis longtemps détruites. Quoi qu'il en soit, ces carcasses de bateaux aux trois quarts ensablées produisent un effet assez pittoresque. Près d'elles, quelques petits vapeurs européens sont amarrés dans le fleuve qui sert de port. Ils s'étaient tous pavoisés pour nous faire honneur, et, d'un peu loin, on distinguait mal leurs drapeaux, diversement coloriés, des robes de femmes non moins coloriées, dont toutes les terrasses étaient garnies. En descendant de cheval pour passer le Loukkos, nous fûmes accueillis par le consul français, M. Delaroche, et par toutes les autorités de la province, pacha en tête, qui s'étaient portées à notre rencontre. Il paraît même qu'elles nous avaient fait un honneur inusité en venant nous chercher de l'autre côté du fleuve, aucune ambassade n'ayant été traitée jusque-là avec autant d'égards. Toutefois, cet excès d'honneur n'était pas sans inconvénient; car, si grande que fût la barque qui devait nous conduire sur l'autre rive, il était mal aisé d'y accumuler tant de monde à la fois. Personne ne voulut pourtant rester en arrière et manquer l'entrée en ville, au milieu de la foule énorme que nous voyions massée dans le port pour nous recevoir. J'ai eu là un premier spécimen et comme un avant-goût de l'armée marocaine. Elle était représentée par une vingtaine de soldats en vestes rouges, mais parfaitement déguenillés, que commandaient trois officiers, dont les deux premiers avaient un sabre qu'ils tenaient à peu près comme on tient des cierges aux processions, et dont le troisième, à défaut de sabre, portait fièrement de la même façon une baguette de fusil. Les hommes avaient des fusils plus ou moins sans baguette; les tambours battaient aux champs à la manière française et les commandements se faisaient en français, ce qui est toujours agréable à entendre. Derrière les soldats qui s'empressèrent de nous escorter, marchait toute la ville, j'entends toute la partie masculine de la ville ; car la partie féminine était sur les terrasses où l'on voyait des Mauresques couvertes de leurs voiles et des juives aux formes d'une opulence toute orientale, vêtues de robes roses, bleues, vertes, jaunes, violettes, enfin de toutes les couleurs de la création. La foule poussait des cris d'enthousiasme, les femmes hurlaient du haut de la tête sur un mode strident et prolongé, ce qui est, dans tout le monde arabe, de l'Orient à l'Occident, une manière très aimable de vous souhaiter la bienvenue. Nous n'avions pas à aller bien loin, le consul français nous ayant préparé à déjeuner dans sa maison située tout près de la porte de la ville. Je serais un ingrat si je n'envoyais pas un souvenir reconnaissant à ce déjeuner arrosé des meilleurs vins de Bourgogne. C'est là que j'ai fait la connaissance, entre autres mets excellents, de la truffe blanche du Maroc ; elle ne vaut pas, sans doute, la truffe noire d'Europe, ce n'en est pas moins un véritable régal sur lequel j'écrirais une page émue si j'avais la plume de Brillat-Savarin.

Personne n'ignore qu'El-Araïch est située tout près de l'ancienne Lixus et du jardin des Hespérides, dont M. Tissot a déterminé l'emplacement avec son admirable érudition. Mais, s'il reste encore des ruines de Lixus, ensevelies d'ailleurs sous la végétation, il ne reste, comme au temps de Pline, « du célèbre bois qui produisait les pommes d'or, que des oliviers sauvages »; encore n'en suis-je pas bien sûr; le temps m'ayant manqué, hélas! à El-Araïch pour faire de l'archéologie. J'ai dû laisser le passé pour observer uniquement le présent. « Par suite de sa configuration, a dit M. Tissot, la côte occidentale du Maroc n'a jamais possédé de ports proprement dits : exposée aux vents dominants du nord-ouest et du sud-ouest, elle ne présente aucune saillie assez considérable, aucune découpure assez profonde pour fournir un mouillage réellement abrité. Tanger, Azila, Dar-el-Beïda, Masagan, Asfi, Mogador, ne sont ou n'ont jamais été que des rades foraines. El-Araïch, Medhia, Sla, Azemmour, situées à l'embouchure de grands cours d'eau, possédaient seuls autrefois de véritables refuges formés par les profonds estuaires du Loukkos, du Sbou, du Bou-Ragrag et de l'Oumer-Rbia. Les estuaires toutefois se sont ensablés avec le temps et présentent aujourd'hui ou des barres à peu près infranchissables, comme celles de l'Oumer-Rbia et du Sbou, ou des passes de plus en plus difficiles à franchir, comme celles de Loukkos et du Bou-Ragrag[1]. » Si difficiles qu'elles soient à franchir, les barres du Loukkos et du Bou-Ragrag permettent cependant aux navires de pénétrer dans ces deux fleuves, dont l'embouchure forme deux ports fréquentés. El-Araîch sur la rive gauche du Loukkos, Rbat' sur la rive gauche du Bou-Ragrag, ont une grande importance commerciale. La population d'El-Araîch s'élève à 5000 habitants, dont 50 Européens. Son commerce varie beaucoup, suivant les récoltes. Le nombre de ses entrées peut aller de dix à cent ; mais les plus grands voiliers qui franchissent la barre ne dépassent pas 120 tonneaux. Les articles d'exportation sont les laines, les fèves, les pois chiches, l'alpiste, les lentilles, un peu de graine de lin, les peaux de chèvre et de mouton, un peu de poil de chèvre, de savon minéral et de latanier. Presque toutes les laines vont en France. Elles sont d'excellente qualité, autant du moins que j'en ai pu juger en visitant les magasins de M. Delaroche. De même, presque tous les articles qu'El-Araîch reçoit d'Europe viennent de France ; ce sont les sucres, les bougies, la quincaillerie et les allumettes.

---

1. *Recherches sur la géographie comparée de la Maurétanie Tingitane.*

El-Aràïch est pittoresquement située sur la pointe rocheuse qui domine, au sud, l'embouchure du Loukkos. L'intérieur de la ville a conservé, en grande partie, sa physionomie espagnole, et les défenses de la place sont encore celles qui existaient en 1687, au moment où Moula-Ismaïl s'en empara. « En consultant le plan de la ville annexé à la relation de Pidou de Saint-Olon, dit M. Tissot, on reconnaît facilement le fort Saint-Jacques, le château de Saint-Étienne, situé à l'ouest, et remarquable par les quatre coupoles qui en surmontent les angles, la vieille Tour du Juif et le château de Notre-Dame d'Europe, qui défend le front méridional de l'enceinte et sert aujourd'hui de kasbah. La ville n'est pas dominée et il a fallu, comme le faisait justement remarquer l'ambassadeur de Louis XIV, toute l'incurie du gouvernement espagnol pour la laisser tomber entre les mains des Marocains[1]. » Ceux-ci, d'ailleurs, ne montrent pas moins d'incurie que les Espagnols, et, à la première occasion, ils ne manqueraient pas de laisser tomber, à leur tour, aux mains de l'ennemi, la conquête de Moula-Ismaïl. Rien de plus délabré que les murailles d'El-Aràïch, qui rappellent tout à fait par leur système de construction,

---

1. *Itinéraire de Tanger à Rbat'*.

mais par cela seulement, celles d'Antibes ou de Villefranche. Elles sont couvertes d'une immense végétation d'arbustes, qui disjoignent les pierres et les fait tomber une à une dans des fossés non moins arborescents. Sur leur sommet s'étalent, en manière de créneaux, une série de nids de cigognes. Les cigognes sont là chez elles; j'en ai vu qui donnaient à manger à leurs petits; j'en ai vu d'autres qui préparaient leur naissance tranquillement, ouvertement, sous l'œil de Dieu, bien sûres de n'être dérangées par personne et de ne scandaliser qui que ce soit. Les fortifications, plus pittoresques que sérieuses, entourent une ville à bien des égards charmante. Elle est beaucoup plus colorée que Fès et que Meknès, qui sont entièrement blanches; l'architecture n'en est pas sans grâce. La kasbah est précédée d'une porte monumentale en plein cintre, entourée de ce treillis léger qui sert de décoration à la Giralda de Séville. Est-ce par un résultat de l'usure, n'est-ce pas plutôt par un de ces raffinements d'élégance si communs dans l'art arabe, que les montants de la porte vont en s'élargissant, en s'évasant à mesure qu'ils descendent de l'arc de la voûte vers la terre? Quoi qu'il en soit, l'effet est des plus heureux. Un grand nombre de maisons en ruines dans la ville ne sont pas moins finement décorées que la porte de la kasbah. Devant cette dernière s'étend une place avec galeries latérales d'un aspect gai, simple et grand; quelques jolis minarets s'élèvent au-dessus de toutes ces constructions. Sans avoir rien de particulièrement remarquable, El-Araïch est, en somme, une de ces villes africaines qui restent gravées dans la mémoire comme un agréable souvenir.

Ce qui m'a beaucoup plus intéressé que la ville, j'en conviens, c'est une visite que nous avons faite au pacha qui l'administre, en sortant du déjeuner de M. Delaroche. Nous n'avions pas le dessein de faire cette visite; mais après avoir longé les fortifications, nous arrivâmes, sans nous en douter, près du jardin du pacha, et, comme on nous dit qu'il s'y trouvait, il nous parut poli d'aller causer un instant avec lui. Les jardins d'El-Araïch débordent de fleurs et de fruits. Situés au penchant des collines qui descendent vers le Loukkos, on y jouit d'une vue admirable: d'un côté, la ville avec ses murs blancs, puis la mer d'un bleu clair pointillé de voiles plus blanches encore que les murs de la ville, puis le port et les premiers méandres du fleuve; en face, sur l'autre rive également sinueuse du Loukkos, les collines verdoyantes où s'élevait autrefois Lixus; enfin, de l'autre côté, l'immense plaine du Gharb, et des montagnes lointaines estompées dans la lumière. Le pacha jouissait de ce beau coup d'œil, accroupi, en compagnie de son secrétaire, dans un petit kiosque que soutenaient de légères colonnes de marbre avec des chapiteaux ciselés de mille arabesques. Il formait lui-même un fort joli tableau dans son vêtement d'une blancheur transparente, bien que sa figure fût assez laide et parfaitement vulgaire; mais son secrétaire, à côté de lui, enveloppé d'un vêtement d'une égale blancheur, avait des traits nobles, de grands yeux profonds et une physionomie intelligente, avec une nuance de tristesse qui lui seyait très bien. On se disait tout de suite que, si les places étaient données au mérite dans l'empire du Maroc, les rôles seraient renversés : le secrétaire serait pacha et le pacha tout au plus secrétaire. Nous connaissions l'histoire du pacha. Il ne devait son élévation qu'à l'argent; il avait payé fort cher le gouvernement d'El-Araïch, qu'il exploite aujourd'hui pour se rattraper; d'ailleurs, parfaitement nul, presque borné, sans ombre d'instruction : sa richesse lui tenait lieu de tout. Nous nous assîmes en cercle autour de ces deux personnages si différents, et M. Féraud commença à leur expliquer en arabe l'objet de sa mission. A mesure qu'il parlait, je voyais l'étonnement, puis la stupéfaction, puis l'admiration, puis l'enthousiasme même se peindre sur le visage des deux Marocains. M. Féraud s'exprime en arabe, non seulement comme un Arabe, mais mieux que la plupart d'entre eux; il connaît toutes les finesses, il emploie toutes les élégances de la langue, et, conformément à la rhétorique arabe, il entremêle ses discours de citations du Coran, d'imitations du roman d'Antar, de réminiscences poétiques qui s'épanouissent au milieu de ses phrases comme les plus amusantes décorations sur l'architecture des mosquées. Les Marocains, au contraire, même les plus cultivés, sont tombés si bas, qu'ils n'usent plus que d'une sorte de jargon dégénéré rempli de locutions barbares, de mots espagnols, de fautes grossières contre le dictionnaire, contre la grammaire. Dès les premiers mots de M. Féraud, les deux Marocains avaient été fascinés. « Où donc as-tu appris à parler ainsi? » lui disaient-ils. Et, quand M. Féraud leur répondait : « En France! » leur surprise ne connaissait plus de bornes. Elle a été pourtant plus vive encore au moment où M. Féraud s'est mis à leur raconter leur propre histoire d'après le Roud El-Kartas, Ibn-Khaldoun, etc. « Mais nous n'avons pas ces livres! s'écriaient-ils. Mais on a de la peine à les trouver même à Fès! Mais où donc te les es-tu procurés? » Et, quand M. Féraud leur répondait encore : « En

France, où on les imprime, où on les commente, où on les traduit! » ils avaient tout l'air de se demander si décidément la France n'était pas une nation merveilleuse, plus arabe que l'Arabie même. Profitant de ses avantages, M. Féraud continuait, accumulant les beautés oratoires, mimant ses paroles avec les intonations, les mouvements, les gestes, les éclairs du regard des plus savants tolba. Ce qu'il disait à ses interlocuteurs semblait leur paraître exquis à écouter. Et, cependant, le fond de son discours était celui-ci : — « Je suis Arabe, plus Arabe que vous; je connais votre religion, je l'aime et la respecte; je connais vos mœurs, je les estime; vos habitudes, je m'y soumets; je suis affilié à vos ordres religieux, et c'est avec joie que je passe ma vie au milieu de vous. Mais il y a une chose qui me déplait fort chez vous, et la voici : Vous savez que la capucine est, à vos yeux, l'emblème du gouvernement par la ruse et par l'injustice. Elle pousse en France, j'en conviens; mais dans de fort petits pots, où elle ne saurait grandir, où elle s'éteint et dépérit. En arrivant en Afrique, au contraire, j'ai vu qu'elle était semée en pleine terre, qu'elle prenait partout, qu'elle envahissait, qu'elle dominait tout. Elle rampe sur les routes, s'étale dans les champs, couvre les jardins, grimpe sur les murs, passe par toutes les fissures et s'insinue jusque dans les appartements les plus retirés. Chez les pachas surtout, on la rencontre de la cave au grenier; c'est là sa terre privilégiée. Tenez, ne la voyez-vous pas venir ici même assister à notre conversation? » Et, en effet, les Marocains regardaient ébahis les colonettes de leur kiosque, sur lesquelles grimpaient insolemment d'audacieuses capucines. « Et bien, ajoutait M. Féraud, vous savez que j'arrive de Tripoli. Je m'y suis habitué à la capucine turque, qui est autrement vigoureuse que la vôtre, car les Turcs sont vos maîtres en fait d'abus. N'espérez donc pas me tromper et me cacher vos capucines : je les apercevrai d'emblée et je vous avertis que je les arracherai. »

Les deux Marocains avaient les yeux et les oreilles ouverts; ils ne disaient plus un mot; on n'entendait que la voix de M. Féraud et le murmure lointain de la mer. Nous partîmes sur cette péroraison; mais il n'était que trop vrai, les allées du jardin étaient obstruées par ces diablesses de capucines. Elles s'attachaient à nos jambes, comme pour nous narguer. M. Féraud en prit une et y joignit un coquelicot; puis il expédia le tout par un Arabe, qui souriait, au pacha et à son secrétaire. La capucine, nommée en Algérie *Chabir-el-Bacha*, c'est-à-dire : l'éperon du pacha, s'appelle au Maroc : *Hakem-bela-cherid*, ce qui signifie : « un maître inique ». Quant au coquelicot, il est l'emblème de la violence et porte le nom de *Abou-Pharaoun* : « la fleur du pharaon », les Pharaons ayant, en Afrique, la réputation d'avoir été les plus féroces souverains. M. Féraud avait prouvé aux deux Marocains qu'il ne savait pas moins que la langue arabe, le langage des fleurs.

Notre camp était dressé au bord de la mer, près des murailles de la ville, à côté de ce château Saint-Étienne, que ses coupoles font reconnaître pour une construction espagnole. Tout l'après-midi, des centaines de cavaliers avaient exécuté en notre honneur une fantasia enragée, sur une espèce de terre-plein bordé de cactus qui s'étendait derrière notre camp. La ville entière y assistait, plus curieuse encore de nous voir que d'admirer les évolutions assez médiocres des cavaliers. Il y avait là une population singulièrement mélangée, composée de musulmans, de juifs et d'Européens. Au coucher du soleil, nous fîmes en sa présence la cérémonie de la descente du drapeau. Lorsque nous marchions sous l'escorte des soldats du sultan, c'était le drapeau du Maroc, drapeau absolument rouge, sans aucun ornement, qui nous précédait. Mais, au camp, étant chez nous, nous arborions le drapeau français, et le drapeau rouge du Maroc allait se réfugier sous la tente du caïd raha. A la chute du jour, nous le descendions avec la même solennité que sur un bateau de guerre. Nous nous rangions autour de la hampe, notre clairon sonnait une fanfare, deux janissaires de la légation tiraient des coups de feu, et nous nous découvrions tous avec respect devant l'emblème de la patrie absente.

Chaque soir, la descente du drapeau, si simple qu'elle fût, me causait une émotion que s'expliqueront seuls ceux qui savent par expérience ce que c'est qu'aimer son pays à l'étranger. Assurément, on aime son pays au dedans d'une affection profonde, mais au dehors on a pour lui cette sorte de passion attendrie qu'on éprouve pour un amour éloigné que l'on ne connaît plus que par la privation. Il me semblait que la population d'El-Araîch était frappée de notre culte pour le drapeau national, qu'elle comprenait les sentiments qu'il exprimait. Je cherchais à me rendre compte de son impression, lorsque je remarquai quatre Arabes vêtus d'humbles vêtements et occupés à immoler un mouton devant la tente de M. Féraud. Étonné, je demandai au vice-consul de France à Tanger, M. Benchimol, ce que signifiait cette étrange démonstration. Il m'apprit que les quatre Arabes étaient des suppliants, qui venaient demander à M. Féraud d'intervenir auprès du sultan pour les débarrasser d'un fonctionnaire dont ils avaient à se plaindre. L'usage veut qu'en pareil cas on commence par un sacrifice. C'est à dessein que je me sers du mot sacrifice, car le mouton immolé n'est pas un présent; celui devant lequel on le tue ne doit pas le garder pour lui, il le donne aux pauvres ou à ses domestiques. Une curieuse aventure arrivée jadis à M. Tissot prouve bien qu'il s'agit réellement de verser du sang innocent pour racheter une injustice, non de capter par des dons la faveur d'un protecteur puissant. Un soir, M. Tissot vit venir ainsi quatre Arabes qui égorgèrent un mouton près de sa tente, le priant de demander au sultan l'éloignement de leur caïd, dont la cruauté était devenue intolérable. M. Tissot refusa nettement; il ne voulait pas s'immiscer dans l'administration intérieure du pays, abus que commettent si mal à propos tant d'agents diplomatiques. Mais les quatre Arabes insistèrent, et, à bout de supplications, ils lui dirent : « Nous voyons bien que tu trouves le mouton insuffisant. Nous allons donc immoler l'un de nous à tes pieds! » Et ils commençaient, en effet, à pousser l'un d'eux sous le couteau. En y regardant de plus près, M. Tissot reconnut que la victime choisie était une femme qu'on avait habillée en homme pour la conduire à ce singulier supplice. N'ayant pas, sur le peu de valeur de la vie des femmes, les idées arabes, conservant à cet égard un reste de préjugé européen, il s'empressa de se laisser toucher et de promettre ce qu'on lui demandait.

Dans la suite de mon voyage, j'ai vu très souvent des Arabes immoler ainsi des moutons soit devant la tente de M. Féraud, soit pendant la marche sous les pas de son cheval. Parfois, de peur d'être chassés, ils arrivaient à la tombée de la nuit, tuaient le mouton en hâte et ne venaient porter leur supplique que quelques heures plus tard. Mais j'étais blasé; ces manifestations qui réveillaient en moi tous les souvenirs de l'antiquité me laissaient froid. A El-Araïch, au contraire, dans l'ombre tombante du soir, j'avais été saisi par la vue de ces quatre Arabes s'avançant en silence pour accomplir avec une sorte de mystère leur sanglante opération. Le mouton s'était affaissé sans un cri, et les sacrificateurs, toujours muets et tristes, avaient attendu M. Féraud sans bouger de place et sans donner aucune marque d'impatience.

C'est ainsi que se finit ma journée. La nuit, je dormis peu. Deux récitateurs du Coran psalmodiaient d'une voix haute, claire et mélancolique des versets du livre saint. Jusqu'à l'aurore, ils ne s'arrêtèrent pas une minute. Chaque fois que je me réveillais, je les entendais tantôt se répondre, tantôt chanter à l'unisson sur un mode d'une éternelle monotonie. Étaient-ce des fanatiques qui nous narguaient? Voulaient ils, par leurs prières, purifier le pays que nous souillions? Avaient-ils la prétention de nous édifier? Ayant entendu parler de la science théologique de M. Féraud et sachant qu'il était affilié à un ordre musulman, songeaient-ils à l'édifier, à lui souhaiter une sorte de bienvenue? Je l'ignore; mais, quel que fût leur dessein, leur mélodie aiguë et traînante n'était pas sans charme, au milieu du silence universel de la terre accompagnée seulement par le bruit de l'Océan, qui n'était ni plus lent, ni plus triste, ni plus uniforme qu'elle, et qui semblait résonner aussi comme une protestation, une plainte, une supplication ou une caresse toujours incomprise, et, par suite, toujours obstinément répétée.

IV

LE SBOU

C'est à quatre heures et demie du matin que nous dûmes quitter El-Arâîch; car nous avions une longue étape à faire avant d'arriver au campement. Le temps était sombre; parfois de petites averses venaient nous rappeler que le Maroc était un pays pluvieux et que Dieu n'avait pas fait de pacte avec nous, comme avec Noé, pour nous préserver d'un nouveau déluge. Cependant, nous entrions dans un pays d'une merveilleuse richesse, dans la fameuse province du Gharb, qui jouit dans tout l'empire d'une réputation de fertilité non usurpée. Quoique la terre y soit à peine cultivée, elle porte de magnifiques moissons; les villages y sont nombreux, entourés de jardins de l'aspect le plus riant. Partout où s'arrêtent les champs ensemencés commencent des prairies où l'herbe devient si haute, dans les années humides comme celle-ci, qu'elle atteignait souvent le poitrail de nos chevaux. Le safran sauvage, la scille et l'iris, que nous retrouvions partout, le ricin et la férule couvraient le sol de leurs fleurs. Nous rencontrions aussi de nombreux azeroliers fleuris, aux tiges énormes et tortueuses. Au loin, une ligne plus verte s'offrait à nos regards. Nous en approchions ; c'était une forêt, une vraie forêt cette fois, avec des arbres aussi grands que les plus grands d'Europe, aussi touffus, aussi imposants. Nous marchions tantôt au milieu de vastes et vertes clairières, tantôt à l'ombre de chênes gigantesques et plusieurs fois séculaires. Par malheur, la hache du bûcheron promène la dévastation dans cette solitude grandiose. Les charbonniers s'y livrent librement à leur industrie destructrice. Bientôt de nouveaux pâturages remplaceront la forêt et iront rejoindre les pâturages voisins, qui s'étendent presque à l'infini dans cette contrée remplie de troupeaux. Au sortir de la forêt, nous cheminions encore au milieu de collines et de plateaux dont la ressemblance avec ceux du Cantal me frappait de plus en plus. La bise qui soufflait sur eux, la pluie qui nous fouettait le visage, complétaient la ressemblance. Nous nous arrêtâmes sur un point élevé, aux environs de la koubba de Lella-Mimouna-Taguenaout, près de laquelle se tient, chaque mercredi, *el Arbâa*, le marché le plus fréquenté du Gharb. La koubba de la sainte, entourée de cactus, est tout à fait charmante ; on dirait un de ces jolis oratoires ensevelis dans la verdure qu'on rencontre dans nos campagnes de Provence et qui semblent être les sanctuaires d'un culte, non de sacrifices, mais de mystérieuses et poétiques émotions. Le fait est que la légende de Lella-Mimouna-Taguenaout n'est pas de celles qui portent à la tristesse et aux vertus pénibles. Lella-Mimouna était à la fois d'une grande beauté et d'une piété profonde; sa beauté l'inclinait à l'amour, sa piété lui fit choisir pour objet de sa passion un marabout renommé, Sidi-Bou-Selham, qui vivait au bord de la mer, entre Rbat' et El-Araïch, en un lieu où l'on vénère aujourd'hui sa koubba. Mais elle ne pouvait se présenter à lui et lui faire l'aveu de sa flamme et de ses désirs, sans risquer d'être éconduite par un homme aussi dévot. Elle supplia donc le ciel de la transformer en une négresse horrible, et c'est dans cet état qu'elle vint offrir à Sidi-Bou-Selham de faire sa cuisine et de s'occuper de son modeste ménage. Comment le chaste personnage aurait-il flairé la tentation ? Il accepta donc sans hésiter les services de

Lella-Mimouna, pensant que ce serait une mortification de plus que d'avoir constamment sous les yeux une femme aussi laide. La nuit venue, Lella Mimouna reprit sa forme véritable, se revêtit de toute sa beauté, bornant là d'ailleurs ses vêtements, et s'offrit ainsi aux regards troublés de Sidi-Bou-Selham en lui disant : « Pour te récompenser de ta sainteté, Dieu a décidé que tu posséderais dès cette terre une houri céleste, et il m'envoie te donner un avant-goût des joies du paradis. » Cette fois, le marabout n'hésita plus : peut-on refuser les présents de Dieu? Le jour, Lella-Mimouna se changeait en négresse; la nuit, elle redevenait une adorable maîtresse. Le saint et la sainte vécurent de la sorte durant de longues années, jusqu'au jour où ils allèrent s'enivrer, dans un monde meilleur, des plaisirs dont ils avaient déjà si largement usé dans ce monde-ci.

Telle est l'histoire édifiante que m'a racontée le fkih, c'est-à-dire l'écrivain arabe de la légation de France, le surlendemain de notre départ d'El-Araïch, lorsque nous reprîmes, toujours à quatre heures et demie du matin, la route de Fès, en passant devant la koubba de Lella-Mimouna-Taguenaout, où une vapeur blanche, glissant des feuilles des cactus, se déchirait aux premiers rayons du soleil, comme les voiles mêmes de Lella Mimouna s'étaient déchirés aux regards brûlants de Sidi-Bou-Selham. Nous continuions à marcher dans de longues plaines médiocrement pittoresques, où aucun objet qui pût la distraire ne provoquait notre imagination. C'était toujours une contrée d'une grande richesse naturelle, mais à peine cultivée par ses habitants, une sorte de Beauce qu'on aurait oublié de labourer et qui se vengerait du dédain des hommes en faisant pousser, à côté de moissons maigres, des chardons gigantesques, des mauves aux fleurs rouges, inconnues, je crois, en France, et presque aussi grandes que des arbustes; enfin, toutes sortes d'herbes et de fleurs d'une taille bien supérieure à celles qu'elles ont chez nous. Nos chevaux buttaient dans la boue, et, comme les sentiers étaient plus défoncés encore que tout le reste du pays, nous passions sans hésiter au milieu des champs de blé, dont on peut se figurer aisément l'aspect lorsqu'une caravane telle que la nôtre les avait traversés. Mais, en Afrique, personne ne fait attention à de telles misères! Il est convenu que les cultures doivent être foulées, qu'elles sont faites pour remplacer les routes, lorsque celles-ci ont besoin d'être remplacées, ce qui arrive toujours. Au bout de l'étape, nous allâmes camper à Kariat-el-Habbâsi, c'est-à-dire à côté de la maison ou du village du cheik El-Habbâsi. Ce cheik, un des plus importants du pays, qui était accouru à notre rencontre avec une magnifique escorte de cavaliers, venait de marier sa fille au fils du grand vizir, lequel est cousin germain du sultan. Grâce à cette alliance, dont il se félicitait beaucoup, bien que son gendre fût à moitié idiot, le cheik El-Habbâsi a vu son importance croître encore. C'est un beau vieillard à la physionomie intelligente, aux traits fins, qui m'a paru un des très rares Marocains doués d'une certaine distinction naturelle. Nous étions campés sur une colline dominant de quelques mètres son village, ou plutôt sa ville, car c'est le chef-lieu d'une province. Qu'on se figure un ramassis de maisons noires construites en pisé, serrées les unes contres les autres, séparées à peine par des ruelles fangeuses, avec des toits formés de chaume ou de branches. Seule, la maison du cheik, peinte en blanc à l'extérieur, dénotait quelque luxe. Cet ensemble de constructions misérables serait hideux si la ville n'était entourée d'une haie de cactus non moins élevée que les maisons, et si partout, à l'intérieur, ces mêmes maisons n'étaient dissimulées par d'autres haies de cactus. A quelque distance, un village ressemble à un bois de cactus sur lequel seraient posés des centaines de nids de cigognes. En effet, au sommet de chaque maison s'étalent pour le moins deux nids de cigognes, souvent trois, quelquefois six; j'en ai même compté un jour jusqu'à dix-huit dans une maison un peu plus grande, il est vrai, que la moyenne.

Ces cigognes font le meilleur ménage avec les habitants, qui ont pour elles une sorte de culte, les regardant comme des oiseaux de bon augure, ennemis des reptiles et des animaux dangereux. En tuer une serait à leurs yeux une sorte de crime. Aussi les cigognes ont-elles la plus grande confiance dans les indigènes; elles font leur nid sur des maisons à peine élevées de un ou deux mètres, où les enfants pourraient les atteindre si la fantaisie leur en prenait. Mais à Dieu ne plaise! Enfants, chiens, chats, poules, tout vit avec les cigognes dans une promiscuité innocente. Celles-ci vont et viennent à leur aise, portant la nourriture à leurs petits, qu'on voit ouvrir leurs longs becs maladroits au-dessus de leurs nids difformes, sans être jamais dérangés. Elles poussent continuellement le même cri, sorte de bruit de crécelles des plus désagréables, que les indigènes comparent à celui que font dans les bains maures les patins de bois des femmes, nommés *calcabs*. C'est une véritable scie, dans l'acception métaphorique du mot, mais qui n'incommode personne. Si peu poétiques que soient les cigognes, les indigènes les aiment assez pour leur confier parfois les plus délicates missions. J'ai entendu un jour un jeune berger chanter à l'ombre d'un arbre sur lequel une cigogne, prête à prendre son vol, agitait lourdement ses ailes, une chanson mélancolique dont voici la traduction :

« O cigogne, ô toi à la taille élevée, ô toi qui habites au sommet du donjon, va et salue de ma part la coquette dédaigneuse qui a des bracelets de pieds retentissants, et qui cause ma folie. »

C'est chez le cheik El-Habbàsi que je me suis initié au cérémonial d'une réception marocaine. Nous étions allés le voir pour le remercier d'être venu à notre rencontre avec un brillant appareil et de nous avoir envoyé une *mouna* magnifique. Il nous reçut dans une sorte de pièce largement ouverte sur un jardin d'orangers et de citronniers. Des coussins et des tapis avaient été répandus par terre pour que nous pussions nous asseoir ou nous coucher à volonté; toutefois le cheik lui-même se tenait sur un méchant fauteuil d'Europe, aux pieds usés et branlants, et il avait réservé une chaise de même origine et non moins délabrée pour M. Féraud. Le jardin était rempli de groupes de serviteurs et de soldats qu'on eût dit disposés en vue de la décoration. Pendant que le cheik causait avec M. Féraud, s'émerveillait de sa science en arabe et le priait de lui en laisser un témoignage en lui écrivant un morceau quelconque en beaux caractères, un personnage grave, vêtu des plus somptueux vêtements blancs, se plaça au milieu de nous pour faire le thé. Il faut savoir qu'au Maroc le café est inusité, et que la boisson qu'on vous offre partout est le thé. On dirait que les Anglais ont passé par là! Que le ciel les confonde! Rien ne vaut le café turc et arabe de l'Orient, avec sa mousse crémeuse et son arome exquis, tandis que le thé du Maroc est une boisson des plus médiocres. Mais les Marocains ne connaissent pas le café turc ou arabe. De plus, ils ne fument pas, sauf le kif qu'ils fument en cachette. Pour un homme qui a vécu en Orient, il est impossible de regarder comme de vrais musulmans des gens qui ne fument pas, et qui ne prennent pas de café. Je crois bien qu'au contraire c'est par excès d'orthodoxie que les Marocains font ainsi : mais c'est une orthodoxie bien peu pittoresque. Il faut pourtant ajouter, comme circonstance atténuante, que le thé marocain, qui se nomme *ataï*, est assaisonné de menthe, nommée *nânâ*, et de verveine, appelée, d'après un mot espagnol, *luisa*, ce qui l'empêche de ressembler tout à fait au détestable thé des Anglais.

Voici comment on le prépare et comment on le boit. A peine le grave personnage dont je viens de parler s'était-il assis au milieu de nous, qu'un esclave noir plaça devant lui le plateau contenant une rangée de tasses assez petites, deux théières, un vase rempli de menthe et de verveine, un autre rempli de thé, une boîte pleine de sucre et quelques petits verres. Un second esclave noir approcha un trépied de forme élégante sur lequel chauffait une sorte de samovar en cuivre. Le préparateur commença par mesurer dans le creux de sa main la quantité de thé qu'il jugeait à propos de mettre dans chacune des théières. Puis il fit verser de l'eau par l'esclave noir, lava les feuilles, ainsi que nous faisons en Europe, et jeta le résidu. Ceci fait, il choisit deux énormes morceaux de sucre et les plaça dans les théières, qu'il fit remplir d'eau chaude. Quand il jugea l'infusion à point, il vida une certaine quantité de thé de chacune des théières dans deux verres différents, goûta et reversa ce qui restait au fond des verres dans les théières. Il ajouta alors un peu de sucre ou un peu de thé; regoûta, ayant toujours soin de reverser ce qu'il ne buvait pas dans les théières. Le thé était à point, ce qu'il nous indiqua par un moyen fort connu de tous ceux qui ont assisté à un repas arabe, moyen bruyant et parfumé, après lequel il faudrait n'avoir ni ouïe ni odorat pour conserver un doute sur la satisfaction qu'éprouve l'estomac de celui qui l'emploie. La première tasse ne contient que du thé. Le préparateur verse alternativement dans chaque tasse du thé de chaque théière, pour que les qualités et les défauts se compensent. On boit à tour de rôle et on remet les tasses sur le plateau. Alors commence la seconde opération, tout à fait semblable à la première, à deux exceptions près : d'abord l'adjonction de menthe et de verveine au thé des théières, ensuite la lessive des tasses qui se fait tout simplement en versant dans les théières le résidu qu'elles contiennent après que chacun a bu : parfois cependant la lessive ne se fait pas, ce qui est très propre : car, alors, au lieu d'avoir le résidu de tous les voisins, on n'a que le résidu d'un seul, la même tasse ne revenant jamais à la même personne. Il faut, pour être parfaitement poli, boire trois tasses, toutes trois horriblement sucrées, mais les deux dernières agrémentées de menthe et des résidus de celle ou de celles qui ont précédé.

On se fait à tout en voyage, même au thé marocain. J'ai fini à Fès par le trouver excellent et fort proprement préparé; mais celui du cheik El-Habbâsi, malgré la grande quantité de sucre qu'il contenait, m'a paru un peu amer. Heureusement que, dissimulé dans un coin du salon de réception, j'ai pu le répandre presque tout entier sur un tapis sans que personne s'en aperçût. Le lendemain de cette initiation à l'un des plus grands charmes de l'hospitalité du Maroc, nous descendions dans la vallée du Sbou et nous traversions le fleuve. L'opération n'était pas des plus aisées. De Kariat-el-Habbâsi au Sbou, il n'y a pas beaucoup plus d'une heure de marche; mais, grâce aux pluies diluviennes de l'hiver, nous avions à traverser deux énormes marais où nos chevaux enfonçaient jusqu'au poitrail. Nous arrivâmes au Sbou sans apercevoir le fleuve, tant il est encaissé dans des berges profondes, au milieu d'une plaine parfaitement plate, où rien n'indique sa présence.

Le Sbou prend sa source au djebel des Beni-Arzar, à quatre kilomètres environ de Fès; il a environ 550 kilomètres de développement, ses largeurs moyennes sont de 300, 135, 110 et 175 mètres. Sa plaine d'alluvions, qui commence véritablement au Sok-el-Tenin, après le djebel Selfat, et qui se prolonge jusqu'à la mer sur une longueur de 120 kilomètres, avec des largeurs moyennes de 10 à 50 kilomètres, comprises d'une part entre les collines du Gharb, dernières ramifications du Riff, et les montagnes des Zemmour-Chleuh d'une part, est une des régions les plus fortunées du Maroc. Une tradition locale, recueillie par Marmol, affirmait que cette immense plaine avait été couverte autrefois par les flots de l'Océan. « Élevée de quelques mètres à peine au-dessus de l'Atlantique, dit M. Tissot, elle n'offre, dans une étendue de 20 lieues de l'ouest à l'est, de 12 à 15 du nord au sud, aucune ondulation de terrain, aucun accident appréciable : à peine le regard est-il arrêté par le profil bleuâtre des hauteurs qui la limitent. C'est au milieu de ce vaste bassin que se déroule majestueusement le cours inférieur du Sbou, le plus grand cours d'eau de l'Afrique septentrionale, après le Nil : large de 300 mètres, le fleuve roule entre deux berges à pic, semblables à des falaises, des eaux bourbeuses comme celles du Tibre, et justifie par son aspect imposant cette épithète de *magnificus* que Pline a sans doute empruntée au récit des premières expéditions romaines[1]. » Pour moi qui ai vécu si longtemps sur le Nil, la vue du Sbou

---

1. *Recherches sur la géographie comparée de la Mauritanie Tingitane.*

présentait un intérêt tout particulier. Je ne pouvais m'empêcher de comparer les deux fleuves qui coulent aux deux extrémités de l'Afrique, avec des destinées si diverses. Ils ont entre eux bien des ressemblances. Le Nil aussi roule des eaux limoneuses entre deux berges profondes, qui se creusent à mesure que le fleuve descend, et qui bientôt deviennent pareilles à des falaises de sable. Mais, si magnifique que soit le Sbou, quelle différence entre le Nil et lui! et combien aussi sont différentes les rives des deux fleuves! Le bassin du Sbou est d'une grande richesse naturelle, mais les hommes le laissent presque inculte; il n'y a nulle part de travaux d'irrigation; on ne trouverait même pas, dans cette grande plaine, une modeste noria, une seule! Le bassin du Nil, au contraire, si merveilleusement irrigué, doit presque autant aux hommes qu'à la nature. Il ne s'étend pas, comme celui du Sbou, à perte de vue jusqu'à des collines lointaines perdues dans le bleu de l'horizon. Presque partout il est borné, au bout de quelques kilomètres, par des montagnes de grès aux formes charmantes, aux inimaginables et indescriptibles colorations. Enfin des ruines merveilleuses se dressent sur les bords du Nil, tandis que quelques cabanes d'Arabes se reflètent seules dans les eaux bourbeuses du Sbou. L'Égypte a vu passer et a porté les plus admirables civilisations du monde : celle des Pharaons, celle de la Grèce expirante, celle de Rome, celle des Arabes dans la fleur de leur génie ; le Maroc, à peine effleuré par Rome, a brillé sous les Arabes d'une vive clarté, mais d'une clarté éphémère, bientôt éteinte sous les souffles aveuglants du désert.

Le temps me manquait pour continuer mes réflexions ; il fallait passer le fleuve : opération difficile ! Bien entendu, le Sbou ne possède pas un seul pont et il n'est guéable qu'en été lorsque l'eau est presque complètement écoulée. A l'époque où nous étions et au Mechrâa-bel-Ksiri, ou gué de Ksiri, où nous nous trouvions, il avait une profondeur de trois ou quatre mètres au moins sur une largeur de plus de 150 mètres. En outre, son lit, obstrué de bancs de sable, ne nous permettait pas de passer en ligne droite sur la rive opposée. Nous n'avions qu'une seule barque pour nos bagages, notre artillerie, nos bêtes, nos gens et nous. Encore cette barque était-elle déjà à moitié remplie d'Arabes, les uns bateliers, les autres chargés de seconder les bateliers, les autres chargés de seconder ceux-ci, et ainsi de suite, selon la mode de tous les pays arabes. Il fut décidé qu'au milieu de la journée, à l'heure où e soleil est le plus chaud, nous ferions passer chevaux et mulets à la nage; car nous en aurions eu sans cela pour cinq ou six jours. Chaque voyage de la barque durait environ trois quarts d'heure et servait au transport de quatre ou cinq d'entre nous et d'autant de cantines. Au reste, la barque chargée était charmante à voir pour ceux qui restaient sur les rives; car ceux qui étaient dedans avaient quelque peine à s'y tenir. Empilés les uns sur les autres à côté des bagages, ils recevaient sans cesse des coups d'aviron qui risquaient de les jeter à l'eau. Les Arabes les enveloppaient de toutes parts sous prétexte de les consolider et grimpaient en pyramide sur les bagages. L'un deux, placé au sommet du chargement, avait pour unique fonction de diriger la mélodie sans laquelle ne s'exécute aucun travail en Afrique. La barque s'ébranlait lentement ; aussitôt le musicien entonnait son chant, que tous les bateliers répétaient en chœur. Leurs voix augmentaient graduellement à mesure que la barque s'avançait en décrivant dans le fleuve des courbes élégantes autour des bancs de sable, et rien n'était joli, à distance, comme cette masse colorée et murmurante qui glissait sur la surface bleue de l'eau avec des refrains prolongés dans l'air sonore du matin et dans l'espace démesuré de la plaine. Quant au sens de ces refrains, il était des plus simples. Le nom d'Allah revenait à satiété, comme toujours. *Allah isahal alima !* Que Dieu nous facilite (le passage), voilà ce qu'ils disaient. Les musulmans ne font pas une seule action sans inviter ainsi Allah à y intervenir. Même lorsqu'ils font celle que Lella-Mimouna-Taguenaout et Sidi-Bou-Selham faisaient tous les soirs par une jouissance anticipée du paradis, ils éprouvent le besoin d'être secondés par Dieu. *Bismillah !* au nom de Dieu ! disent-ils ; et beaucoup, paraît-il, ajoutent en suppliant : *Allah isahal alima !*

Le chargement de la barque donnait lieu à ces éternelles scènes de maladresse, de cris, de mouvements désordonnés dont les Arabes accompagnent aussi tout travail. Sans la présence du cheik El-Habbàsi, qui avait voulu présider lui-même à notre passage, jamais elles ne se seraient terminées. Elles étaient aussi raccourcies dans leur durée par l'intervention d'un homme admirable, qui a été la Providence de tout notre voyage, le caïd Mohammed Alkalaï, un des janissaires de la légation de la France. Tout le monde connaît, sans le savoir, la figure qu'a ou plutôt qu'a eue le caïd Mohammed Alkalaï. C'est lui qui a posé pour le *bourreau de Grenade* dans la fameuse toile d'Henri Regnault qui figure aujourd'hui au Louvre. Henri Regnault n'avait pas été chercher bien loin ses modèles à Tanger : il avait pris son bourreau parmi les janissaires et sa Salomé parmi les servantes de la légation, où il y a peu de temps encore, cette dernière lavait la vaisselle, n'agitant plus que sur des assiettes sa chevelure d'ébène et ne montrant ses dents d'ivoire qu'aux marmitons. Le caïd Alkalaï n'a plus la fière tournure que lui a donnée Henri Regnault. Maigre comme un piquet de télégraphe, la moustache taillée à l'impériale avec une barbiche des plus pointues, la figure ridée comme un vieux parchemin, les épaules tombantes au point qu'elles n'existent presque plus, le corps long et osseux, les jambes grêles, il a un faux air de don Quichotte qui frappe au premier abord. Et j'ose dire qu'il vaut l'illustre chevalier de la Triste Figure, qu'il n'est pas moins dévoué, pas moins prêt à tous les sacrifices, pas moins noble de cœur et de caractère. Son unique passion est la légation de France, pour laquelle il se ferait hacher menu comme chair à pâté. Il faut le voir dans une ambassade pour juger de sa valeur. Toujours debout, toujours alerte, toujours veillant et surveillant, c'est lui qui fait tout aller, qui fait dresser les tentes, charger et décharger les bagages, passer les fleuves, gravir les montagnes et traverser les plaines. Il fait tout cela sans précipitation, sans faux empressement, avec une dignité superbe. Lorsqu'il circule au milieu des Arabes coiffé d'un turban gigantesque, assez semblable aussi à l'armet de Mambrin, il est impossible de ne pas admirer l'activité dévorante et calme de sa comique personne. Autour de lui, les Arabes ne se pressent pas ; ils invoquent le nom d'Allah, espérant sans doute que Dieu fera la besogne pour eux ; ils se font des politesses mutuelles ; ils pratiquent de leur mieux la maxime : Pas de zèle ! Il fallait les voir lever ou dresser le camp, lorsque Alkalaï, par hasard, n'était pas là. Quelle nonchalance ! quel temps gaspillé ! J'ai dit que les Marocains étaient fort grossiers envers tout chrétien : ils ne l'appellent que *tager*, ce qui veut dire *marchand* ; jamais ils ne le traiteraient de *sidi*, c'est-à-dire de *monsieur*. Mais le moindre portefaix, s'adressant au moindre de ses confrères, lui donne sans hésiter du *sidi* à pleine bouche. J'entendais constamment dans le camp : « Sidi, relève cette toile ! Sidi, prends cette corde ! » Et tous ces sidis, se faisant des compliments mutuels, ne faisaient pas autre chose. Ce qui ajoutait à la confusion, c'étaient les soldats français qui se mêlaient de donner des ordres aux indigènes dans le plus pur gascon, et qui s'étonnaient de n'être pas compris. J'avais, quant à moi, un domestique basque qui leur parlait en son patois et qui les traitait de ganaches en voyant leur ébahissement. Il est revenu convaincu qu'un peuple qui ne comprenait pas le basque était tout à fait abruti. Les soldats poussaient tous les jurons des casernes; ce qui aurait fort choqué les Arabes s'ils se fussent doutés que le nom de Dieu, ce nom de Dieu qu'ils invoquent si pieusement, était maltraité de la sorte. Au plus fort du vacarme, Alkalaï arrivait, et, tout rentrait dans l'ordre; en moins d'une minute, ce qui avait coûté jusque-là des heures inutiles de travail était achevé! Sur les bords du Sbou, il se multipliait; nous lui avons certainement l'obligation d'une journée au moins qui aurait été perdue sans lui.

Le passage à la nage des bêtes de somme nous offrit un spectacle des plus pittoresques. On commença par les chevaux. Comme il n'y a pas d'animaux plus bêtes que les chevaux, rien n'était plus difficile que de les lancer en plein fleuve, et, lorsqu'on y avait réussi, on ne pouvait les lâcher qu'après avoir franchi le courant : sans cela, ils s'y seraient abandonnés. L'opération exigeait deux hommes qui se plaçaient de chaque côté de la tête de chaque cheval et qui l'entraînaient à l'eau. Mais, avant d'y réussir, que de difficultés! Les uns s'échappaient sur la rive, remontaient la berge, et filaient dans la campagne, où il ne fallait pas moins d'une heure pour les rattraper; les autres, arrivés au milieu du fleuve, voire même sur l'autre rive, retournaient en arrière en poussant des hennissements furieux. Pendant qu'ils nageaient, ils soufflaient avec le bruit de locomotives qui s'arrêtent. Les cris des Arabes augmentaient le tumulte. Je dois dire à la louange des mulets, animaux beaucoup plus intelligents, car ils se rapprochent de l'âne, qui est l'intelligence même, qu'ils n'imitaient en rien les sottes révoltes et tous les embarras des chevaux. Après les avoir débâtés, on les poussait en masse dans le fleuve, et ils allaient de l'avant, sans se faire prier, se bornant, eux aussi, à renifler si bruyamment, qu'on eût dit, à les entendre tous ensemble, des centaines de trains entrant en gare à la fois. Mais, arrivés sur la rive opposée, une grande difficulté se présentait : comme le fleuve quelques jours auparavant coulait à pleins bords, et comme il s'était retiré très vite, il avait laissé un grand espace de boue liquide qu'il fallait franchir pour atteindre la terre ferme. Chevaux et mulets y enfonçaient à chaque pas; rien n'était plus drôle que de les voir se débattre, essayer de relever une jambe pendant que les autres enfonçaient à leur tour, recommencer à satiété ce travail de Pénélope sans se décourager et sans arriver à un résultat. Lorsque leurs jambes de derrière étaient embourbées, ils glissaient doucement dans la vase, où ils semblaient prendre un bain de siège. L'un d'eux même, s'étant laissé choir et ne pouvant plus se relever, descendait rapidement dans la boue, sous le poids de son corps, que les jambes ne supportaient plus, si bien qu'en quelques minutes son cou et sa tête seuls restaient à l'air libre. Naturellement les Arabes criaient, se donnaient des ordres mutuels, se traitaient de sidis, se disaient des injures ou des politesses. Il fallut de grands efforts pour les décider à opérer le sauvetage de la pauvre bête, qu'on dut littéralement déterrer. Quelques minutes encore, et il eût été trop tard.

Vers cinq heures du soir, le passage était à peu près terminé. Il avait commencé à cinq heures du matin. Encore restait-il des chameaux et les caissons d'artillerie, qu'on devait transporter la nuit au clair de lune. « Et quand on pense, dit tout à coup le caïd raha, qui avait vu Rome, Londres et Paris, quand on pense qu'à Paris, avec un pont, nous serions tous passés en dix minutes ! » Réflexion profonde, digne de M. de La Palisse, qui m'ouvrait des jours nouveaux sur les avantages de la civilisation. J'étais occupé à en sonder l'étendue, tandis que le soleil se couchait à l'horizon, dorant les eaux du Sbou de teintes claires qui lui donnaient réellement un faux air de Nil, que quelques-uns de mes compagnons chassaient dans la campagne, que d'autres pêchaient dans le Sbou des aloses énormes et exquises, et que M. Féraud, assis au milieu d'un groupe de musulmans attentifs, leur faisait je ne sais quel discours, avec des airs, des gestes et des mouvements de conteur arabe, dont l'auditoire boit les paroles. Une dernière barque chargée comme toutes les autres traversait l'eau; tout à coup, nous voyons surgir, à un détour du fleuve, une sorte d'embarcation légère, d'une forme étrange et d'une coloration verte, qui ressemblait à celle des prairies environnantes. Elle était composée de roseaux fraîchement cueillis, dont les tiges, ramenées en avant, se relevaient comme en un bouquet; l'arrière était coupé tout droit : on eût dit la moitié antérieure d'une gondole qu'on aurait séparée par le milieu. Livrée au courant, sans personne en apparence pour la guider, elle suivait le fil de l'eau si rapidement, qu'on ne pouvait s'empêcher de trembler pour la barque qu'elle allait certainement rencontrer, et qui chavirerait, vu le manque d'équilibre du chargement. En effet, un Arabe effrayé saute et court à cette embarcation verdoyante, qu'il traîne sur un côté du fleuve. Au bruit de cette manœuvre, deux bateliers se réveillent et soulèvent une tête étonnée au milieu des branches vertes. C'étaient des pêcheurs, et l'embarcation était une *ma'adia*, sorte de bateau de pêche qu'on abandonne ainsi aux caprices du Sbou et sur lequel les indigènes, avec leur insouciance ordinaire, s'endorment sans crainte, à la garde d'Allah. Je ne saurais dire combien ces ma'adià sont charmantes, et quel effet m'a produit l'apparition de l'une d'elles, d'abord si mystérieuse, aux rayons du couchant. On l'eût prise pour un simple bouquet de feuillage jeté sur l'eau; mais il aurait fallu qu'arrêtée dans sa course vers l'inconnu par une main tremblante, il en sortit autre chose que deux pêcheurs se frottant les yeux. Il manque toujours quelque chose à la réalité pour être parfaitement poétique!

V

LA VIE FÉODALE

En me réveillant à quatre heures du matin au bord du Sbou, je ne fus pas surpris de me trouver enveloppé dans un brouillard opaque. Je commençais à m'habituer au climat du Maroc; ayant rencontré partout une humidité pénétrante, je ne pouvais être étonné qu'elle fût plus épaisse encore qu'ailleurs sur les rives du plus grand fleuve du pays. Nous partîmes, sinon avant le lever du jour, du moins avant qu'il fît clair, tant la brume répandait d'obscurité sur la campagne. Nos cavaliers semblaient glisser dans les ténèbres, comme les ombres impalpables des champs Élysées de Virgile. Nous marchions vers le territoire de la tribu des Beni-Ah'sen, où nous devions camper près de la koubba de Sidi-

Gueddar, un saint fort célèbre au Maroc, car c'est lui qui annonça aux premiers princes de la dynastie actuelle qu'ils monteraient sur le trône et deviendraient maîtres de la contrée. Les Beni-Ah'sen ont la plus déplorable réputation; ils passent pour les plus déterminés voleurs du Maroc, ce qui est assurément beaucoup dire; nous allions donc entrer dans une contrée réellement barbare, où il est parfois aventureux de pénétrer. Quoique nous n'eussions, quant à nous, d'autre danger à courir que celui de nous voir enlever un cheval ou un mulet, nous pouvions nous donner la facile émotion du danger en nous rappelant toutes les histoires et toutes les légendes qui courent sur le compte des Beni-Ah'sen. J'y songeais donc tout en avançant, lorsqu'à peu de distance du Sbou, je distinguai, dans le brouillard qui commençait à se déchirer, une rangée de cavaliers beaucoup plus nombreux, beaucoup plus imposants que ceux qui venaient d'ordinaire à notre rencontre. Étaient-ce des ennemis? Allions-nous être attaqués? Hélas! non, c'était notre escorte journalière qui nous attendait. J'ai déjà expliqué qu'à mesure que nous passions d'une tribu à une autre, les différents caïds venaient au-devant de nous avec leurs goums, veillaient à notre sécurité dont ils étaient responsables, et ne nous quittaient que lorsqu'ils nous avaient remis entre les mains des caïds voisins. La cérémonie ne manquait pas d'uniformité. En approchant des frontières d'une tribu, nous apercevions une cinquantaine de cavaliers, parfois une centaine, disposés en ligne de front, comme s'ils avaient fait une sorte de faction. En avant de la ligne se tenait le caïd et son califat, tous deux armés, comme leurs soldats, d'un fusil soigneusement enveloppé d'une gaine rouge. Dès que nous arrivions près d'eux, le caïd et le califat s'approchaient de M. Féraud, lui donnaient une poignée de main, baisaient tendrement la leur lorsqu'elle avait touché la sienne, puis se plaçaient l'un à droite, l'autre à gauche du *bachadour* (c'est ainsi que les Marocains traduisent le mot ambassadeur), tandis que les autres cavaliers suivaient en désordre derrière nous. A peine avaient-ils pris place des deux côtés de M. Féraud que le caïd et le califat se débarrassaient de leur fusil respectif, et le confiaient à un soldat qui le portait cérémonieusement avec le sien propre ; car, sauf au moment du combat, il ne convient pas à des chefs de s'embarrasser de leurs armes. Au reste, notre escorte ne se bornait pas à nous accompagner en désordre. Tout le long de la marche, elle se livrait à de bruyantes fantasias. Mais la fantasia marocaine est bien loin d'avoir la variété, l'élégance, l'imprévu de la fantasia tunisienne et algérienne. Elle est d'une monotonie dont on se fatigue vite. Lorsque, pendant deux ou trois jours, on a vu une dizaine de cavaliers se mettre en ligne à droite ou à gauche de votre route, courir à bride abattue, s'arrêter brusquement en poussant des cris et en tirant des coups de fusil, on est absolument blasé sur un plaisir aussi peu changeant. En cela comme en toutes choses, j'ai constaté l'éclatante infériorité des Marocains comparés aux autres Arabes du nord de l'Afrique : leurs jeux même sont vulgaires, sans imagination, sans élan, sans originalité; on y sent la médiocrité d'une race en décadence qui a perdu ses qualités d'autrefois, qui s'est immobilisée dans le passé, chez laquelle la routine a tout envahi.

Il va sans dire que, si j'appelle les Marocains des Arabes, c'est que j'écris ici sans la moindre prétention d'exactitude scientifique, me servant du langage ordinaire pour éviter de me donner des airs prétentieux. Les Arabes sont extrêmement rares au Maroc; ce qui domine dans ce pays, ce sont ces populations libyennes ou berbères, que les premières migrations orientales ont déjà trouvées établies sur toute la côte septentrionale de l'Afrique, du littoral jusqu'au Sahara, et qui forment encore là, plus qu'ailleurs, l'élément principal et le plus nombreux. M. Tissot, qui, lui, était un savant, s'était appliqué à rechercher, sous les noms des peuplades antiques, les tribus du moyen âge et celle d'aujourd'hui. Il me suffira d'expliquer que la plupart des Marocains sont ce qu'on appelle dans le pays des *Imazighen,* c'est-à-dire des Berbères, et, pour être mieux compris, j'ajouterai que *Imazighen,* les Berbères, est le pluriel d'*Imazigh,* un Berbère. Au féminin, une Berbère se dit : *Tamazight,* et les Berbères : *Tamazighen.*

Ceci donné à la science, je reviens à l'escorte de cavaliers qui nous attendait, l'arme au bras, à quelque distance du Sbou. Je répète que je n'en avais pas encore rencontré d'aussi nombreuse, et, en approchant davantage, je constatai également que c'était la plus brillante que nous eussions eue jusque-là. Le milieu de la ligne, où se tiennent le caïd et son califat, est toujours occupé par les plus beaux cavaliers; à mesure qu'on descend du centre aux extrémités, il se produit, dans la qualité des hommes et des montures, une décadence des plus amusantes; au centre, les chevaux hennissent et se cabrent sous les plus jeunes, les plus riches, les plus étincelants représentants de la tribu ; aux extrémités, des gens en guenilles, ramassés on ne sait où pour faire nombre, des vieillards décrépits, des esclaves sordides se tiennent modestement accroupis sur de pitoyables haridelles, parfois sur de simples mulets. Je n'ai rien vu au Maroc de plus élégant que le groupe central de notre escorte du Sbou. Il y avait là une dizaine de cavaliers dont les selles me paraissaient ravissantes de coloration ; les unes étaient toutes rouges, les autres toutes bleues, d'autres toutes jaunes, d'autres toutes vertes, mais ces rouges, ces bleus, ces jaunes et ces verts avaient une extraordinaire intensité. Le poitrail des chevaux était recouvert d'une sorte de plastron brodé d'or sur ces fonds étranges, plastron attaché à la selle au moyen d'une plaque émaillée, quelquefois admirable. La bride, de la même couleur que la selle, se terminait, sous la tête des chevaux, par un énorme gland toujours, lui aussi, de couleur uniforme. Enfin, sous les selles, une dizaine de couvertures disposées les unes au-dessus des autres semblaient n'avoir été placées là que pour faire sortir de la croupe des chevaux une frange d'écume blanche, qui donnait plus de valeur encore à la vivacité de ces tons ardents. J'ai eu un instant l'éblouissement de l'Orient. Mais cette magnifique escorte nous a quittés trop tôt, et nous a laissés seuls sur le territoire des Beni-Ah'sen. Là, personne ne venant à notre rencontre, nous allâmes camper, en vue de la koubba de Sidi-Gueddar, sur une plate-forme desséchée située au bord de l'oued Rdem, à la lisière d'un gros village qui nous semblait à peu près désert.

Il l'était, en effet, ce qui nous fut expliqué bientôt. Il n'y restait plus que les femmes, quelques vieillards et des enfants, tous parfaitement laids, sales et farouches, ainsi qu'il convenait à des spécimens de la plus détestable tribu marocaine. Cette tribu était en guerre contre la voisine des Zemmour-Chleuh' et tous les hommes valides combattaient au loin. Le sujet de la querelle rappelait la guerre de Troie. Un Zemmour-Chleuh' avait enlevé, paraît-il, à son mari, une femme des Beni-Ah'sen, ce qui prouvait certainement, à en juger par les spécimens du beau sexe de cette tribu que nous avions sous les yeux, qu'il était affligé du plus mauvais goût. Mais que de malheurs peut entraîner un pareil défaut! Deux combats avaient déjà été livrés par les Beni-Ah'sen aux Zemmour-Chleuh'. Dans le premier, s'il faut en croire les récits du douar près duquel nous campions, seize Zemmour avaient été tués et quarante dans le second. Naturellement, les pertes des Beni-Ah'sen ne s'élevaient qu'à quatre ou cinq hommes. Mais je n'ai pu recueillir que la version des Beni-Ah'sen : qui sait si la porportion des tués de chaque tribu n'était pas renversée dans les récits des Zemmour-Chleuh'? Quoi qu'il en soit, les Beni-

Ah'sen affirmaient qu'ils avaient coupé les cinquante-six têtes ennemies et qu'ils les avaient envoyées au sultan, lequel s'était montré fort satisfait de ce don sanglant. Ceci n'avait rien que de vraisemblable. La tribu des Zemmour-Chleuh' est une de celles qui ne reconnaissent guère l'autorité du sultan, ou plutôt qui ne la reconnaissent que lorsque le sultan leur fait la guerre et campe sur leur territoire. Or on annonçait que Moula-Hassan préparait précisément une campagne contre les Zemmour-Chleuh', chez qui il se proposait d'aller accomplir sous peu une de ces razzias gigantesques par lesquelles s'affirme, dès qu'il se sent le plus fort, son pouvoir sur ses sujets révoltés. Il devait donc lui être très agréable d'apprendre que les Beni-Ah'sen lui mâchaient en quelque sorte la besogne en affaiblissant les Zemmour-Chleuh'.

Plus je m'initiais aux mœurs du Maroc, plus j'étais frappé de la ressemblance parfaite qui existe entre ce pays et nos sociétés européennes du moyen âge. Il est dominé par une sorte de féodalité parfaitement indépendante, qui est bien loin de reconnaître le sultan pour chef. L'autorité de celui-ci est purement nominale sur les deux tiers de ce qu'on appelle son empire. La plupart des tribus, — je parle du moins de celles du nord, car il n'en est plus de même de l'autre côté de l'Atlas, — s'inclinent devant son prestige religieux; elles voient en lui le descendant du Prophète et consentent à faire figurer son nom dans la prière du vendredi. Mais, politiquement, beaucoup d'entre elles, et ce sont bien entendu les plus guerrières, ne veulent avoir aucun rapport avec le sultan; elles n'acceptent pas de fonctionnaires nommés par lui, ou, si elles les acceptent, c'est comme fonctionnaires fainéants, tout à fait dépourvus d'autorité; elles ne lui payent pas d'impôt; tout au plus lui envoient-elles parfois, non comme une redevance, mais comme un don pieux fait au successeur de Mahomet, comme une sorte de denier de Saint Pierre musulman, une somme dont elles fixent à leur gré le montant. Quant aux tribus soumises, elles ne le sont bien souvent qu'à la manière des vassaux du moyen âge. Elles doivent au suzerain des secours pécuniaires et militaires qu'elles lui fournissent à l'occasion; mais, d'ailleurs, elles s'administrent elles-mêmes à leur gré, sous la direction de leurs caïds, qui ne reçoivent du sultan qu'une investiture honorifique. Ce dernier n'est maître absolu que dans son domaine propre, c'est-à-dire dans les grandes villes et autour d'elles, comme le roi de France au moyen âge, qui n'était, en somme, que le premier et le plus fort des seigneurs de la contrée.

Ce qui me charme le plus dans les voyages, c'est de retrouver ainsi, vers cette fin du XIXe siècle, presque à la porte de l'Europe, les mœurs, les institutions, l'organisation sociale et politique des siècles passés. A cet égard, je n'avais encore rien rencontré qui me satisfît autant que le Maroc. A part quelques détails tout extérieurs, détails de costume ou d'armement, on y vit en plein moyen âge. C'est une résurrection de ces époques lointaines qui excitaient si vivement la curiosité publique, il y a peu de temps encore, avant l'invasion du naturalisme et de la « modernité », aux beaux jours où cet admirable Walter Scott, hélas! aujourd'hui si méconnu, charmait toutes les imaginations par ses romans d'un merveilleux et inépuisable intérêt. Quant à moi, dont ils ont nourri la jeunesse et qui me propose bien de les relire encore, avec la même passion, en cheveux blancs, j'ai cru assister à l'un d'entre eux le lendemain de mon séjour chez les Beni-Ah'sen. Nous avions eu une nuit agitée; dans la crainte que quelques-uns de ces célèbres voleurs de la tribu, subitement revenus pour cela de la campagne contre les Zemmour-Chleuh', ne nous enlevassent une des trois juments que nous conduisions au sultan, juments dont la réputation méritée s'était déjà répandue dans tout le pays, nous avions voulu faire garder le camp par les soldats français. Mais le caïd raha, indigné de cet affront, nous avait suppliés de lui laisser le soin de notre sécurité, dont il avait l'entière responsabilité, et, pour nous rassurer complètement en nous donnant la preuve qu'ils faisaient bonne garde, ses hommes avaient fait toute la nuit un tel vacarme qu'aucun de nous n'avait pu fermer l'œil. Au point du jour, nous étions à cheval, nous dirigeant vers une chaîne de montagnes dont le profil nous était apparu à l'horizon toute la journée précédente. Une escorte, venue je ne sais d'où et appartenant à je ne sais quelle tribu, nous avait rejoints dès le début de notre marche. Partout autour de nous, les glaïeuls, les pâquerettes blanches et jaunes, les mauves rouges, de nombreuses labiées et papilionacées s'étendaient en gais et clairs tapis. La montagne, que veloutaient les rayons du soleil naissant, était zébrée de grandes plaques alternativement dorées et blanches, formées tantôt par des massifs de petits soucis, tantôt par des déchirures de la terre végétale, qui laissent apparaître la roche crayeuse, pareille de loin à de la neige. Nous allions quitter enfin l'éternelle monotonie de la plaine : mon cœur de montagnard en tressaillait de joie! Bientôt, en effet, la montagne s'ouvrit devant nous et nous pénétrâmes dans un défilé aride et grimpant, Bab-Tsiouka, qui nous conduisait vers une région bien différente de celle que nous venions de traverser, une région de collines fleuries et de fraîches vallées dominées par de hautes cimes sèches et dénudées. A la descente du défilé, nos cavaliers, répandus sur les deux flancs de la montagne, notre longue caravane, circulant avec lenteur dans l'étroit sentier creusé par les passants en ce lieu poétique, formaient un délicieux tableau à la Fromentin. Mais à peine étions-nous au pied de la montagne, que notre escorte s'éloigna de nous, sans nous accompagner, suivant la coutume, jusqu'à l'escorte prochaine, qui se tenait, l'arme au bras, à un kilomètre environ. Le caïd raha s'empressa de nous expliquer qu'elle n'agissait point ainsi par manque d'égards envers nous, mais uniquement parce que la tribu à laquelle elle appartenait était en mauvais termes avec la tribu voisine chez laquelle nous allions entrer, celle des Ouled-Delim (Delim signifie le mâle de l'autruche), des fils de l'autruche. Nous comprîmes aisément un scrupule aussi naturel; mais nous pûmes faire la réflexion que l'autorité du sultan n'imposait point la paix à ceux qui se soumettaient à elle. Voilà deux tribus qui reconnaissent le pouvoir de Moula-Hassan, qui combattent avec lui côte à côte dans ses expéditions ; cela ne les empêche point d'être en lutte l'une contre l'autre et de se traiter en ennemies. Et il y a en Europe des personnes qui parlent du gouvernement du Maroc comme d'un gouvernement européen! Et il y en a qui s'imaginent que le sultan n'a qu'à donner des ordres pour faire tout ce qui lui plaît dans son pays! On parle sans cesse de son despotisme : on ne soupçonne pas combien il est limité en étendue, s'il ne l'est pas en intensité! Quoi qu'il en soit, nous marchâmes sans escorte vers les Ouled-Delim, qui nous attendaient immobiles, n'ayant garde de mettre le pied sur le territoire de leurs adversaires, ce qui aurait peut-être amené, sous nos yeux mêmes, une rixe sanglante. Le goum des Ouled-Delim était considérable ; mais nous savions que le chef de la tribu, le caïd Embarek-ben-Chelieh, était un vieillard, et nous ne fûmes pas médiocrement surpris, en arrivant près de la ligne des cavaliers, de voir qu'elle était commandée par un jeune homme borgne, lourd et sans grâce, et par un enfant qui n'avait certainement pas plus d'une douzaine d'années. Tous deux étaient les fils du cheik Embarek : ils nous dirent que, si celui-ci n'était pas venu à notre rencontre, c'est que, dévoré d'une fièvre persistante, il était obligé, depuis de longs

mois, de rester enfermé chez lui. Nous acceptâmes
une si bonne excuse et nous nous mîmes en route.
Le jeune homme borgne s'était placé à côté de
M. Féraud; quant à l'enfant de douze ans, il était
resté à la tête du goum, qui se tenait sur le revers
de la colline, la vallée étant entièrement occupée
par notre convoi. C'était un singulier type, très laid,
et cependant tellement intéressant, qu'on ne pouvait
le quitter des yeux dès qu'on l'avait vu une première
fois. Il montait un gros cheval, qu'il maniait avec
une singulière aisance et non sans coquetterie, cherchant à l'exciter, à le faire se cabrer, l'enlever au
galop dans les endroits les plus difficiles. Son corps,
grêle et fluet, enveloppé d'un vêtement blanc, en
partie recouvert d'un manteau brun, se soulevait crâ-
nement au-dessus de l'énorme bête. Sa physionomie
ressemblait d'une manière frappante à celle d'un
Japonais : il en avait le teint jaunâtre, les yeux très
noirs et relevés sur les côtés, le nez également relevé,
la bouche fine et dure. Sa tête était absolument nue;
seulement, la tribu des Ouled-Delim étant amâzigh,
sur son oreille droite pendait la mèche tressée qui,
chez les Berbères du Maroc, comme chez les Égyptiens d'autrefois, est le signe de la jeunesse. Par un
raffinement de coquetterie, cette mèche ne se détachait pas directement du crâne; elle était entourée

d'une plaque de cheveux ébouriffés avec art, en sorte qu'on eût dit une toque élégante terminée par un gland retombant presque jusqu'au cou. Je ne sais trop ce qu'il fallait penser de la physionomie de ce singulier enfant : était-elle dédaigneuse, ironique, barbare, farouche, ou simplement inintelligente? Elle était peut-être tout cela à la fois, mais elle avait une sauvagerie un peu bestiale, dont le mystère ne manquait point de séduction. Tout le goum suivait les ordres de ce petit être fantasque, qui commandait d'une voix grêle, courte et acerbe. Il marchait, toujours accompagné d'un gros nègre, superbe cavalier qui lui tenait son fusil, le lui passait au moment des fantasias, lui donnant la poudre pour le charger, et semblait veiller à tous ses mouvements avec la vigilance d'un serviteur de confiance. C'était évidemment un esclave attaché au fils préféré du vieux cheik, répondant de sa vie sur la sienne, lui consacrant des soins que rien ne pouvait distraire. L'enfant lui faisait faire de terribles chevauchées; car, bien qu'il jetât sur nous des regards fort méprisants, voyant que nous le considérions avec intérêt, il tenait évidemment à nous éblouir par sa hardiesse. Aussi, quoique la route fût détestable, il commandait sans cesse de nouvelles fantasias, auxquelles il prenait toujours la première part. On le voyait gravir au galop les collines, puis les redescendre à une allure encore plus vive, avec sa ligne de cavaliers, poussant son cri de guerre et tirant son coup de feu, tandis que les chevaux, se cabrant sur la pente, paraissaient prêts sans cesse à se dérober. Mais je dois dire que le fusil du jeune chef devait être des plus médiocres, car il lui arrivait souvent de rater. Alors, il fallait voir de quel air de fureur mal contenue l'enfant se tournait vers le pauvre nègre, qui ne pouvait répondre que par une mine piteuse à ces marques trop évidentes de colère et d'indignation.

Vers dix heures du matin, nous arrivâmes chez le cheik Embarek, et nous campâmes en face de sa maison, sur une colline toute couverte de petits soucis frémissants sous la brise du matin. En face de nous s'élevaient les premières montagnes du djebel Zerhoun, où le fondateur de l'empire du Maroc, le fameux Moula-Edriss, trouva son premier refuge, et, tout autour de nous, d'autres montagnes s'étendaient aussi loin que la vue pouvait porter. Comme elles étaient absolument nues, sans forêts, sans villages, du moins apparents, sans rien qui cachât leurs croupes tourmentées, on eût dit une mer de vagues énormes subitement figée sous la main d'Allah. Ce qui complétait la ressemblance, c'est le ton bleuâtre que la couleur réfléchie du ciel répandait sur elles, et qui n'était interrompu que par ces grandes déchirures blanches où apparaissaient, sous la terre végétale éboulée, les fonds crayeux, qu'on eût pris pour l'écume de ce gigantesque et sublime océan. La maison du cheik Embarek était dans la vallée, au pied de la colline où nous campions. A voir l'espace qu'elle couvrait et le peu qu'occupait le village à côté d'elle, on sentait bien que c'était là une demeure seigneuriale remplie de vassaux, à la fois citadelle, lieu de réunion, siège du véritable pouvoir qui dominait le pays. Nous allâmes, dans l'après-midi, rendre visite au caïd, et cette impression devint plus vive encore. On nous introduisit d'abord dans une cour arabe au milieu de laquelle coulait un jet d'eau. Cette cour servait d'écurie; les chevaux du goum y étaient attachés, les deux jambes de devant entravées, restant là à la belle étoile, sans autre toiture que le ciel. Toutes sortes de bagages étaient entassés dans les coins; des femmes lavaient dans le bassin du jet d'eau, d'autres tissaient des étoffes sous une sorte de hangar; des serviteurs se pressaient à leur besogne; il y avait là une vie, un mouvement, qui indiquaient une vaste agglomération d'hommes. Nous ne devions pas visiter toute l'habitation, qui, outre le logement des femmes, en contient assez d'autres pour donner asile à des centaines de guerriers. On nous fit monter dans le salon de réception, composé de deux salles longues réunies entre elles par une porte en ogive d'une véritable élégance : la première était réservée au personnel de la maison ; dans la seconde, où on avait disposé, le long des murs, des coussins à notre usage, le cheik Embarek était accroupi sur une sorte de grand matelas. Il suffisait d'entrer dans cette chambre, toute imprégnée de l'odeur de la fièvre, pour être convaincu que ce n'était pas par mauvaise volonté que le vieux cheik n'était pas venu à notre rencontre ; on en était plus persuadé encore dès qu'on l'avait aperçu lui-même. C'était un vieillard encore très droit, qui eût été beau s'il n'eût point été ravagé par la maladie : le contraste entre son teint, plus jaune encore que celui de son jeune fils, et la blancheur de son turban et de sa barbe, était singulier ; ses yeux brillaient d'un vif éclat, mais ce n'était ni l'éclat de l'intelligence, ni celui de la santé. Il ne put même pas se lever pour nous accueillir, quoique son sourire indiquât une véritable bienveillance. A peine fûmes-nous assis, qu'on nous porta toutes sortes de vivres dans d'énormes plateaux, et qu'un grave personnage commença l'opération du thé avec tous les raffinements de propreté et tous les détails odorants que j'ai déjà décrits. Mais ce qui nous intéressa beaucoup plus, ce fut l'arrivée d'un groupe de cavaliers qui rentraient de je ne sais quelle expédition. Chacun d'eux s'avança à son tour vers le cheik, en faisant une première inflexion, puis en se prosternant auprès de lui et en baisant ses genoux; le cheik, posant paternellement sa main sur leur épaule ou sur leur front, leur adressait quelques paroles qu'ils écoutaient toujours dans la même position. Mais tout cela se passait sans obséquiosité, sans bassesse, avec une simplicité qui avait sa grandeur. Ce profond hommage rendu au chef de la tribu n'avait rien d'avilissant pour ceux qui le rendaient. Cela semblait très clair lorsqu'on voyait avec quelle parfaite aisance, quelle bonhomie réelle ils causaient ensuite avec le cheik. A mesure que chacun d'eux se relevait, il gagnait l'autre salle et allait s'accroupir sur des tapis à côté de ses compagnons. Lorsque nous eûmes fini de goûter ou de faire semblant de goûter aux plats et aux tasses de thé qu'on nous avait offerts, on les leur fit passer et ils commencèrent leur repas. Nourris dans la maison du maître, ils étaient réellement ses clients, non ses serviteurs. Ils mangèrent plus que nous, mais à quelques égards plus proprement, car chacun se lava d'abord les mains dans une aiguière qu'un nègre faisait circuler.

Je dois avouer que, malgré qu'ils n'eussent montré aucune gloutonnerie, ils manifestèrent presque tous d'une manière bruyante la satisfaction de leur estomac. J'imagine que les guerriers du moyen âge en faisaient autant en pareille circonstance, bien que Walter Scott ait négligé de nous renseigner sur ce point.

Les deux fils du caïd étaient restés dans la salle où se tenaient les cavaliers ; car, en Afrique comme en Orient, les fils servent les pères et ne doivent pas, sans qu'on les y invite, s'asseoir à côté d'eux. M. Féraud demanda au cheik Embarek de faire venir près de lui le plus jeune des deux, celui dont la fière allure et l'étrange physionomie nous avaient si fort intéressés le matin. C'était flatter un penchant secret, mais facile à deviner chez le cheik. Heureux de parler de cet enfant préféré, il s'empressa de nous raconter qu'il avait à peine douze ans et que déjà, deux ans auparavant, il avait combattu dans le Sous, sous les ordres du sultan. Son père l'avait amené avec le goum ; et personne, à voir sa bravoure, son ardeur, sa patience à supporter les fatigues, n'avait protesté contre le remplacement d'un guerrier plus âgé par ce cavalier de dix ans. Pendant le récit du cheik, j'en regardais le héros, qui ressemblait de plus en plus à un Japonais. Il s'était assis ou plutôt accroupi sur son coussin, et sa djellaba brune et lourde retombait autour de lui en plis raides et droits comme ceux de certaines statuettes japonaises. La tête jaune aux yeux noirs, avec sa mèche de côté, ses lèvres au sourire énigmatique, sortant de ce costume, produisait à la fois un effet comique et agréable. A toutes les questions de M. Féraud ce singulier enfant ne répondait rien; mais il riait d'un rire timide, un peu niais, inquiet et méprisant. Évidemment, c'est une bête sauvage, plus faite pour combattre dans le Sous que pour entretenir des relations avec les Européens.

Nous quittâmes de bonne heure le cheik Embarek pour rentrer à notre camp. Au coucher du soleil, son fils aîné arriva portant la *mouna*. J'ai déjà observé que la *mouna*, qui équivaut à la *diffa* algérienne, se compose des vivres destinés à la nourriture des simples voyageurs ou des caravanes qui voyagent sous la protection du sultan. Lorsque le sultan lui-même fait des expéditions et qu'il passe dans les tribus, celles-ci doivent lui apporter la *mouna*, qui naturellement est considérable. La nôtre me paraissait déjà fort importante. Nous la recevions tous les soirs, presque à la même heure, portée par un groupe de villageois que conduisaient les autorités locales. Elle se composait d'ordinaire de cinq ou six pains de sucre, d'un sac de thé et d'un bouquet de menthe (*nánà*), d'une dizaine de boîtes de bougies, d'un panier contenant une centaine d'œufs, d'une trentaine de volailles, de quatre ou cinq vases remplis de beurre, de sept ou huit moutons, d'une centaine de pains, enfin d'un nombre variable de plats de couscoussou et de moutons rôtis nommés *méchoui*. Je ne parle pas, bien entendu, de l'orge pour les bêtes. M. Féraud assistait à la réception de la *mouna*, qu'il devait juger; car, en principe, ce n'est pas un don gratuit, c'est un droit qu'on défalque ensuite des impôts payés par la tribu. Il faut donc qu'elle soit suffisante, abondante même, sans quoi la tribu est plus strictement taxée. Il était bien rare qu'elle ne fût pas abondante en effet. M. Féraud profitait de la circonstance pour adresser quelques bonnes paroles aux gens du pays, lesquels répondaient avec effusion, après quoi le caïd raha et le vice-consul de France procédaient au partage de la *mouna*, qui aurait été vite pillée par nos gens sans cette sage précaution. C'était toujours un amusant spectacle que l'arrivée et la distribution de la *mouna*, surtout lorsqu'une cinquantaine de plats blancs de couscoussou, portés par de jeunes garçons en costumes plus blancs encore, montaient processionnellement, sous les rayons blancs de la lune, jusqu'à notre camp. Mais, de toutes les *mounas* que j'ai vues, aucune n'aurait pu être comparée à celle du caïd Embarek. Cette fois, ce ne sont pas les souvenirs de Walter Scott, ce sont ceux de Cervantes qui me revenaient en mémoire, et je me demandais si je n'assistais pas aux noces de Gamache telles qu'il les a décrites en termes immortels. Je renonce à dire le nombre des méchouis et des couscoussous que nous envoyait le vieux cheik; à chaque instant, il en apparaissait de nouveaux, si bien qu'on se demandait, quelque grande que fût sa maison, comment on avait pu y faire préparer une telle quantité de victuailles. Je n'oublierai jamais quatre couscoussous gigantesques, des couscoussous monstres, tels que je n'en ai admiré nulle part ailleurs ; ils étaient si grands, qu'il fallait huit hommes pour les porter. Qu'on se représente une immense couronne de pâte blanche, semblable à un turban de riz, au milieu de laquelle s'étalait un mouton entier ou une douzaine de poulets, le tout placé sur un vaste plateau, qui reposait lui-même sur un tapis dont les huit porteurs tenaient le milieu et les extrémités ! A la vue de cette *mouna* prodigieuse, témoignant de la plus cordiale hospitalité, M. Féraud fit ranger tous les Arabes en cercle, et avant qu'on procédât à la réception et à la distribution des vivres, il ordonna à notre fkih de dire tout haut la *Fathia*, c'est-à-dire la prière musulmane qui répond à ce qu'est notre *Pater*, pour la guérison du caïd, pour la prospérité du sultan et du gouvernement de la France, enfin pour le maintien indéfini des bonnes relations entre les deux pays. Les Arabes, qui avaient été très intrigués lorsqu'on les avait rangés en cercle, s'inclinèrent avec émotion et reconnaissance. M. Féraud avait fait un coup de maître. En arrivant à Fès, tout ce monde nous a parlé de cette fameuse *Fathia* pour le sultan et pour la France, dont l'écho avait retenti dans tout le Maroc. Dussent bien des gens en rire, je dois avouer qu'elle m'a profondément ému. Il y avait quelque chose de noble, de simple et de grand dans cette manière de remercier le vieux cheik de sa généreuse hospitalité, en priant à la fois pour lui, pour son souverain et pour les deux pays amis, qui se témoignaient ainsi leur sympathie ; en tout cas, c'était encore une coutume bien antique que cette manière de faire intervenir Dieu dans l'hospitalité. Nous étions enveloppés du crépuscule doré du soir ; je n'avais en face de moi que des figures graves et recueillies ; notre fkih parlait à voix haute au milieu d'un silence religieux. Pour un moment, j'ai été arraché à l'heure présente et j'ai senti tressaillir en moi toutes les impressions des âges évanouis.

VI

DERNIÈRES JOURNÉES DE MARCHE

Nous approchions de Fès; nous n'avions plus que trois étapes à parcourir pour y arriver; encore la dernière n'était-elle pas une véritable étape, car elle devait durer moins d'une heure. Le pays que nous avions à traverser était toujours un pays de montagnes plus ou moins nues et tristes, en dépit de leurs parures de fleurs. Toutefois, en longeant le djebel Zerhoum, le spectacle qui se présentait à nos yeux était un peu différent de celui que nous avions vu jusque-là. Parfois de grandes forêts, qu'on était tout surpris de rencontrer dans un pays aussi généralement pelé, escaladaient les pentes, couvraient les précipices, descendaient jusque dans les vallées profondes. C'étaient des forêts d'oliviers, très régulièrement plantées, et qui, de loin du moins, semblaient fort bien cultivées. Nous étions dans une contrée berbère. A la lisière des forêts d'oliviers s'étalaient de grands villages bâtis en pierres et soigneusement blanchis à la chaux. Nous n'avions rencontré dans les grandes plaines et sur les collines précédentes que des douars, c'est-à-dire des agglomérations de tentes en poil de chameau ou de cahutes de branches enfouies sous les larges feuilles des cactus. Seules, les maisons en kaïos avaient quelque solidité. Mais, ici, les matériaux de construction ne manquant pas, et les Berbères ayant toujours eu des goûts sédentaires inconnus aux Arabes, nous nous trouvions en présence de villages véritables, presque de petites villes, qui nous semblaient, à en juger par leur étendue, populeuses et relativement riches. Toutefois, nous n'étions pas assez rapprochés du djebel Zerhoum, que nous laissions à notre droite, pour en bien juger; et, d'ailleurs, la brume intense qui couvrait la montagne ne nous permettait de l'apercevoir qu'à de rares intervalles et par lambeaux. Nous marchions dans une vallée étroite, où la boue, s'attachant aux pieds de nos chevaux, nous menaçait sans cesse d'accidents. Aucun de nous cependant n'eut de chute à déplorer. Mais les canons que nous conduisions au sultan n'étaient pas aussi heureux; presque à chaque oued qu'il fallait traverser, l'un deux tombait dans l'eau et n'en était retiré qu'à grand'peine, au milieu d'un épouvantable vacarme. Si c'est ainsi qu'est traitée l'artillerie dans les campagnes du sultan, je doute qu'elle fasse grand mal à l'ennemi. La nôtre était confiée à des artilleurs indigènes, sous la direction d'un sous-officier français. Nous avons, en effet, au Maroc, une mission permanente, dont la majeure partie, un commandant, un capitaine, et un sous-officier d'artillerie sont spécialement chargés d'apprendre aux soldats du pays le maniement du canon. Le commandant, qui revenait de France, s'était joint à nous, avec son sous-officier, qui avait conduit toute une escouade d'artilleurs marocains pour escorter nos batteries jusqu'à Fès. Ces braves gens s'acquittaient de leur mission avec la nonchalance musulmane. En désespoir de cause, un des officiers de notre mission fut chargé de les surveiller et de les empêcher de détériorer outre mesure le présent que nous tenions à offrir à peu près intact à Moula-Hassan. Il les aligna de son mieux, chargea chacun d'eux de suivre un mulet portant les pièces ou les munitions, et mit sa colonne en marche avec un ordre des plus satisfaisants. Tout allait fort bien, lorsque apparut, par malheur, sur le bord de la route un marchand d'oranges. Aussitôt, les artilleurs désertent en masse leur poste pour courir après un fruit aussi rafraîchissant, et, pendant qu'ils s'éloignent, les mulets glissent dans la boue, les pièces roulent à l'eau, les munitions se répandent à terre! C'est ainsi que la discipline est pratiquée au Maroc. Mais j'ai conçu une grande indulgence envers les artilleurs marocains, ayant appris plus tard qu'ils avaient fait presque tout le voyage, de Tanger à Fès, sans autres vivres que les quelques oranges qu'ils rencontraient de loin en loin sur leur chemin. Ils avaient droit à une *mouna*, aussi bien que nous; seulement, le sous-officier indigène qui les commandait trouvait plus simple de se faire payer à lui-même cette *mouna* en argent par les caïds auxquels, bien entendu, il cédait une partie du bénéfice de l'opération. Quant aux hommes, ils serraient tous les soirs leurs ceinturons davantage, ou dérobaient quelque pitance légère dans les villages à travers lesquels nous passions. Que dans ces circonstances, la vue d'un fruit quelconque leur fît oublier le règlement des troupes en marche, faut-il s'en étonner beaucoup?

Nous campâmes sous quelques tamaris en fleur, au bord de l'oued Mikkès, près d'un fort joli pont de trois arches qui est, sinon un œuvre française, au moins l'œuvre d'un Français. Ce Français, que quelques-uns de mes compagnons de voyage avaient vu peu d'années auparavant, et dont la mort est assez récente, était lieutenant du génie à Alger en 1832. A la suite de je ne sais quel roman plus ou moins aventureux, il enleva une jeune femme et alla vivre avec elle à Tunis. Il ne tarda pas à l'y perdre. Rayé des cadres de l'armée, et ne voulant ou ne pouvant plus rentrer en France, il se dirigea vers le Maroc et se mit au service de Moula-Abd-er-Rahman, qui régnait alors. Celui-ci lui fit adopter l'islamisme, lui donna son nom, une haute position près de sa personne, et enfin le maria à deux femmes nobles du pays. Le rénégat Abd-er-Rahman fut le premier organisateur de l'armée marocaine. Chargé du service de l'artillerie et de ce que nous appellerions le génie si, au Maroc, on s'occupait de fortifications sérieuses, il entreprit des travaux qui n'étaient point sans importance. A la veille de la bataille d'Isly, il s'employa de son mieux pour empêcher la guerre avec la France, et faillit un jour, à cause de ses efforts pacifiques, être massacré par les fanatiques. Mais, après le désastre infligé au Maroc par le maréchal Bugeaud, le sultan, qui regrettait de n'avoir pas suivi ses conseils, l'entoura d'une affection plus grande encore, et lui fit cadeau d'un superbe palais à Maroc, où il établit sa résidence ordinaire avec celle de sa famille. Abd-er-Rahman avait réuni autour de lui quelques Français, anciens déserteurs ou prisonniers, qui lui servaient d'instructeurs pour l'artillerie et l'infanterie. Traité avec autant de bienveillance par le sultan Sidi-Mohammed que par Moula-Abd-er Rahman, sa situation ne se modifia pas non plus sous le sultan actuel, Moula-Hassan. C'est par ses soins qu'ont été construits les quelques ponts qu'on remarque aux environs de Fès. Celui qu'il a jeté sur l'oued Mikkès est excellent : plût à Dieu qu'il en eût élevé de pareils sur le Tahaddar et sur le Sbou! A Fès même, il détourna la rivière qui alimente la ville et qui passait au pied des murs du palais du sultan, afin de faire devant le palais une place d'armes retranchée, qui a près de quatre hectares de superficie, avec deux ponts aux extrémités pour le passage des troupes. Il avait eu de ses Mauresques deux fils, qui sont encore dans l'armée du sultan; mais aucun des deux ne sait un mot de français : ce sont de simples Marocains!

Notre campement près du pont d'Abd-er-Rahman ne laissait pas que d'être fort pittoresque. J'ai dit que nos tentes étaient dressées sous des tamaris en fleurs : la fraîcheur de la rivière arrivait jusqu'à nous et ses eaux poissonneuses offraient une distraction facile à ceux qui aimaient le plaisir de la pêche.

Pour moi, j'étais absorbé par un plaisir d'un autre genre. Le lieu où nous étions servait d'emplacement à un marché, et, comme c'était le lendemain qu'il devait se tenir, on voyait des paysans ou des paysannes arriver, par groupes, de tous les côtés et s'installer tranquillement sur les deux rives de l'oued Mikkès pour y passer la nuit. Quelques-uns, mais c'était le bien petit nombre, avaient des tentes. Les autres couchaient à la belle étoile, ou plutôt sous la brume; car le ciel se voilait presque tous les soirs de nuages épais et bas. Ils ne semblaient pas s'en tourmenter, ni craindre en aucune manière les rhumes ou les rhumatismes. Toutefois, dès qu'ils eurent appris qu'il y avait un médecin, un toubib parmi nous, — le médecin de la mission militaire française qui était venu nous rejoindre, — ils s'empressèrent de se présenter en foule pour le consulter. Toute la journée, ce fut vers sa tente une procession ininterrompue. Je m'y étais installé, jugeant le lieu favorable aux études de mœurs, et voici les scènes, ou plutôt la scène que j'ai vue se reproduire à satiété jusqu'au coucher du soleil. Une douzaine d'hommes s'avançaient à la fois, s'accroupissaient autour de la tente, et commençaient à regarder le médecin sans rien dire. Celui-ci leur adressait alors la parole, leur demandant ce qu'ils avaient, de quel mal ils se plaignaient. « Oh! tu le sais bien, répondaient-ils avec un air malin. — Et comment veux-tu que je le sache? répondait le médecin. — Si tu l'ignorais, tu ne serais pas un savant. A quoi te sert ta science si tu ne devines pas de quelle maladie nous souffrons? »

— Dans tout le Maroc, la même idée est répandue : partout les médecins européens sont regardés comme des sorciers qui doivent, rien qu'en regardant le malade, constater de quelle infirmité il est ou se croit atteint. « Si nous te disons ce que nous avons, répétaient-ils, il n'y aura pas de mérite pour toi. »

— La conversation sur ce thème durait une bonne demi-heure. Le médecin gardant toujours le silence, quelques paysans s'adressaient à moi : « Voyons, toi, me disaient-ils, raconte ce que nous avons, puisque le docteur ne veut pas le faire. Tu dois bien le savoir aussi. » Je m'excusai modestement, arguant de mon ignorance. Je n'étais pas toubib. Alors, les mêmes paysans, poussant plus loin la condescendance, présentaient leurs bras au médecin : « Tâtenous le pouls, tu verras bien ce que nous avons. »

— Cette idée-là est également répandue dans tout le Maroc : partout les indigènes sont persuadés qu'il suffit de leur tâter le pouls sans autre examen, pour connaître leur état. C'est même, je le dis en passant, ce qui rend beaucoup moins agréable, ou, en tout cas, beaucoup moins aisément agréable qu'on ne croit le métier d'un médecin pénétrant dans les harems. Les voiles sont bien loin d'y tomber devant lui : où que soit placé le mal pour lequel on l'appelle, les femmes commencent par lui présenter le poignet, le visage et le reste du corps restant strictement cachés. Il faut insister beaucoup et souvent y revenir à plusieurs fois avant que le médecin obtienne davantage. Au Maroc, les médecins n'ont pas les charmantes surprises de ce personnage d'une comédie de M. Gondinet qui, mis en présence, pour ses débuts, d'un corset dégrafé, s'écriait avec enthousiasme : « Quel joli métier que la médecine ! Et si facile ! »

Lorsque les paysans de l'oued Mikkès voyaient que le médecin refusait de parler, même après avoir tâté leur pouls, ils se mettaient à causer de diverses choses : de la pluie, du beau temps, de la puissance du sultan, de la sainteté de Moula-Edriss, le patron du pays, de la récolte, du marché du lendemain; puis, tout à coup, au moment où on y songeait le moins et où ils croyaient pouvoir profiter de la surprise, ils posaient subrepticement leur question : « Allons ! veux-tu maintenant nous dire où nous avons mal ? Veux-tu nous donner un remède ? » Le médecin s'obstinait dans son mutisme. Enfin, un paysan, plus hardi ou plus résigné que les autres, laissait échapper, à voix basse, le mot sacramentel, *berd*, lequel veut dire : froid. « J'ai *berd*, murmurait-il, c'est-à-dire, mot pour mot, j'ai froid. — Ah! disait le médecin en riant. Et les autres, ont-ils *berd* aussi? — Oui, s'écriaient-ils en cœur, tous *berd*, tous *berd*. » On va croire que la fraîcheur de l'hiver les avait rendus phtisiques, catarrheux ou rhumatisants. On va penser qu'ils avaient eu un « chaud et froid », comme dit le peuple de Paris. On se tromperait, et le mal dont ils se plaignaient, dont se plaignent tous les Marocains arrivés à la force de l'âge, est d'une nature bien différente. Pour comprendre ce que signifie cette froideur universelle qui sévit sur des gens, d'ailleurs, de fort belle apparence, sur des gens gros, gras et colorés, il faut savoir que chacun, au Maroc, se marie fort jeune; dès que la puberté se produit, on ne se gêne pas pour avoir plusieurs femmes et autant d'esclaves que l'état de fortune le permet. Pendant d'assez longues années, personne n'a *berd*, tout va pour le mieux dans les plus nombreuses familles possibles. Cependant, l'âge arrive, non pas un âge avancé, mais, enfin, un âge qui est déjà éloigné des beaux jours de la puberté naissante. Les Marocains mènent, autant qu'ils le peuvent, une vie paresseuse; ils se nourrissent de la manière la plus affadissante; les moins riches consomment encore des quantiés innombrables de tasses de thé saturées de sucre. Ce régime, combiné avec la vie de mari pratiquant, et très pratiquant, dans un harem plus ou moins considérable, a des conséquences qui se manifestent assez vite. Le fameux froid commence à se faire sentir : au lieu de s'en accuser eux-mêmes, les Marocains font retomber toute la faute sur leurs femmes, qui, vieillissant beaucoup plus vite qu'eux, sont déjà décrépites lorsqu'ils n'ont que trente-cinq ou quarante ans. Pour s'en assurer, ils usent du divorce, qui est très aisé, et épousent une ou plusieurs jeunes filles, très jeunes et très jolies. Mais, le croirait-on? le remède aggrave le mal, et voilà pourquoi, dès que passe un médecin européen, ils courent à lui en criant d'une voix plaintive : *Berd! berd!* Parmi tous ceux qui sont venus consulter le médecin de notre mission à l'oued Mikkès, je n'en ai vu que deux qui se plaignissent d'une maladie différente; encore n'était-ce pas eux qui en souffraient, mais leurs femmes; elles avaient une ophtalmie, et leurs maris auraient bien désiré qu'on pût les guérir sans regarder leurs yeux, ce qui n'est pas très convenable.

Le lendemain matin, à notre lever, le brouillard

était encore plus intense que les jours précédents. Tous les paysans, arrivés pour le marché, étaient tellement ensevelis sous son épais rideau, qu'il n'était pas possible de les distinguer. Ils avaient dû subir un froid qui n'avait rien de métaphorique, mais nous ne prîmes pas le temps de nous en informer. La route continuait à serpenter le long des collines; et, quoique nous fussions bien près de Fés, rien ne semblait indiquer les approches d'une grande ville. C'est à peine si, de temps en temps, passaient auprès de nous quelques voyageurs montés sur des mulets ou sur des ânes, quelques chameaux portant des fardeaux. Après sept ou huit heures de marche, nous aperçumes en face de nous une immense plaine, que bornait à l'horizon une chaîne de montagnes couvertes de neige et que traversait une rivière dont les méandres brillaient au loin. C'était la plaine de l'oued Fés, la plaine de Fés. Elle était, comme la vallée du Sbou, absolument dépouillée d'arbres; on n'y voyait que de maigres moissons et des champs incultes où poussaient, avec une vigueur singulière, des fleurs bleues, je ne sais lesquelles, dont les frais tapis semblaient vouloir cacher cette terre attristée. Sur un seul point, quelques arbres entouraient de grandes constructions, formant une tache verte au milieu de la campagne blonde et bleue. On nous dit que c'était un palais d'été du sultan. Nous avançâmes encore de quelques kilomètres, et tout à coup, au détour d'une colline, nous vîmes des minarets blancs et jaunes qui s'élevaient sur un mur sombre. C'était Fès. Notre étape était finie. Il fallait s'arrêter là pour préparer notre entrée dans la ville, qui devait s'accomplir le lendemain entouré d'un pompeux cérémonial, avec un cortège militaire et un concours de population tout à fait féerique.

Nous campâmes donc, suivant notre habitude, au milieu des fleurs. Le soleil se dégageait peu à peu de la brume, et, à mesure que la lumière s'avivait, Fès semblait sortir de la montagne pour se rapprocher de nous. Les minarets devenaient plus clairs, les murs plus colorés, les toits verts du palais du sultan brillaient avec éclat. La ville était là, mystérieuse, fuyant lorsqu'un nuage passait sur le soleil, revenant lorsqu'il se dissipait. Il y avait quelque chose d'étrange et presque d'émouvant dans ces apparitions et ces disparitions d'une ville que nous étions venus chercher avec tant de peine, au prix de tant d'efforts et de fatigues. Elle s'offrait à nous étincelante de lumière, puis nous échappait dans l'ombre; pareille, hélas! à tout ce qui est noble, à tout ce qui est beau dans ce monde, à tout ce qu'on aime, à tout ce qu'on désire, à tout ce qui séduit et qui ne se montre à nos regards que pour s'en éloigner bientôt. Nous restions tous les yeux attachés sur Fès, fascinés par l'inconnu. Pourtant le paysage que nous avions devant nous aurait mérité notre attention : d'un côté de la plaine, la chaîne du djebel Zerhoun venait mourir presque à pic, dans un dernier contrefort, qu'on eût pris, du lieu où nous étions pour une gigantesque falaise. Les montagnes de l'autre côté étaient plus remarquables encore ; elles dressaient vers le ciel des cimes tourmentées qui devaient être bien hautes, car nous étions déjà au 5 mai et cependant la neige les enveloppait entièrement.

La plaine de Fès rappelle, par sa fécondité naturelle et par son manque presque absolu de culture, celle du Sbou. Ici aussi, les hommes ne font rien pour profiter de la richesse du sol ; ils laissent par insouciance d'énormes trésors improductifs. Je repassais dans mon esprit toute la route que nous venions de faire : elle n'était point belle, en somme ; à part quelques sites de montagnes, elle était presque constamment plate, uniforme, sans horizon. Mais partout j'avais vu des régions facilement irrigables, qui auraient pu se couvrir de moissons. Des machines à vapeur laboureraient sans peine ces immenses bassins, où il n'y a pas un accident de terrain, où il n'y a même pas une pierre capable de les arrêter. « Il est facile de s'expliquer, a écrit M. Tissot, que la Mauritanie soit restée en dehors du réseau routier qui couvrait le reste de l'empire. Le terrain compris entre Tirejis et Sala se compose de plateaux sablonneux ou rocheux, alternant avec des plaines d'alluvion : une voie régulièrement tracée et empierrée était inutile sur les terrasses toujours praticables même dans la saison des pluies, qui séparent les bassins du Mharhar de l'oued Kharroub, du Loukkos, du Sbou et du Bou-Ragrag ; il était impossible de l'établir dans ces mêmes bassins, complètement inondés en hiver, ou du moins on n'aurait pu le faire qu'au prix de travaux énormes : la traversée de la seule plaine de Subur aurait nécessité la construction d'un *azye* de près de sept lieues, dans un bassin où l'on est fort en peine de trouver, je ne dis pas une pierre, mais un caillou [1]. » Les Arabes ont trop bien suivi l'exemple des Romains ; ils n'ont pas construit une seule route. Mais, comme il serait facile, encore une fois, d'ensemencer à la vapeur ces bassins absolument plats, où la terre végétale n'est pas même mé-

---

1. *Recherches sur la géographie comparée de la Mauritanie Tingitane.*

langée d'un seul caillou! Il reste seulement à savoir si l'Europe a le moindre intérêt à ce que les Arabes tirent parti de leurs pays, et si, dans ces jours de crise agricole, il serait heureux pour elle de voir subitement tomber sur ses marchés les avalanches de blé qui pourraient venir du Maroc.

Pendant que je me posais cette question, je vis s'avancer vers notre camp toute la mission militaire française permanente. J'ai dit qu'elle se composait d'un commandant, d'un capitaine et d'un sous-officier d'artillerie; elle comprend, en outre, un capitaine de zouaves, deux tirailleurs algériens et deux zouaves. Comme nous avions déjà avec nous, en mission extraordinaire, une dizaine d'officiers et autant de soldats, jamais assurément autant de militaires français ne s'étaient trouvés réunis auprès de Fès. Aussi la cérémonie du drapeau eut-elle, ce soir-là, un éclat inaccoutumé. Avant d'abaisser les trois couleurs, M. Féraud adressa quelques paroles à la mission militaire permanente, pour lui dire tout l'intérêt que le gouvernement français portait à son œuvre patriotique. Nous étions rangés sur deux files; et, quand le drapeau descendit de sa hampe, au bruit des coups de feu et de la fanfare du clairon, un souffle de la patrie passa sur nous tous. Je n'ai pas besoin de dire que l'arrivée de nouveaux Français augmenta le soir la gaieté du dîner. Toutefois, je dois avouer que la conversation prit tout à coup une assez triste tournure. Les nouveaux-venus nous peignaient les mœurs du Maroc sous des couleurs assez sombres. Ils nous décrivaient en particulier deux supplices usités dans le pays, qui m'ont donné la chair de poule. Le premier, connu sous le nom de *djellaba* de bois, eût séduit Louis XI. On sait que la djellaba est le vêtement principal des Marocains, une sorte de manteau à capuchon et à manches courtes. On le remplace pour certains condamnés par un mannequin en bois rempli de pointes intérieures, dans lequel ils sont enfermés comme dans un vêtement. Ils reposent uniquement sur la pointe des pieds et un peu sous les aisselles. Mais, à chaque mouvement qu'ils font pour se reposer d'une position cruelle qui condamne le corps à une tension perpétuelle, ils se blessent aux pointes qui leur entrent profondément dans la chair. Et ils restent ainsi, jours et nuits, d'ordinaire jusqu'à ce que la mort s'ensuive. L'autre supplice est plus abominable encore : on prend la main du patient et on y fait de longues entailles saignantes que l'on remplit de sel ; puis on la referme, et, pour l'empêcher de se rouvrir, on l'enveloppe d'une peau mouillée qui se resserre peu à peu en séchant, enfonçant les doigts dans la paume de la main et faisant pénétrer sans cesse plus profondément la douleur cuisante du sel dans les plaies brûlantes. Il paraît que ce dernier supplice est considéré comme le plus affreux de tous. Pour y échapper, la plupart de ceux qui y sont soumis se brisent la tête contre le mur dans des accès d'atroces souffrances. C'est encore une manière d'amener la mort du supplicié. Mais souvent on le tient longtemps attaché de manière à l'empêcher de mettre un terme à ses maux ; on ne lui laisse la liberté de se tuer que lorsqu'on a jugé que son châtiment est assez complet. De pareilles horreurs n'expliquent-elles pas l'état du Maroc? Peut-on s'étonner que le pays où elle se passent soit le dernier des pays musulmans du nord de l'Afrique?

VII

ENTRÉE A FÈS

L'entrée des ambassades européennes à Fès donne toujours lieu à une manifestation éclatante, dont le programme, arrêté d'avance, ne varie guère de l'une à l'autre, mais peut être rempli avec plus ou moins de solennité. Nous savions que nous allions être reçus dans la ville sainte du Maroc, dans la capitale principale du sultan, avec toute la pompe qu'il est possible de déployer en pareille circonstance. Moula-Hassan tenait à la fois à nous éblouir et à nous charmer. Ayant eu d'assez nombreux démêlés depuis quelque temps avec la France, sachant que nous venions, non pour les prolonger, mais pour y mettre un terme, il désirait nous faire un accueil qui montrât que ses intentions n'étaient pas moins amicales que les nôtres. La veille au soir, nous avions reçu par un envoyé spécial une lettre officielle, rédigée dans le plus pur arabe et écrite en caractères d'une perfection calligraphique tout à fait remarquable, qui nous indiquait l'heure et les détails de la manifestation dont nous devions être les héros et les acteurs principaux. C'est vers neuf heures du matin seulement qu'il fallait arriver aux portes de Fés; car plusieurs heures étaient nécessaires pour que la population se présentât à notre rencontre et pour que la troupe se rangeât en bataille à notre approche. Depuis plusieurs jours, des crieurs publics parcouraient sans cesse la ville, ordonnant au nom du sultan que toutes les boutiques fussent fermées, toutes les affaires suspendues, et que chacun prît ses dispositions en vue de se trouver sur notre passage et de nous saluer. Nous ne pouvions donc pas nous attendre à un enthousiasme spontané; c'est un enthousiasme de commande qui se préparait à éclater sous nos pas; mais peu importe! il n'est jamais bon de sonder les reins et les cœurs, de chercher ce qu'on ne voit pas sous ce qu'on voit. Que ce fût pour obéir au sultan ou par simple amitié que les habitants de Fés se disposaient à nous faire escorte, nous n'en avions cure, pourvu que le spectacle que nous réservait leur réception fût noble, original, imprévu et coloré.

Or il a été tout cela, et certainement, de toutes les scènes pittoresques auxquelles j'ai assisté au cours de mes voyages, aucune n'était aussi étrangement belle que cette entrée dans une ville qui conserve encore sa virginité musulmane, dans une ville sur laquelle le niveau de notre civilisation et l'uniformité de nos mœurs n'ont point passé. A huit heures du matin, nous avions levé le camp et nous étions en selle. Pour éviter tout encombrement nous avions même pris le soin de faire filer devant nous, outre nos bagages, les présents que nous portions au sultan, nos juments et nos batteries d'artillerie. Nous n'avions conservé que notre escorte de cavaliers. Les diplomates avaient revêtu leurs costumes, les militaires leurs uniformes; nos cuirassiers, en particulier, avec leurs casques dorés et leurs cuirasses, excitaient déjà l'étonnement et l'admiration des indigènes qui se pressaient autour de nous, ce qui nous permettait d'entrevoir le grand succès qu'ils allaient obtenir auprès de la population et de l'armée rassemblées. Seuls M. Henri Duveyrier et moi, en simples redingotes sombres, faisions tache, comme on dit aujourd'hui, au milieu de tant de galons et de ferblanterie. M. Henri Duveyrier avait arboré ses décorations pour relever le ton de son vêtement; mais, hélas! j'avais oublié d'apporter les seuls ordres dont je sois honoré, les palmes académiques et le Nicham-Iftikar! Une inspiration heureuse m'a pourtant permis, au dernier moment, de racheter quelque peu le vide de ma boutonnière et le noir de ma redingote : nous eûmes tout à coup l'idée, M. Henri Duveyrier et moi, de mettre sur nos redingotes, lui une écharpe bleue, moi une écharpe rouge, qui produisaient le plus heureux effet. S'il y avait eu un troisième plumitif en écharpe blanche, toutes les couleurs nationales s'y seraient trouvées : c'eût été parfait. Mais la perfection n'est pas de ce monde, même au Maroc. Donc, vers huit heures, nous nous mîmes en route. En sus de notre escorte, nos rangs étaient pressés par une foule d'Algériens et de juifs, protégés français qui étaient venus naturellement participer aux honneurs qu'on allait nous rendre, et dont l'effet devait leur être plus profitable qu'à personne. Un certain nombre d'habitants de Fès, poussés par leur zèle ou par leur curiosité, étaient de même arrivés jusqu'à notre campement. Tout s'annonçait à merveille, sauf, il faut l'avouer, une chose bien importante pourtant, une chose capitale en Afrique, sauf le temps! Moula-Hassan avait négligé d'ordonner au soleil de prendre part à la fête de notre entrée à Fès; le ciel était gris, la pluie menaçait de tomber, et les murs de la ville s'étaient de nouveau éloignés dans cette ombre qui, la veille, nous avait fait croire parfois que nous étions bien loin d'eux.

Cependant, malgré la mauvaise volonté d'en haut, le spectacle commençait à devenir attachant. A chaque pas que nous faisions, la foule augmentait, en sorte que nous distinguions vaguement comme une sorte de traînée mobile, de ruban agité, le chemin mouvant qui partait de nous pour se prolonger jusqu'aux portes de Fès. Si le ciel avait été dégagé, si la lumière avait brillé de tout son éclat, nous aurions nettement aperçu les détails de cette masse confuse et démesurée; peut-être l'effet en eût-il été moins saisissant. C'était quelque chose d'énorme et de troublé, dont on ne se rendait pas bien compte, quelque chose de fantasque et de fantastique, qu'il semblait d'ailleurs naturel de rencontrer aux abords d'une de ces villes mystérieuses, d'une de ces cités cachées de l'Afrique qui s'ouvrent si peu et depuis si peu d'années aux Européens. Et ce qui ajoutait encore à la singulière impression de cet immense et sombre concours de population, c'est le silence qui y régnait. Pas un bruit, pas un cri ne s'échappait de ces milliers d'êtres humains, qui nous suivaient, sans donner aucune marque de surprise, de colère ou de joie, se bornant à courir à

toutes jambes autour de nous et à nous regarder
passer avec des yeux aussi paisibles que curieux. On
eût dit ces processions de fantômes muets qui, dans
les légendes, accompagnent les voyageurs inquiets
en route vers l'inconnu. Mais, quand on les regardait de près, les habitants de Fès, au lieu de ressembler à des fantômes, paraissaient plutôt des cari-
catures vivantes, défilant les unes à la suite des
autres pour le plaisir des spectateurs. La plupart
étaient à pied; néanmoins il était clair que toutes
les montures de la ville, chevaux, chameaux, mulets,
baudets avaient été réquisitionnés pour la circonstance; chacune de ces malheureuses bêtes portait
pour le moins deux ou trois personnes; quelques-
unes en portaient quatre ou cinq. Et les types les
plus variés se trouvaient réunis sur la même bête.
On voyait côte à côte un beau vieillard, un jeune
nègre couleur d'ébène, un homme dans la force de
l'âge, du blond le plus ardent. Les coiffures ne va-
riaient pas moins que les types. A côté de négrillons
n'ayant qu'une légère houppe au sommet de la tête,
se prélassait quelque gros personnage, orné d'un gigantesque turban blanc d'où émergeait à peine le
bout de son tarbouch rouge. Les femmes étaient d'une
excessive rareté et si bien voilées, qu'elles avaient
l'apparence de paquets ambulants. C'est sans doute à

leur absence totale qu'on devait attribuer le mutisme de cette grande foule, que leur présence aurait à coup sûr animée d'un bruit continu.

A cinq kilomètres environ de Fès, le silence fut interrompu par des sonorités musicales qui nous annonçaient que nous allions pénétrer au milieu de l'armée. Cette armée était très nombreuse ; car le sultan, se préparant à quitter Fès pour se rendre en expédition sur le territoire de tribus insoumises, réunissait presque toutes ses troupes. Nous apercevions sur une colline voisine un camp immense, où presque toutes les forces de l'empire étaient concentrées ; mais ce camp s'était vidé dès l'aurore, et tout ce qu'il contenait de soldats avait été rangé en bataille pour faire la haie sur notre passage. De loin, nous ne voyions qu'une masse blanche tachetée de rouge ; mais, en approchant, les longues lignes de soldats devenaient très distinctes. Les fantassins se tenaient d'un côté, les cavaliers de l'autre. En tête de ces derniers figurait un groupe étincelant : c'étaient les principales autorités du Maroc. Il y avait là des chevaux d'apparence magnifique, des selles brodées d'or de couleurs inimaginables, des cavaliers vêtus d'immenses haïks blancs et transparents sous lesquels l'on distinguait des robes rouges, vertes, jaunes, bleues, couleur saumon, et portant pour coiffures des turbans tellement énormes, que je n'en avais vu jusque-là d'aussi volumineux que dans la cérémonie du *Bourgeois gentilhomme*. L'un de ces cavaliers, qui dominait tous les autres de la tête, se détacha du groupe dès qu'il nous aperçut, et, se portant vers nous au galop de son cheval, qui caracolait et bondissait à chaque pas, se souleva sur ses étriers dorés, brandit son sabre et s'écria en nous abordant d'une voix retentissante, dont l'écho sembla se prolonger jusqu'à Fès : *Marhaba bi-koum ! Marhaba bi-koum !* Soyez les bienvenus ! Soyez les bienvenus ! » C'était le maître des cérémonies, le caïd el méchouar, c'est-à-dire le caïd de la salle du conseil, et, par extension, du conseil lui-même, du gouvernement du sultan. On le choisit toujours parmi les plus beaux hommes de l'empire. Celui-là, inférieur, dit-on, à son prédécesseur, était pourtant un militaire superbe, taillé comme Hercule, avec des yeux de feu, une bouche puissante, dont les éclats auraient pu couvrir le bruit de la trompette. Après lui s'avancèrent les ministres ; le fils du pacha de la ville, le pacha étant trop vieux pour venir à notre rencontre ; les hauts dignitaires du palais ; tout un grand cortège de fonctionnaires et de personnages officiels, qui entourèrent M. Féraud, marchant avec lui, pendant que la troupe se repliait derrière nous pour empêcher la foule de nous envahir. Toutes les musiques militaires jouaient à perte d'haleine, et, dans la diversité de ces cacophonies musicales apparaissait déjà, comme dans un miroir fidèle, la diversité même de cette armée, composée des éléments les plus hétérogènes, les plus discordants. Ici, je ne sais quelle fanfare faisait entendre un air de la *Norma* où les cuivres dominaient ; plus loin, les tambours battaient aux champs à la manière française, tandis que des clairons écorchaient nos sonneries ; plus loin encore, un orchestre jouait le *God save the queen*; toujours plus loin, c'était un air espagnol, portugais ou allemand ; parfois enfin, au milieu de tous ces tintamarres européens, quelques petites flûtes aux sons grêles mais perçants, et quelques tarabouts assourdis rappelaient exactement, par leur murmure monotone, qu'après tout nous étions en Afrique et que l'armée qui nous entourait était celle d'un souverain musulman. Il suffisait d'ailleurs de la regarder pour s'en convaincre aussitôt. Le premier bataillon des harabas, c'est-à-dire, mot à mot, des lanciers, et par suite des guerriers, ne manquait ni de tenue ni de discipline. Les harabas, au nombre d'environ huit cents, forment une troupe d'élite dans laquelle on recrute les instructeurs pour le reste de l'armée. Beaucoup d'entre eux ont été envoyés à

Gibraltar, où ils ont reçu une éducation militaire européenne. Les autres se sont instruits à l'exemple des premiers. Ils semblaient avoir été vêtus de neuf pour notre entrée : leurs tarbouchs aux glands bleus sortaient certainement du magasin, car ils conservaient souvent les morceaux de papier qu'on place au-dessus de chacun d'eux pour les séparer de celui qui suit lorsqu'ils sont empilés chez le fabricant; leurs babouches jaunes étaient également immaculées; ils n'avaient naturellement pas de bas; mais, au-dessus de leurs jambes nues, leurs culottes rouges ne manquaient pas de propreté; leur veste, toujours rouge, était aussi en bon état. Pour compléter cet uniforme, ils portaient de vieux ceinturons anglais auxquels étaient attachées leurs baïonnettes; on pouvait encore voir distinctement sur ces ceinturons les armes de l'Angleterre et la fameuse devise : *Dieu et mon droit.* Enfin les fusils des harabas, tous du même type, étaient des armes sérieuses, des carabines Martini en assez bon état. Les harabas exécutaient leurs mouvements avec une précision et une rapidité tout européennes. A peine fûmes-nous arrivés près d'eux, qu'ils se formèrent en carré autour de nous, portant leurs fusils horizontalement, la baïonnette en dehors, de manière à empêcher la foule de nous déborder.

Mais, si les huit cents harabas présentaient l'aspect d'une troupe européenne, il n'en était pas de même, à beaucoup près, du reste de l'armée. Là, on retombait en pleine fantaisie africaine, et il aurait fallu le crayon de Callot pour dessiner ces lignes fantastiques de soldats habillés des costumes les plus disparates, armés à la diable, tous en guenilles, tous dans un état de malpropreté, dans un désordre, dans un débraillé indescriptibles. Les uns portaient une veste rouge, les autres une veste bleue, d'autres n'avaient pas de vestes du tout; il y avait des culottes blanches, ou qui l'avaient été; des culottes vertes, des culottes saumon, des culottes de cinq ou six couleurs à la fois; les tarbouches étaient uniformément du ton de la crasse qui a vieilli. Cette grande variété de couleurs m'avait été expliquée d'avance par un officier de notre mission militaire permanente. Il n'existe pas d'uniforme réglementaire pour l'armée du sultan; c'est le ministre de la guerre qui, suivant que tel ou tel drap est plus ou moins bon marché, l'achète et en revêt les soldats. Comme il est chargé des fournitures, il ne consulte naturellement que son intérêt personnel, il ne songe qu'à ses profits; et l'on ne doit pas lui en faire un trop grand reproche: il n'a pas d'autre traitement que celui qu'il gagne ainsi sur la tenue de ses hommes. En principe, il n'a droit qu'à la solde de six cavaliers, c'est-à-dire à quelques sols par jour : il faut bien qu'il se rattrape sur les fournitures ! Il le fait largement. De là vient que, ramassant pour le service de la troupe les guenilles les moins coûteuses du Maroc, il donne aux uns des vestes d'une couleur, aux autres des vestes d'une autre, qu'il montre le même éclectisme dans le choix des culottes, et que l'ensemble des régiments paraît habillé d'un costume d'arlequin. Les soldats, au reste, ne sont pas moins divers que les habits. Le principe du remplacement est admis dans l'armée marocaine de la manière la plus absolue, c'est-à-dire qu'un homme est censé en valoir un autre et que, pourvu que le nombre y soit, on ne regarde pas à la qualité. Vous êtes dans la force de l'âge, mais vous avez mieux à faire que de porter les armes. Soit ; vous pouvez vous faire remplacer par un enfant de dix ans ou par un vieillard de soixante. Personne n'y trouvera d'inconvénients, à la condition qu'au moment de la guerre, vous veniez reprendre votre rang parmi les combattants. Mais on comprend quelle bigarrure nouvelle une pareille coutume ajoute à la bigarrure des costumes. Toutes les races sont mêlées : les noirs coudoient les blancs ; on rencontre des nègres du Soudan à côté d'albinos ; ces gens-là sont vêtus de la façon la plus disparate; pour compléter le désaccord toutes les tailles et tous les âges y sont confondus, en sorte que l'un y est courbé par la vieillesse, tandis qu'un autre auprès de lui est encore trop faible pour ne pas plier sous le poids de son arme. Quant aux fusils, ils appartiennent aux types connus et inconnus, depuis le mousquet du moyen âge jusqu'au fusil Gras en passant par le fusil à pierre, par le fusil à chien, et par le fusil à aiguille. On n'a même pas pris la précaution de les distribuer avec une certaine méthode; chacun garde au hasard ce que le hasard lui a donné. La plupart de ces fusils n'ont pas ou n'ont plus de baïonnette; ceux qui en ont manquent de fourreau pour les contenir; les soldats les mettent donc tout simplement dans leur dos, entre leur chair et leur veste, et l'on en voit la pointe émerger pittoresquement au-dessus de leurs tarbouches, ce qui leur donne l'air d'être empalés. Il va sans dire que les gibecières et cartouchières sont choses à peu près inconnues; les soldats enveloppent leurs munitions dans un mouchoir suspendu à leur ceinturon et qui risque, à chaque mouvement, de se dérouler, laissant échapper ce qu'il contient.

Les cavaliers sont aussi variés comme armement que les fantassins; toutefois il est moins facile de s'en apercevoir au premier abord, car leurs fusils, je l'ai dit, sont toujours enveloppés d'une gaine rouge. Ils les tiennent, suivant la fantaisie individuelle, sur l'épaule, au bras ou sur le pommeau de leur selle. Leurs costumes, qui sont ceux des Arabes ordinaires, sont par cela même uniformes. Quant à leurs types, c'est aussi un mélange invraisemblable de races, de physionomies et d'âges différents. Les cavaliers n'ont reçu aucune instruction européenne; ils manœuvrent à l'arabe et jamais autrement. Les fantassins, au contraire, ont tous eu des instructeurs européens. Je ne parle pas seulement des harabas, qui sont un bataillon d'élite; d'autre soldats ont été envoyés en Espagne ou en France, et en sont revenus avec des habitudes différentes de celles de leur pays. Mais, au Maroc même, l'armée est instruite par des Européens. Notre mission militaire est chargée de former une artillerie et un bataillon de fantassins qui réside à Rbat'. Les autres fantassins sont sous la direction d'un Anglais, Maclean, qui a fait partie de la garnison de Gibraltar et qui, obligé de quitter le service de son pays pour une raison quelconque, est venu chercher fortune au Maroc, où peu à peu il a acquis une importante situation. Il en résulte qu'une partie de l'armée manœuvre à la française, l'autre à l'anglaise; qu'ici les ordres sont donnés en français, là en anglais ; ce qui produit la plus étonnante cacophonie. A mesure que nous avancions au milieu de l'armée, il me semblait que nous marchions, non vers les murs de Fès, mais vers la tour de Babel : nous entendions résonner toutes les langues à nos oreilles. Malgré cela, les soldats marocains ne nous paraissaient point méprisables. Avec leurs armes de pacotille, sous leurs guenilles sordides, ils avaient un air militaire et une prestance sauvage qui prouvaient que, mieux armés, ils pourraient être redoutables. Mais, ce qui dominait en eux c'était la laideur; ils étaient plus affreux les uns que les autres, et il y avait parmi eux des figures de véritables monstres chinois ou japonais, grimaçant et faisant les gros yeux. Les vieux sous-officiers, qui se tenaient sur le front des troupes, leurs immenses papillotes sales voltigeant autour de leurs crasseux tarbouches, le visage ridé, raides comme des poteaux, portant avec gaucherie un sabre ébréché, ressemblaient à s'y méprendre à ces types de guerriers extravagants qui s'étalent dans les peintures des paravents.

A mesure que nous approchions de Fès, la foule grossissait. Toutes les corporations industrielles de la ville, toutes les congrégations religieuses, les négociants et les marabouts arrivaient avec leurs oriflammes. Des deux côtés de la route, la masse populaire s'étendait en profondeur. Les blés étaient foulés au loin sous tant de pieds; mais personne n'y faisait attention. On sacrifiait tout au désir de nous voir. Quant à nous, nous regardions les vieux murs de la ville, qui devenaient admirables sous les grappes d'hommes dont ils étaient couronnés. Derrière une sorte de porte ruinée où s'étalait une lourde corniche humaine, on distinguait une muraille d'un jaune d'or, percée d'immenses portes en ogive, semblable à une série continue d'arcs de triomphe. Plus près, c'étaient comme d'immenses rochers blancs s'élevant contre les murailles coloriées. Mais peu à peu ces rochers blancs s'animent, se meuvent, et il s'en échappe un incessant murmure. Il n'y avait point là de rochers, ainsi que nous l'avions cru, il n'y avait que des collines couvertes de monde, au point qu'on n'aurait pu faire pénétrer une épingle au milieu de tant de corps pressés les uns contre les autres. Les femmes, qui n'avaient pas pu venir plus loin au-devant de nous, nous attendaient là par milliers, et, quoiqu'elles ne fissent entendre aucun cri, aucune exclamation, leurs conversations étaient si continues, qu'elles produisaient l'effet d'un roulement incessant de bavardage. La foule avait retrouvé sa voix. Le silence était rompu! Il reprit bientôt cependant, lorsque le caïd el mechouar et l'armée s'arrêtèrent

pour nous laisser entrer seuls dans la ville, sous la
garde du bataillon des harabas et sous la direction
du fils du pacha. Nous dûmes traverser un long cimetière pour tourner le palais du sultan et la ville
neuve de Fès, avant de pénétrer dans la vieille ville,
où était préparé notre logement. Enfin, une immense porte en ogive nous ouvrit l'accès de rues
étroites entre des maisons si hautes, qu'il fallait
lever fortement la tête pour apercevoir le ciel. Nous
étions à Fès! Des deux côtés de chaque rue un cordon d'habitants, calmes, muets, impassibles, nous
regardaient passer. Quelques têtes de nègres et
aussi quelques têtes de femmes apparaissaient aux
fenêtres étroites comme des meurtrières. Toutes les
terrasses débordaient de femmes. Elles s'y pressaient en groupes multicolores, se penchant très
bas pour nous voir. Dans ce mouvement, bien des
voiles se détachaient, laissant apparaître de grands
yeux noirs et des lèvres délicates qui n'avaient rien
de farouche. Parfois même, de petites mains effleu-
raient ces lèvres pour nous envoyer des baisers.
Deux ou trois coiffures s'étant détachées, j'aperçus
de lourdes chevelures qui retombaient en flots noirs
et pressés sur les épaules. Ce premier aspect
de Fès n'avait rien de déplaisant. De loin en loin
nous rencontrions des portes de mosquées à demi

ruinées, mais de la plus fine et de la plus charmante architecture. Nous traversâmes une partie du bazar, où il n'y avait pas, suivant l'ordre du sultan, une seule boutique ouverte. Les marchands se tenaient, graves et doux, sur leurs portes fermées. J'avais entendu dire que, dans toutes les ambassades précédentes, malgré les sévères prescriptions du gouvernement, Fès étant une ville d'opposition, une ville frondeuse et fanatique, on rencontrait, le jour des entrées solennelles, quelques Arabes, aux airs farouches, qui se détournaient au passage du cortège et crachaient contre le mur en murmurant : « Il ne manquait plus que Dieu nous envoyât une telle malédiction et permît à des roumis de pénétrer dans la ville sainte! » On m'avait même dit que certaines femmes profiteraient sans doute de leur situation dominante sur les terrasses pour répandre leur indignation ailleurs que contre les murs. Mais, soit adoucissement des mœurs, soit bienveillance particulière pour nous, il ne s'est pas trouvé un seul habitant de Fès, ni d'un sexe ni de l'autre, pour nous souhaiter la bienvenue par des imprécations de colère ou par des manifestations de dégoût. Tous les regards étaient curieux et respectueux, je ne dirai pas amicaux, ce serait aller trop loin; mais le vice-consul de France, qui assistait pour la huitième fois à une cérémonie de ce genre, m'a assuré qu'il n'en avait jamais vu d'aussi unanimement hospitalière.

Il y a pourtant des siècles que les réceptions, sinon à Fès, au moins au Maroc, se passent avec le même cérémonial qu'aujourd'hui. A part les costumes grotesques des fantassins et quelques autres détails tout modernes, la scène à laquelle j'assistais, en entrant dans la capitale du sultan, me rappelait une scène analogue qui eut lieu en 1666 et dont un ambassadeur français fut le héros. J'en avais lu le récit quelques jours auparavant, ce qui me permit d'admirer encore combien le présent au Maroc ressemble au passé. Le fondateur de la dynastie des chérifs qui règnent aujourd'hui, Moula-Rechid ou Arxid, n'était encore alors que roi du Tafilet, et il luttait pour s'emparer de Fès, dont la possession devait le rendre maître de l'empire. Or, le roi de France lui ayant envoyé une ambassade à Taya, où il résidait, le prestige de notre pays était alors si grand, que ce simple fait contribua à dompter les résistances des habitants de Fès. « Cette nouvelle, raconte Roland Fréjus, l'ambassadeur choisi pour une mission si délicate, cette nouvelle que le roy Mouley-Arxid reçut de mon voyage après de luy l'obligea à faire courir le bruit dans tout son pays, que le roy de France lui envoyoit un ambassadeur, ce qui donnoit non seulement de la crainte, mais fit trembler tous ses ennemis... Le bruit de notre venue, que Mouley-Arxid avoit fait courir, tant pour nous faire honneur que pour son avantage, lui fut d'une si grande considération, que dès aussitôt Fès la vieille se rendit à son obéissance et envoya Chey-Deagbal, qui en étoit gouverneur, pour savoir s'il étoit véritable qu'il y eût des Français envoyés au roy Mouley-Arxid. De sorte que le bruit qui avoit couru de notre venue se trouvant véritable, donna à tous les Mores une nouvelle estime de leur roy Mouley-Arxid, puisqu'un si grand monarque que le roy de France avoit envoyé de ses sujets vers lui. — En effet, cette nouvelle seule avoit déjà tellement épouvanté Fès qu'elle avoit obligé les habitants de se rendre, et, comme il n'y avoit plus que la neuve[1] qui résistât, le roy Mouley-Arxid, se servant de l'occasion, envoya d'abord quatre-vingts adouards pour se joindre à ceux qui la tenoient déjà assiégée. — Chey-Deagbal, gouverneur de Fès-la-Vieille, étant arrivé à Teya, fut lui-même témoin des honneurs, civilités et caresses que le roy Mouley-Arxid me fit : et, d'abord qu'il me vit venir, il dépêcha un

---

1. Il y a deux villes de Fès, une dite ville neuve et l'autre vieille ville.

courrier à Fès. — On ne croirait jamais quelle impression cela fit sur ce peuple, à moins que d'avoir vu, comme nous, toutes les avenues de la ville remplies de monde tout à coup en si grande quantité, que, quoique nous fussions encore dans la plaine et qu'il n'y eût point de faubourg à passer pour entrer en ville, nous ne pûmes néanmoins qu'à grand'peine en gagner les portes, et, quand nous fûmes dedans, les rues étoient si étroites pour nous, que nos chevaux ne pouvoient faire un pas sans marcher sur les pieds du peuple, à qui nos conducteurs et vingt noirs de la garde qui étoient venus au-devant de nous crioient incessamment : *Balec!* qui veut dire : Prenez garde! qu'ils ne s'en seroient pas rangés pour cela, si enfin ils n'avoient fait violence à ces obstinés et ne se fussent fait jour par la force des armes, en sorte que, depuis l'entrée de la ville jusqu'à la maison qu'on nous avoit préparée, bien qu'il n'y eût qu'environ mille pas, nous demeurâmes près d'une heure en chemin; il fallut redoubler tous ses efforts pour fendre la presse[1]. » Aujourd'hui, Dieu merci! la foule est plus maniable; mais elle n'est pas moins nombreuse, les rues ne

---

[1]. *Relation d'un voyage fait dans la Maurétanie par Roland Fréjus de la ville de Marseille en l'année* 1666.

sont pas plus larges, et, comme Roland Fréjus en 1666, c'est en marchant sur les pieds de bien des gens que nous arrivâmes aux maisons qui nous avaient été préparées.

VIII

AVANT L'AUDIENCE DU SULTAN

L'ambassadeur de Louis XIV auprès du sultan Moula-Rechid, Roland Fréjus, dut attendre trois jours avant d'être admis à l'honneur de saluer le souverain auquel sa visite causait pourtant une satisfaction si profonde et apportait un si précieux secours. Nous allions être soumis à la même épreuve. Comme il y a deux siècles, les représentants des puissances étrangères ne sont reçus aujourd'hui par l'empereur du Maroc qu'après avoir fait une sorte de stage purificatoire, dont la durée est fixée à trois jours. Pendant ces trois jours, s'ils sont au fait des raffinements de la politesse marocaine et s'ils sont assez délicats pour s'y conformer, ils peuvent recevoir des visites, mais ils n'en font eux-mêmes aucune. Ils ne sortent pas, ils ne vont pas voir la ville; ils méditent dans la solitude sur le bonheur dont ils vont jouir de contempler face à face, non seulement le maître du Maroc, mais le descendant du Prophète, le vrai khalife, l'ombre de Dieu sur la terre, dont le sultan de Constantinople n'est tout au plus que la pénombre, l'*émir el Moumenin*, le prince des croyants. Curieuse coutume, qui a pour elle, on le voit, une respectable antiquité. Nous n'avions garde de vouloir nous y soustraire, étant venus à Fès, non pour faire violence aux mœurs du pays, mais pour montrer, par la manière dont nous les respections, que nous étions des amis sincères du Maroc et de son gouvernement. Nous acceptâmes donc de bon cœur les trois jours d'emprisonnement que les usages locaux nous imposaient. Nous les acceptâmes d'autant mieux que notre prison était délicieuse, et que, si nous étions en cage, c'était une cage si joliment dorée qu'on aurait pu y demeurer sans se plaindre, non seulement des journées, mais des semaines, et peut-être des mois.

En arrivant aux deux maisons que le sultan avait fait préparer pour nous, l'une destinée aux militaires, l'autre aux civils, un cri de surprise et d'admiration nous était échappé. Nous entrions décidément dans un monde enchanté, nous étions en pleine féerie, en plein décor des *Mille et une nuits*. La maison des militaires était une vraie maison, ou plutôt un vrai palais, avec d'immenses pièces richement décorées de tentures et de merveilleux plafonds arabes; néanmoins, elle ne valait pas celle que nous allions occuper, et qu'on avait choisie la plus belle de toutes, à cause de l'ambassadeur. *Cedant arma togæ.* A peine avions-nous passé une petite porte basse, flanquée d'un poste de harabas, qui nous présentait les armes en faisant retentir les fanfares les plus stridentes de ses clairons, que nous nous trouvâmes au milieu d'un jardin d'orangers, de citronniers, de grenadiers et de rosiers en fleurs, où les plus éclatantes couleurs et les parfums les plus pénétrants semblaient avoir été réunis avec une entente toute orientale. Les fleurs rouges des grenadiers se mêlaient aux fleurs blanches des citronniers, de subtiles senteurs de roses s'harmonisaient avec l'amollissant parfum de la fleur d'oranger; le tout formait un de ces étranges concerts que Fénelon, dans ses fables, donne aux yeux et à l'odorat des héros qu'il promène à travers les pays de la plus folle fantaisie. N'étions-nous pas nous-mêmes dans un de ces pays? Les jardins de Fès ne ressemblent en rien à nos jardins d'Europe, ils n'ont point de plates bandes, les fleurs n'y sont point alignées avec méthode, elles n'y forment point de figures plus ou moins élégantes; ce sont beaucoup plutôt des fourrés et des bosquets que des jardins. Les arbustes et les fleurs, jetés au hasard, y viennent où ils veulent et comme ils veulent; ils s'accrochent les uns sur les autres, ils confondent leurs tiges, ils se mêlent et s'entremêlent dans le plus complet, mais aussi dans le plus délicieux désordre. Quelques allées sont tracées dans ces massifs en liberté. Elles vont d'ordinaire en ligne droite; et, pour que la végétation ne les envahisse pas, on les entoure de treillis peints en bleu, en rouge et en vert. On croirait que ces couleurs sont laides et criardes. Point du tout. Elles se fondent, au contraire, d'une façon très heureuse avec les couleurs environnantes, qui n'en ressortent que mieux. Des plantes grimpantes de toute sorte, des vignes, des liserons, des jasmins, etc., tapissent la plus grande partie de ces treillis, au sommet desquels sont accrochées des lampes que l'on allume le soir pour éclairer les jardins. De grands arbres, des figuiers, des noyers, des peupliers, des essences que je ne connais point poussent également en tout sens. Ils ont une vigueur inconnue dans nos climats J'ai vu un simple myrte haut de plus de vingt mètres, alors que les myrtes de l'Europe ne sont que des arbrisseaux. Mais ici la nature est aussi puissante que gracieuse. Si la main des hommes ne la défigurait pas, elle charmerait sans cesse les regards par ses productions imprévues.

Notre jardin était disposé en terrasses qui descendaient le long d'une pente, d'où l'on dominait les quartiers les plus populeux et les plus riches de la ville. C'est sur ces terrasses que s'élevaient, non pas des maisons, mais d'adorables kiosques, qui allaient nous servir de résidence. Le plus beau de tous, naturellement préparé pour l'ambassadeur, ne comprenait qu'une seule pièce, où l'on pénétrait par une large porte ouverte toute la journée afin de laisser entrer la bienfaisante lumière du soleil. Cette pièce était aussi décorée que peut l'être une pièce arabe ; ses murs étaient revêtus de charmantes mosaïques, les plus fines arabesques couraient sur son plafond, et sur sa porte s'épanouissaient les complications infinies des dessins orientaux. Elle contenait deux magnifiques lits en fer doré à baldaquin, comme nous allions en voir dans toutes les maisons opulentes de Fès. Produits de l'industrie anglaise, ils n'avaient rien de remarquable que leur taille presque démesurée, qui semblait telle surtout aux yeux de voyageurs, habitués aux lits de camp. Entre ces deux lits s'étalait un divan, et, pour compléter l'ameublement, des glaces et des coucous de toutes les époques et de tous les pays étaient rangés çà et là. Les tapis, hélas ! venaient en droite ligne du *Bon Marché* ou des *Grands Magasins du Louvre*. Il y a peu de temps encore, on recevait les ambassadeurs dans des pièces ornées de magnifiques tapis arabes ; mais de misérables drogmans, qui se faisaient passer pour des ambassadeurs, ayant eu la malhonnêteté de démeubler leur résidence en la quittant, les Marocains ont pris la précaution de loger les Européens dans des meubles qui prêtent moins à la tentation. Pourtant, la chambre de l'ambassadeur contenait un objet bien propre à rendre criminel un amateur de tentures et de décorations arabes. Derrière le divan était appliquée sur le mur une étoffe de velours rouge couverte des plus éblouissantes broderies d'or. On appelle ces étoffes des *haïti*, ce qui signifie *la chose du mur*, de *haït*, mur. Il y a partout des haïti ; d'ordinaire, ce sont de simples pièces de soie vertes ou rouges où sont cousues des bandes également de soie, mais de couleur différente : ces bandes ont la forme de portes en ogive, représentant le *Mihrab,* qui, comme on sait, indique dans les mosquées la direction de la Mecque. Les haïti en velours brodé d'or sont fort rares. Je n'en ai vu que deux fois : dans la chambre réservée à M. Féraud et chez un Algérien, vice-consul français, qui en avait loué afin d'orner sa maison pour nous recevoir. Celles du vice-consul de France étaient les plus parfaites : la broderie d'or, d'un dessin discret, d'une finesse d'exécution ravissante, était un modèle de goût. Celles de la chambre de M. Féraud, plus lourdes, visant plus à l'effet, étaient cependant admirables. Qu'on se figure, sur un fond d'un rouge intense, trois portes de mihrab avec une bordure de légères arabesques et, au centre, un immense bouquet de fleurs d'or. C'est le seul produit de l'industrie marocaine qui m'ait paru mériter sa réputation ; en dehors de cela, le Maroc ne produit rien qui vaille quelque estime, pas même des tapis; dans les haïti seulement apparaît encore une faible étincelle du génie artistique d'un peuple dégénéré.

Au-devant du kiosque de M. Féraud s'étendait une vaste esplanade pavée de mosaïque et remplie en son milieu par un bassin d'où cinq vasques de marbre laissaient échapper des jets d'eau, qui bondissaient vers le ciel avec un bruit incessant. Il fallait descendre quelques marches et traverser le jardin pour arriver à notre kiosque, plus vaste, mais moins délicatement ouvragé que celui de l'ambassadeur. Nous avions aussi un bassin et des jets d'eau sur une esplanade entourée de bancs, où l'on pouvait voir, à toutes les heures du jour et de la nuit, des Arabes ou des nègres aux costumes les plus riches ou les plus sommaires, nonchalamment étendus, tantôt sommeillant, tantôt profondément endormis. Notre kiosque se composait d'une grande salle commune et centrale recouverte de mosaïques ; sur cette salle s'ouvraient de petites chambres qui contenaient également des lits dorés à baldaquins, des glaces, des coucous, des divans, des haïti et des décorations de toute sorte. C'est dans la salle commune que nous prenions nos repas. Elle était éclairée par le haut au moyen d'une lanterne ; ce qui d'ailleurs n'eût pas été nécessaire, car la lumière y pénétrait de l'extérieur par une immense porte en plein cintre fermée simplement par un grillage. Le jour de notre arrivée, une table splendidement servie et couverte de fleurs avait été placée dans cette salle ; à côté du kiosque, sur une petite esplanade ombragée par une tonnelle, on avait disposé en outre une mouna gigantesque qui semblait nous souhaiter la bienvenue. Nous pouvions être rassurés : pendant nos trois jours de recueillement et de prison, nous n'aurions pas le sort des prisonniers ordinaires du Maroc, nous ne mourrions pas de faim! Une dizaine de hauts fonctionnaires, nommés *amins*, étaient chargés de veiller soit à notre bien-être, soit à notre sécurité. On les voyait parcourir le jardin pour donner des ordres, ou se reposer sous de frais ombrages sous prétexte d'en surveiller l'exécution. Il y en avait de fort beaux que nous contemplions avec le plaisir qu'on éprouve à regarder un tableau de genre admirablement réussi. L'un d'eux portait toujours une clef énorme, afin de nous montrer sans doute que toutes les portes, même les plus grandes, nous seraient ouvertes. Nous avions de plus à notre service une nuée de domestiques qui circulaient sans cesse autour de nous, tandis que nos soldats montaient la garde dans tous les sens, prêts à nous préserver de dangers bien imaginaires. Le caïd raha, sous la responsabilité duquel nous continuions à être placés, avait dressé sa tente et celle d'une partie de son escorte à l'extrémité du jardin. Enfin tous les matins, deux amins spéciaux venaient, l'un de la part du sultan, l'autre de la part du grand vizir, s'informer si nous avions bien passé la nuit, si nous avions à nous plaindre de quelqu'un ou de quelque chose, si nous avions un désir ou un regret quelconque à exprimer.

A peine étions-nous établis dans nos logements respectifs, qu'on nous annonça la visite du grand vizir. Il est de règle, en effet, que le grand vizir se présente le premier chez les ambassadeurs européens et vienne les saluer dès leur arrivée. Il nous tardait de connaître Si Mohammed-Ben-Arbi, dont on nous avait dit beaucoup de mal et qui passait, à tort ou à raison, pour être très opposé aux Français. Nous savions, d'ailleurs, qu'il jouissait d'une réelle influence, étant cousin germain du sultan, qui, sans avoir pour lui beaucoup de considération, ne laisse pas que de suivre ordinairement ses conseils. Le prédécesseur de Si Mohammed-Ben-Arbi était un mulâtre de la plus grande valeur, un homme d'une intelligence rare au Maroc. Il avait contribué plus que personne à aplanir les obstacles que Moula-Hassan rencontra à la mort de son père pour monter sur le trône des chérifs; aussi, durant toute sa vie, exerça-t-il sur son maître une sorte d'autorité dont le Maroc se trouvait, dit-on, fort bien. Faut-il croire, comme le prétend la légende, que Moula-Hassan se soit lassé de cette autorité et que la mort de Si Mouça n'ait point été provoquée par une simple maladie? Tout est possible. Ce qu'il y a de certain, c'est que, Si Mouça disparu, le sultan prit auprès de lui son fils comme secrétaire, et appela Si Mohammed-Ben-Arbi, qui était alors ministre de la guerre, à remplir les fonctions de grand-vizir. Si Mohammed-Ben-Arbi devait être un étrange ministre de la guerre. Jamais, affirme-t-on, il n'est monté à cheval, le mulet lui paraissant une monture beaucoup plus appropriée à son énorme personne. Le fait est qu'il est d'une obésité monstrueuse. Il marche avec la pesanteur d'une hippopotame, soufflant à chaque pas, frémissant à chaque mouvement de tout son corps, dont la graisse molle et flasque semble toujours sur le point de se détacher pour tomber dans les plis de sa robe, qui roulent lourdement jusqu'à terre. Sa ceinture disparaît entre son ventre et sa poitrine, qui se rejoignent et se confondent dans le plus affreux mélange, dans le plus désagréable amalgame de rondeurs disparates. Sa tête n'est pas moins laide que tout le reste de sa personne. Ses grosses joues rouges pendent jusqu'à ses épaules; il n'a presque point de barbe; ses yeux petits et enfoncés louchent horriblement; jamais ils ne vous regardent en face; ils ont l'air faux et bas. Le nez seul se détache et émerge avec une ligne nette de cette boule de graisse : c'est un nez sémite, un nez d'avare et de manieur d'argent, ou d'oiseau de proie. Le fait est que Si Mohammed-Ben-Arbi, qui est le dernier des hommes politiques, est un homme d'affaires, — j'entends d'affaires à la manière arabe, — des plus heureux. Sa fortune est considérable; il la nourrit, il la développe, il l'augmente sans cesse aux dépens de la fortune publique. Il n'a point d'ambition comme Si Mouça; il ne tient pas à jouer un grand rôle; pourvu qu'il accumule de l'argent, c'est tout ce qu'il demande. Aussi ne crois-je pas, pour mon compte, qu'il soit particulièrement hostile aux Français. Les Français, il y a un an, lui ont fait la guerre; ils ont essayé, je ne sais pourquoi, de le faire renvoyer de son poste. Or, lui arracher le grand-vizirat, c'est lui enlever la source où il puise les trésors qu'il amasse en abondance. Naturellement, il en a éprouvé une vive colère. Mais qu'on le laisse en repos, et il ne sera pas plus hostile à nous qu'à tous les autres Européens, qu'il déteste d'ailleurs cordialement, en musulman fanatique et borné qu'il est.

Si Mohammed-Ben-Arbi n'était pas seul dans sa première visite à M. Féraud. Il avait à ses côtés son principal auxiliaire pour les questions étrangères, le fkih Si Fedoul. Si Fedoul offrait un parfait contraste avec le grand vizir, auprès duquel il était assis. Je n'ai jamais vu figure plus naturellement contemplative. Petit, mince, tout enveloppé de voiles blancs, il avait l'air d'une sorte de personnage mystique. Son visage allongé, très pâle, orné d'un nez démesuré qui l'allongeait encore, était surtout remarquable par deux grands yeux si complètement et si constamment levés vers le ciel, que la pupille n'était plus au milieu du cristallin et qu'une assez large bande blanche s'étendait au-dessous d'elle jusqu'à la paupière inférieure. Quand je dis : levés vers le ciel, c'est une manière de m'exprimer, car il paraît que le fkih Si Fedoul s'intéresse assez peu aux choses de l'autre monde, que ses mœurs sont tout ce qu'il y a de plus oriental, et que les objets devant lesquels il reste des heures entières en contemplation dévote n'ont absolument rien de la pureté du paradis. Quoi qu'il en soit, dès que nous l'aperçûmes s'avançant discrètement derrière le grand vizir, nous reconnûmes en lui un homme très supérieur à tous ceux que nous avions vus jusque-là au Maroc. Cette première impression était juste, elle n'a pas été démentie.

Au départ du grand vizir et de Si Fedoul, nous commençâmes à nous promener autour de la maison. Une agréable surprise nous y attendait, surprise bien grande en vérité ; car nous étions convaincus que, durant tout notre séjour à Fès, nous ne verrions pas d'autres femmes que celles que nous avions aperçues, souriant à notre approche, en entrant dans la ville. Au lieu de cela, à peine étions-nous dans le jardin, que toutes les terrasses des environs, — et il y en avait un grand nombre, puisque nous dominions un des plus vastes quartiers de la ville, — se couvrirent de curieuses qui venaient observer les roumis. Les unes s'avançaient hardiment, nous regardaient sans hésiter, nous adressaient même des saluts et des gestes pleins de provocations. Les autres se cachaient à moitié, faisaient semblant de fuir, puis revenaient avec plus de hardiesse et riaient aux éclats, fières de leur bravoure. Toutes montaient et descendaient à travers leurs terrasses, circulant de maison en maison avec une incroyable agilité. Comme les maisons se touchent presque complétement, mais sont de hauteurs inégales, et comme, dans la même maison, il y a plusieurs terrasses différemment élevées, il faut, pour passer de l'une à l'autre, se livrer à de véritables exercices de gymnastique. Ces exercices peuvent se faire avec grâce : en grimpant sur un mur, il n'est pas difficile de laisser voir une jambe fine, un pied bien cambré; en s'attachant à une pierre pour s'aider dans l'ascension, il n'est pas moins aisé de laisser apparaître, jusqu'à la naissance de la poitrine, un bras plus ou moins arrondi : il suffit d'avoir des manches larges, et Dieu sait si celles des femmes de Fès le sont! Les courbes les plus mystérieuses, les formes les plus délicates du corps transparaissent sans trop de peine sous les voiles qui les cachent ou qui les trahissent, lorsqu'on se couche sur le bord d'une terrasse ou qu'on s'y penche, sous prétexte d'observer ce qui se passe dans la rue, chose bien intéressante à certains moments. Nous pensions ne rien voir des femmes de Fès, ne rien apprendre sur elles : c'était compter sans les terrasses ! Au premier coup d'œil, nous comprîmes le parti qu'on pouvait en tirer, et nous braquâmes dans leur direction toutes nos lorgnettes. Ce fut d'abord un sauve-qui-peut général : ces étranges instruments que nous portions sur le visage n'étaient ils pas des engins du diable, remplis de maléfices ? Ne risquaient-ils pas de lancer le mauvais œil ? Peu à peu cependant la terreur se calma ; une femme revint, puis deux, puis trois, puis vingt, puis cent. Et, pendant les vingt et un jours que nous avons passés à Fès, il en a toujours été de même. Nous étions sûrs que, vers le coucher du soleil, au moment où les maris vont à la mosquée pour la prière du soir et s'attardent en route pour causer avec de saints marabouts sur les perfections du Dieu unique, leurs femmes couvraient les terrasses. Aussi étions-nous à notre poste, assis sous de frais orangers, surprenant toute sorte de détails de la vie des *fassyat* (c'est ainsi que se nomment les femmes de Fès), distinguant beaucoup de particularités curieuses, pénétrant même quelques secrets d'un intérêt plus ou moins piquant.

Pour être absolument sincère, je dois dire que tout n'était pas plaisir sans mélange dans ces observations journalières. J'ai souvent pensé que, si un naturaliste se mêlait tout à coup de décrire à sa manière ces scènes d'Orient jusqu'ici enveloppées d'une si belle poésie, il ne lui serait pas impossible d'en tirer des tableaux capables de donner des nausées à l'Occident tout entier. Parmi les femmes qui venaient se faire regarder par nous ou nous regarder, il y en avait de tous les âges, et par malheur on sait ce que deviennent en vieillissant les femmes d'Orient. Celles de Fès conservent jusque dans la maturité la plus avancée leur agilité à grimper sur toutes les saillies des terrasses : par habitude sans doute, ou par nécessité, elles conservent en même temps cette facilité aux indiscrétions de costume ou de gymnastique qui, charmantes dans la jeunesse, deviennent plus tard révoltantes. Que de manches entr'ouvertes, que de robes flottantes nous ont causé d'amères déceptions! Généralement les femmes de Fès sont fort jolies de visage ; elles ont des yeux magnifiques et des traits délicats, qui ne se flétrissent pas trop vite, qui prennent plutôt avec l'âge je ne sais quoi de ferme et d'imposant. Mais il faudrait s'en tenir au visage. Même dans leur jeunesse, elles laissent beaucoup à désirer pour la perfection d'un attrait que madame de Sévigné prisait à si haut prix qu'elle engageait toujours sa fille à le soigner plus que tous les autres. Leur gorge n'est point d'une beauté impertinente, c'est, au contraire, une beauté penchée qui abuse quelque peu de la modestie. Et chose triste, à mesure qu'elle s'incline davantage, le reste du corps prend des formes outrageusement arrondies. Je pourrais développer ce sujet affligeant si j'étais naturaliste. Mais, Dieu merci ! je ne le suis pas. C'est uniquement par acquit de conscience, par scrupule d'historien, que j'ajouterai qu'à mesure que les femmes de Fès s'habituaient à nous, elles semblaient oublier sur leurs terrasses que nous étions là pour surprendre ce qui s'y passait. A la fin, elles ne se gênaient plus du tout. Nous les voyions, bien malgré nous, procéder en commun à leur toilette et s'aider, non seulement à arranger leurs cheveux, mais à opérer sur leurs têtes respectives certaines chasses nécessaires, paraît-il, dans une contrée aussi chaude et aussi peuplée, et nous pouvions nous rendre compte par nos propres yeux, aidés de lorgnettes, de leurs habitudes les plus intimes.

Mais cette part faite au naturalisme, j'en viens à ce que cette vue constante des terrasses de Fès avait, dans l'ensemble, de séduisant. Les femmes y habitent une partie de la journée : elles y sont le matin, jusqu'à ce que la chaleur y soit fatigante à supporter ; alors elles descendent dans les appartements, préparent le repas et font la sieste tant que le soleil reste trop haut sur l'horizon ; dès qu'il commence à décliner, elles remontent sur les terrasses, où elles se livrent à tous les travaux du ménage. C'est là que celles qui sont pauvres préparent le couscoussou, lavent leur linge et celui de la famille, le font sécher et le replient avec soin, seule manière de le repasser. C'est là que celles qui sont riches s'étendent sur des coussins, se promènent, reçoivent leurs amies, dévident quelques écheveaux de soie pour se désennuyer. La terrasse tient une telle place dans leur vie qu'elles ont, à Fès, une coiffure particulière pour les heures où elles y demeurent. Cette coiffure, qu'on ne voit qu'à Fès, qui n'est portée dans aucune autre ville du Maroc, et qui, à Fès même, est réservée aux femmes mariées, est ce que j'ai remarqué de plus original et de plus joli durant tout mon voyage. Dans notre première promenade au jardin, nous avions cru que presque toutes les femmes qui nous apparaissaient sur les terrasses portaient des mitres d'or brillant aux rayons du soleil du soir. C'était étrange, tout à fait imprévu et délicieux. A y regarder de plus près, la coiffure des femmes de Fès n'est pas une mitre, car elle n'est pas pointue au milieu ; ou du moins c'est une mitre élargie sur les côtés et qui se termine au sommet en une ligne courbe fort élégante.

On la nomme *hantouze*, et voici de combien d'objets divers elle se compose. La femme doit être coiffée en bandeaux plats, avançant légèrement sur le front. Pour assujettir ses cheveux et maintenir les bandeaux, on place d'abord sur sa tête un voile en tulle noir, terminé aux deux extrémités par des bandes d'or très larges : cette résille d'un genre particulier s'appelle *cherbia*. Sur le *cherbia*, on dispose une couronne en soie rouge, matelassée, aux deux extrémités de laquelle se dressent des pointes également matelassées et suffisamment élevées : c'est l'*hantouze* proprement dite, elle est retenue derrière la tête par un fil élastique qui passe sous le chignon. On étend sur l'hantouze deux bandeaux brodés d'or, nommés *hafidas* ; enfin, sur les hafidas, on arrange avec art deux foulards de soie tissée d'or, nommés *sebnias*, qui recouvrent complétement l'hantouze et retombent en plis légers dans le dos. On peut varier indéfiniment la manière d'arranger les sebnias : tantôt ils sont de couleur différente, et suivant qu'on met l'un au-dessus de l'autre ou en diagonale, l'hantouze est divisée horizontalement ou transversalement en deux parties rouges ou vertes, ou jaune et noire, ou bleu et or ; tantôt, au contraire, le second sebnia recouvre purement et simplement le premier, et l'hantouze n'a qu'une couleur, mais présente un aspect plus ferme et plus résistant. De quelque façon que soient posés les sebnias, lorsque la coiffure est terminée, on relève les deux côtés de la cherbia, de manière que ces bandes d'or retombent directement sur les épaules, semblables aux ornements qui pendent aux oreilles des sphinx égyptiens. Cet ensemble si compliqué et qu'on croirait si lourd est tout à fait joli. Il encadre admirablement les têtes sévères des femmes âgées, et rien n'est plus charmant que de voir un jeune visage émerger, comme d'une brillante auréole, de cette mitre ou de cette tiare aux plis flottants et aux reflets dorés.

Parfois on place un diadème sur l'hantouze; mais c'est une faute de goût, que ne se permettent que les femmes légères ou celles qui veulent étaler leurs richesses. L'hantouze, étant une coiffure de terrasse et d'intérieur, est assez décorée par elle-même. On réserve le diadème pour les toilettes de fête et de soirée; alors on le dispose dans les cheveux et toutes les parties de l'hantouze disparaissent. J'ai dit que les femmes mariées seules portaient l'hantouze. Les jeunes filles ont un simple foulard noué derrière la tête, ou une sorte de bandeau sur le front. Le reste du costume est commun aux femmes mariées et aux filles. Il se compose d'abord d'une première chemise ou *mansouria*; au-dessus de la mansouria est une chemise de drap ou *cafetan*; sur le cafetan se place une chemise transparente qui en laisse voir la couleur et qu'on nomme *mansouria reguiga*; quand cette chemise est en tulle, elle se nomme *tfina*; autour de la taille s'enroule une ceinture très large, plate et le plus souvent richement brodée, qui s'appelle *azem*; ajoutez à cela de gros pantalons de drap rouge ou bleu appelé *serouel*, des *rgilets*, c'est-à-dire des espèces de bas en toile de coton, avec de gros plis pour dissimuler la chemise aux yeux des passants, quand des femmes sortent dans la rue, et les babouches appelées *belgha*, et vous aurez tous les objets dont se compose la toilette d'une femme de Fès. Il n'est pas besoin de dire que les rgilets disparaissent sur les terrasses et que les jambes restent nues dans les babouches. Dans la rue, les femmes sont enveloppées d'un grand voile qui les cache entièrement; sur les terrasses, elles n'ont que le costume dont je viens de parler. Leurs bras sont nus, avec quelques bracelets, et les manches du cafetan et des mansourias sont arrondies, évasées et élargies comme celles de certains surplis. Pour les relever avec élégance et les faire retomber sur le dos avec la légèreté d'ailes frémissantes, les femmes se servent d'une sorte de cordon bleu ou vert qui se croise sur leurs épaules et passe sous leurs bras. Ce cordon, qui maintient leur buste droit, donne lieu à toute sorte de mouvements rapides et gracieux soit que les femmes lèvent le bras pour le faire retomber, soit qu'elles l'agitent doucement pour secouer les plis flotttants de leurs manches qui ondulent autour d'elles.

Parmi toutes les femmes que nous regardions, le soir, dans les rayons du soleil couchant, s'étonnera-t-on qu'il y en eût une pour laquelle toutes les autres furent bientôt dédaignées? Elle était très jeune; c'était une enfant, à peine une jeune fille; et pourtant elle était déjà mariée, puisqu'elle portait une hantouze rose sur sa petite tête mutine, vers laquelle tous nos yeux et toutes nos lorgnettes étaient sans cesse dirigés. Elle avait quatorze ans, quinze ans au plus. Nous apprîmes son histoire. D'origine chérifienne, elle était l'aînée de deux sœurs, ce qui lui valait le surnom de *El Kébira*, la grande, lequel ne convenait guère à un petit être aussi frêle, aussi frais, aussi mobile et léger qu'elle; son vrai nom était *Saddia*, Fortunée, et, sans savoir s'il était justifié, nous pensions tous qu'il aurait dû l'être. Saàdia avait inspiré une vive passion à un homme jeune mais déjà marié; et, comme elle était cherifa, qu'elle ne pouvait pas partager avec une femme d'un rang inférieur au sien, celui-ci avait été forcé de divorcer pour l'épouser. Je crois d'ailleurs qu'il était beau, l'ayant vu un jour quelques minutes, je vais dire tout à l'heure comment. Saâdia n'avait pas tardé à s'apercevoir que nous la préférions à toutes ses voisines, à toutes ses compagnes ; naturellement, elle en profitait pour nous agacer par les plus grandes coquetteries. Au début, elle ne semblait pas faire grande attention à nous. Elle montait en sautillant sur sa terrasse, en gagnait vite l'extrémité, et, regardant vers le conchant, faisait à une personne inconnue, de ses petits bras frais et ronds, de ses mains gracieuses, des signes précipités ; c'étaient des baisers, c'étaient des saluts sans fin. Peut-être ce délicieux manège était-il tout simplement à l'adresse de son jeune et tout nouveau mari allant à la mosquée ; car, à Fés comme ailleurs, dit-on, bien des ménages débutent par l'amour. En tout cas, au bout de quelques jours, Saâdia commença à expédier un peu vite ses saluts et ses baisers vers le couchant, et, dès qu'ils étaient expédiés, elle se retournait vers nous, elle souriait et avançait cachée derrière le rebord de la terrasse. Elle laissait à peine passer le haut de son hantouze, jouissant de notre réception. Quand elle en avait bien joui, elle se montrait peu à peu, passant son front, puis ses yeux, puis sa bouche, puis toute sa tête, puis tout son buste au-dessus du mur, qui s'animait aussitôt. Elle était parfaitement brune, avec de grands yeux noirs très peu allongés par le k'hol, des traits d'une délicatesse enfantine, une bouche mince, petite et rouge, une expression de gaieté et de jeunesse ravissantes. Rien n'était plus amusant que de la voir, et, certainement, nous ne faisions nous-mêmes que l'amuser. Elle s'accoudait sur le mur, mettant ses mains à demi fermées sur ses yeux pour imiter nos lorgnettes; ce qui nous valait de contempler à notre aise deux bras encore incomplètement formés, mais déjà bien jolis. Elle répondait à nos signaux, ou fuyait lorsqu'il lui plaisait d'avoir l'air de les trouver déplacés. Toutefois elle revenait vite s'asseoir à quelque distance pour que nous pussions admirer la beauté de sa toilette, son cafetan rouge transparaissant sous sa fine *tfina*, sa large ceinture entourant une taille élancée, ses babouches minuscules s'agitant sur un coussin. Parfois, nous tâchions de la photographier dans une de ces charmantes poses. Mais, s'imaginant que nous lui lancions un maléfice, elle s'évadait aussitôt comme un oiseau qu'effraye le moindre geste. Elle mettait alors plus de temps à revenir; elle revenait cependant, entraînée sans doute par une irrésistible coquetterie. Lorsqu'un seul de nous la regardait, elle était encore plus co-

quette, bien que d'une autre manière : elle ne remua[it]
plus constamment, elle restait en place, appuy[ée]
sur le mur, les yeux perdus dans le vague, ou,
demi étendue sur un divan, elle semblait dormi[r.]
Elle aimait aussi à se donner une contenance [en]
dévidant de la soie dorée sur un écheveau qui tou[r]-
nait avec une rapidité vertigineuse dans ses mai[ns]
aussi adroites que petites. Nos imaginations tou[r]-
naient aussi vite; c'était bien réellement une de c[es]
poétiques apparitions comme on aime à en rêv[er]
quand on songe à l'Orient et qu'on ne le conna[ît]
pas!

Une semaine environ avant notre départ, Saâd[ia]
était sur sa terrasse; nous la regardions plus trist[e]-
ment, pensant que bientôt nous ne la regardrio[ns]
plus. Pour elle, qui ne savait pas nos projets, el[le]
souriait toujours, courant d'un bout à l'autre de [la]
maison, prenant et laissant son écheveau, se livra[nt]
à mille mutineries, aux mille riens journaliers. Il [me]
semble me rappeler qu'elle avait négligé, dep[uis]
quelques jours, de faire des gestes au coucha[nt,]
d'envoyer des baisers vers l'inconnu. Tout à cou[p]
nous vîmes apparaître auprès d'elle un jeune Arab[e]
que nous n'eûmes pas le temps de regarder bea[u]-
coup, car il descendit aussitôt avec Saâdia, ma[is]
dont le visage nous sembla noble et fier. Était-ce

mari? Une vague inquiétude s'empara de nous. Il était possible que ce fût lui, et que, s'apercevant des négligences de sa femme, qui ne lui envoyait plus des témoignages d'amour et de regret au moment où il partait pour la mosquée, il eût renoncé pour une fois à la prière afin de venir voir ce qui se passait dans son ménage. Nous maudissions une impiété si malencontreuse! Nous n'avons jamais pu savoir si nos suppositions étaient exactes. Mais ce qu'il y a de sûr, c'est que, pendant la dernière semaine de notre séjour à Fès, nous avons eu beau revenir sous les orangers pour contempler sa terrasse vide, jamais Saàdia ne s'y est montrée, même une seconde, jamais nous ne l'y avons aperçue souriant à notre admiration et laissant tomber, de ses grands yeux noirs, le seul rayon de grâce et de poésie féminine que j'aie jamais entrevu en Orient.

IX

RÉCEPTION DU SULTAN

Nos trois jours de retraite préparatoire et purificatoire terminés, nous fûmes prévenus que le sultan nous recevrait, vers huit heures du matin, avec le cérémonial accoutumé, dans la grande esplanade, ou plutôt dans le grand champ de manœuvres qui précède son palais. Nous étions enfin sur le point d'assister au spectacle, si impatiemment attendu, d'une cour du moyen âge conservant, en plein XIX° siècle, toutes les coutumes du passé. Sans doute, il ne devait point être absolument nouveau et imprévu pour nous : sur combien de théâtres, dans combien de drames ou de féeries n'en avions-nous pas vu de semblables? Mais, ici, ce n'est pas une représentation qui allait nous être offerte par des acteurs plus ou moins au fait de leur rôle ; c'est la vérité même, avec ses grandeurs et ses misères, que nous étions à la veille de contempler. Je m'en faisais, j'en conviens, un plaisir infini, plaisir d'artiste, plaisir d'archéologue et d'historien, plutôt que plaisir d'homme politique ; car il n'est pas très sûr pour moi que les puissances européennes aient raison de permettre à un souverain aussi faible que l'empereur du Maroc, à un souverain qui n'est même pas maître de ce qu'on appelle improprement ses États, d'accueillir leurs ambassadeurs comme les représentants de nations vassales, s'inclinant devant un pouvoir supérieur. Beaucoup de personnes sont profondément choquées de ce qu'elles considèrent comme une humiliation. J'étais bien éloigné de partager ce sentiment. J'aurais été humilié de voir le ministre de France s'avancer, à pied, tête nue, devant Moula-Hassan à cheval, le front ceint d'un énorme turban qu'ombrageait encore un grand parasol, si cet appareil modeste était réellement, comme autrefois, l'indice d'une infériorité de la France vis-à-vis du Maroc. Mais, le jour où il plaira à un ambassadeur européen quelconque de déclarer au sultan qu'il entend être reçu par lui sur un pied d'égalité, il n'est pas douteux un instant que le sultan se soumettra. Il y a bien peu d'années, les ambassadeurs ne présentaient leurs lettres de créance qu'à genoux, en véritables tributaires; on affirme que l'agent anglais à Tanger, M. Drummond Hay, les a encore remises de cette manière, en 1845, à Moula-Abd-er-Rhaman. L'Europe s'est émancipée. Un progrès nouveau s'est fait sous le prédécesseur de M. Féraud, M. Ordega : jusqu'à lui les ambassadeurs restaient la tête découverte en adressant au sultan leurs discours de bienvenue. M. Ordega a déclaré qu'il trouvait l'usage inconvenant et qu'il se couvrirait; et il s'est couvert, et tout le monde depuis l'a imité. Il est donc bien clair que le vieux cérémonial des réceptions d'ambassadeurs, au Maroc, disparaîtra dès que l'Europe jugera à propos qu'il disparaisse. Il ne subsiste que parce qu'il lui plaît de s'y prêter. Peut-être a-t-elle tort de flatter l'orgueil musulman, qui aurait plutôt besoin d'être sans cesse rabaissé. Mais je bénis le ciel qu'elle ne l'ait point encore fait et qu'il m'ait été donné de voir de mes yeux une scène qui m'a rappelé ce qui se passait à Constantinople il y a deux siècles, lorsque les États chrétiens arrivaient, presque en suppliants, auprès du sultan, lequel les écrasait de sa morgue et semblait, tout en les accueillant avec un air de bienveillance, leur montrer de loin les Sept-Tours comme un avertissement.

Moula-Hassan ne nous a pas montré les Sept-Tours,

qui n'ont jamais existé à Fès, bien qu'il nous ait reçu dans une cour fermée de murailles crénelées, assez semblables à des murs de citadelle ou de prison. Mais il n'a rien négligé pour nous rappeler qu'il était le calife véritable, l'*émir el moumenin*, le prince des croyants, auprès duquel, si tout était dans l'ordre, les chrétiens devraient ramper dans la poussière. La grande prétention des sultans du Maroc a toujours été d'être supérieurs à ceux de Constantinople, qui, ne descendant point de Mahomet et n'étant point Arabes, ne sauraient, en bonne théologie, avoir droit au pontificat suprême de l'islam; et, bien que cette prétention soit contredite par les faits, elle est théoriquement très juste et très soutenable. Les Turcs sont des usurpateurs; ils ont arraché par la force aux Arabes le gouvernement de l'islamisme : faut-il toutefois admettre que, dans la religion comme dans la politique, la force prime le droit ? Les Marocains, pour leur compte, pensent le contraire; ils proscrivent de leurs prières le nom du sultan de Constantinople pour y placer le nom du leur, et regardent ce dernier comme le chef, comme l'arbitre, comme le pontife suprême des croyants. C'est à la suite de la célèbre bataille de Zalaca, où il affermit la puissance arabe en Orient, que l'émir Youssef ben Tachefyn se donna le titre d'*émir el moumenin*, que tous les sultans du Maroc ont porté après lui, en dépit des défaites qui diminuaient peu à peu leurs domaines et restreignaient leur domination. « Youssef ben Tachefyn, dit l'auteur du Roudh-el-Kartas, est le premier des souverains du Maghreb qui prit le titre de *Prince des croyants*, par lequel, depuis lors, il commença ses lettres, dont les premières furent lues en chaire dans les villes de l'Adaoua et de l'Andalousie, pour annoncer la nouvelle de la victoire de Zalâca et tout ce que Dieu lui avait accordé de butin et de conquêtes. A partir de cette époque, il fit battre une nouvelle monnaie, sur laquelle étaient gravés ces mots : *Il n'y a de Dieu que Dieu et Mohammed est l'envoyé de Dieu*, et au-dessous : *Youssef ben Tachefyn, émir des musulmans*, et en exergue : *Celui qui veut une religion autre que l'islam, Dieu ne le recevra pas, et, au dernier jour, il sera parmi les perdants*. Sur le revers de la pièce était gravé : *L'émir Abd Allah el Abassy, prince des croyants*, et en exergue la date et le lieu de la fabrication[1]. » Le sultan au Maroc est donc, non seulement le souverain du pays, mais pour ainsi dire le pape de tous les musulmans. Encore convient-il de remarquer que le pape, dans la hiérarchie catholique,

---

1. *Roudh-el-Kartas*, traduit par A. Beaumier, p. 193.

n'est que le premier des prêtres, le pouvoir sacerdotal étant divisé entre les membres innombrables du clergé. Dans l'islamisme, il n'y a pas de prêtres, ou plutôt il n'y en a qu'un qui est le calife : en lui se réunit, se résume, se condense toute la puissance, toute l'autorité religieuse. Le sultan du Maroc est donc, aux yeux des fidèles, un être unique, une sorte de reflet vivant de la divinité. Sans doute le sultan de Constantinople lui dispute cette situation privilégiée ; mais peu importe ! Est-ce que le caractère même de la papauté était affaibli, aux yeux des fidèles, à l'époque où il y avait deux papes à la fois? De ces deux papes un seul était le vrai, et je répète qu'en bonne théologie, des deux califes, le seul légitime est celui du Maroc.

Il faut tenir compte de toutes ces circonstances pour comprendre les motifs qui décident les souverains du Maroc à recevoir avec autant de hauteur qu'il leur est permis d'en déployer les ambassadeurs des puissances européennes. Trouvions-nous étrange que les papes soumissent à un cérémonial particulier jusqu'aux princes et aux rois qu'ils admettaient en leur présence? Pourquoi ne pas excuser chez les musulmans ce qui a paru chez nous tout naturel? Les sultans du Maroc se sont d'ailleurs toujours montrés accommodants envers les Européens qu'ils ont accueillis auprès d'eux, leur morgue musulmane étant tempérée par le sentiment de l'hospitalité. C'est ainsi qu'après avoir gagné la bataille d'Alarcos, digne pendant de celle de Zalâca, l'émir El Nasser ben el Mansour, apprenant que Sanche de Navarre s'était décidé à venir implorer directement sa clémence, fit appeler un de ses caïds, nommé Abou el Djyouch, et lui tint le discours suivant : « Abou el Djyouch, lorsque cet infidèle arrivera, il faudra bien que je le reçoive convenablement ; mais s'il vient à moi et que je me lève pour aller au-devant de lui, *j'agirai contrairement au sonna, qui défend de se lever pour un infidèle en Dieu très haut.* D'un autre côté, si je ne me dérange pas et que tout le monde fasse comme moi, ce sera manquer aux égards de politesse qui lui sont dus ; car il est grand roi d'entre les rois chrétiens, il est mon hôte, et il est venu me rendre visite. Je t'ordonne donc de te porter au milieu de la tente, et, lorsque l'infidèle entrera par une porte, j'entrerai, moi, par l'autre porte. Tu te lèveras aussitôt et tu me prendras pour me faire asseoir à ta droite ; tu offriras également l'autre main à l'infidèle et tu le feras asseoir à ta gauche, et tu te placeras toi-même entre nous deux pour nous servir d'interprète. » Le caïd Abou el Djyouch exécuta littéralement les ordres de son maître; et, lorsque l'émir et Sancho de Navarre furent assis, il dit à celui-ci: « Voici le prince des musulmans », et ils échangèrent leurs salutations[1]. On voit qu'il est avec le ciel et avec les califes des accommodements. Si les puissances étrangères refusent un jour de laisser leurs ambassadeurs se soumettre au cérémonial actuel de la présentation au sultan, l'exemple de l'émir El Nasser pourra servir de précédent pour trouver un moyen de respecter le sonna, *qui défend de se lever pour un infidèle en Dieu très haut.*

Quoi qu'il en soit, le 9 mai, à sept heures du matin, nous étions en selle, disposés à nous rendre au palais de Moula-Hassan et à lui présenter nos hommages suivant l'antique usage et d'après la mode du pays. Notre bataillon de harabas était sous les armes, prêt à nous escorter. Nous traversâmes la ville par la route où nous avions déjà passé, au milieu d'une foule immense qui nous regardait cette fois avec une sorte de respect, comme des gens sur le point de jouir de la vue bienheureuse et sacro-sainte du lieutenant de Dieu sur la terre. Nous arrivâmes ainsi jusque dans l'im-

---

1. *Roudh-el-Kartas*, traduction Beaumier, p. 331-335.

mense esplanade placée à côté de son palais, dont le sultan se sert surtout pour faire manœuvrer son artillerie : c'est son occupation favorite et il s'y applique avec un intérêt passionné. Notre entrée fut saluée par des fanfares qui éclataient de tous côtés. Ce premier coup d'œil était fort beau. L'esplanade est bornée, dans toutes les directions, par de hautes murailles crénelées. Une partie de ces murailles est neuve, ayant été construite par Moula-Hassan ; mais l'autre partie, qui est bien plus considérable, est très ancienne, et le temps lui a donné la couleur cuivrée qui, dans les pays africains, est la parure des pierres vieillies au soleil. Quelques-unes des tours sont d'une noble architecture ; on y pénètre par des portes arabes dentelées couvertes de mosaïques d'un vif éclat. Nous fûmes frappés d'emblée de la majesté de ce cadre : le tableau qui s'y déroulait, bien qu'à demi sauvage, n'en était pas moins très imposant. L'armée entière du sultan était là, rangée en longues lignes aboutissant toutes au même point, à une porte lointaine autour de laquelle se pressait une foule blanchâtre qu'on ne distinguait que vaguement. C'est par cette porte que le sultan devait déboucher et s'avancer vers nous. Ses soldats étaient là plutôt pour l'acclamer que pour nous faire honneur. Tous étaient à pied. Ses cavaliers que nous avions vus, à notre entrée à Fès, caracolant sur leurs chevaux, étaient descendus de leurs montures; alignés dans la poussière comme de simples fantassins, ils tenaient leurs fusils, enveloppés de gaines rouges, avec plus de maladresse encore que d'habitude. Quelques-uns avaient à la main de grands foulards de diverses couleurs, qui leur servent, paraît-il, à couvrir la gâchette de leurs armes, mais qu'ils semblaient porter, ce jour-là, comme de simples ornements. Personne ne doit être à cheval lorsque le sultan paraît, et tout le monde doit se découvrir la tête à son approche, à moins de porter le tarbouch rouge, qui, indiquant qu'on est à son service, est par cela même une coiffure d'esclave. Il était donc convenu que nous serions à pied et nu-tête; mais j'avais espéré qu'en vue de nous rendre cette situation moins désagréable, on nous placerait à l'ombre de quelque muraille protectrice. Au lieu de cela, c'est au grand milieu de l'esplanade du sultan, en plein soleil, déjà fort ardent pour nos fronts, que le maître des cérémonies nous fit mettre pied à terre et nous recommanda d'attendre patiemment l'arrivée de son maître. Il était clair qu'on avait choisi cette place afin que tout les rangs de l'armée pussent contempler l'ambassade chrétienne humiliée devant le prince des croyants. Pour que notre rôle de vassaux fût encore plus ostensible, on disposa auprès de nous nos deux batteries d'artillerie et derrière elles on fit placer les trois juments que nous allions offrir au sultan. C'étaient les tributs que nous apportions au chef de l'islam, qui ne daignait nous recevoir que pour les accepter. Il n'y avait, à coup sûr, pas un doute à ce sujet dans l'esprit de cette masse de nègres, d'Arabes, de Berbères, de sang-mêlé, qui nous regardait curieusement. Les siècles ont glissé sur ces natures primitives sans leur apporter une idée nouvelle. Ils ne savent rien du monde; ils ne connaissent que leur pays. Ils s'imaginent être encore à l'époque où le nom de Mahomet faisait trembler la chrétienté, où l'Espagne subissait le joug de l'islamisme, où l'Europe entière se sentait menacée par lui.

De l'endroit où nous étions, nous pouvions lire sur les visages des soldats rangés autour de nous les sentiments que notre vue leur inspirait. Il va sans dire que nous avions gardé nos chapeaux sur la tête, ne devant nous découvrir qu'à l'arrivée de Moula-Hassan. L'exactitude n'étant pas la politesse des sultans, celui-ci ne se pressait pas d'arriver. Comme consolation, nous avions la visite de quelque grand personnage, qui se détachait du groupe blanchâtre de la porte du palais pour venir nous prêcher la patience, première vertu des vassaux. Tantôt c'était le caïd el-méchouar, tantôt le grand-vizir, lequel se traînait à peine, tantôt un ministre quelconque. Ces hauts dignitaires allaient, venaient, circulaient, et le temps s'écoulait. Je crois bien que cette manière de nous laisser dans l'attente faisait encore partie du programme. Cependant tout a une fin; au bout de trois quarts d'heure environ, nous aperçûmes un grand mouvement dans le groupe blanchâtre sur lequel nous avions toujours les yeux fixés. Une double ligne de méchouari, c'est-à-dire de soldats du méchouar, sortes de gardes du corps ou d'agents de police du sultan, coiffés du tarbouch rouge pointu, portant une longue robe rouge ou noire sur laquelle était passée une chemise blanche transparente, un long bâton à la main, s'avança vers nous au pas de course. Au même moment, toutes les musiques se mirent à jouer tous les airs cosmopolites de leur répertoire, et d'immenses acclamations, éclatant de toutes parts, s'élevèrent vers le ciel : « Que Dieu donne la victoire au sultan! que Dieu donne la victoire au sultan! » Derrière les méchouari s'avançaient six chevaux admirablement sellés et caparaçonnés, hennissant, bondissant, caracolant entre les mains de palefreniers, qui les tenaient respectueusement par la bride. Personne ne les montait. Après ces six chevaux venait le caïd el-méchouar, criant d'une voix retentissante : « *Mas habu bi-koum!* Soyez les bienvenus! » Quelques maîtres de cérémonies le suivaient; puis apparaissait un cavalier tout blanc, sur un cheval non moins blanc, émergeant d'un groupe de piétons blancs dont les uns portaient des lances, les autres agitaient près de lui des étoffes blanches, tandis que l'un d'eux élevait sur sa tête un énorme parasol vert. De loin, on distinguait mal sa figure, mais il était facile de remarquer sa haute stature, son air fier et réellement imposant. Le cortège se terminait par deux lignes de ministres, de chérifs et de tolbas marchant péniblement derrière le sultan, puis par une sorte de petit coupé d'ancien régime, peint de couleurs voyantes, mais dépourvu de siège pour le cocher.

Lorsque le cavalier blanc fut près de nous, nous nous découvrîmes, et, malgré le soleil qui nous brûlait les yeux, — car naturellement nous avions été placés de manière à l'avoir en plein visage, pendant que le sultan, qui seul jouissait d'une ombrelle, lui tournait le dos, — nous pûmes admirer Moula-Hassan. Admirer est bien le mot juste : le souverain du Maroc est certainement le plus bel homme de son empire et l'un des plus beaux qu'il soit possible de rencontrer dans un empire quelconque, même dans celui des rêves et des fantaisies. D'une stature élevée, d'un port singulièrement majestueux, il monte à cheval comme le plus habile des cavaliers arabes. Sa figure est d'une régularité parfaite, bien que ses lèvres, un peu fortes, attestent, aussi bien que son teint jaunâtre, que le pur sang nègre se mêle dans ses veines au pur sang de Mahomet. Ses grands yeux noirs sont magnifiques, d'un éclat perçant qui s'éteint avec une douceur charmante, dès qu'il se met à sourire. Agé d'une quarantaine d'années à peine, tous les signes de la fermeté et de l'obstination sont empreints sur sa physionomie, d'un caractère puissant. Une sorte de gravité dédaigneuse, qui n'est pas sans mélange de dégoût et d'ennui, lui donne quelque chose de sévère, parfois même de sombre et de triste. Son regard a une expression singulière qui frappe au premier abord. Comme chez Si-Fedoul, la prunelle noire de ses yeux, toute chargée d'éclairs, n'occupe que la moitié supérieure de l'orbite et laisse voir le blanc au-dessous, pareille, diraient les poètes arabes, à la lune au-dessus de la ligne de l'horizon. Son front est constamment plissé, et, entre deux sourcils noirs, abondamment fournis, se creusent deux plis accentués et perpendiculaires. On le dit timide, et parfois il semble avoir l'air inquiet, mais sans aucune des préoccupations pour sa vie qui se lisent sur le visage tourmenté du sultan de Constantinople. C'est l'inquiétude d'une dignité excessive qu'il est difficile de porter toujours convenablement. Comme tous les cavaliers de son maghzen, Moula-Hassan a la tête rasée ; au-dessus des tempes se montrent cependant, suivant la mode, deux touffes de cheveux noirs que le turban recouvre en partie. Sa barbe et sa moustache sont également noires. Il est vêtu du costume ordinaire des Arabes, mais toutes les parties de costume sont d'une éblouissante blancheur. Il paraît qu'il ne remet jamais le même deux jours de suite, et que, quand il en a porté un, il en fait cadeau à quelque personne de son entourage. Rien, à l'extérieur, ne le distingue de ses sujets ; un sabre et une petite boîte, retenue par un cordon vert, dans laquelle est placé le Bokhari, célèbre commentaire du Coran, pendent à son côté. Ses pieds sont nus, sans bas, chaussés de babouches jaunes qui reposent sur des étriers d'or. Son cheval, aux souples allures, avait, le jour de notre réception, une bride et une selle très simples, mais merveilleuses de couleur : un vert clair olivâtre, d'une délicatesse exquise, qui s'harmonisait avec un goût charmant à sa robe blanche et aux plis flottants de son manteau.

En somme, dès qu'on avait jeté les yeux sur ce souverain de féerie, il était impossible de les en détacher; car jamais l'idéal du roi à la manière antique, du prince religieux et militaire, n'a été extérieurement réalisé d'une façon plus accomplie.

A peine le sultan fut-il auprès de nous, qu'il se pencha majestueusement sur sa selle, la tête légèrement inclinée, dans une pose curieuse et attentive, d'une grande dignité. M. Féraud se couvrit alors, et, prenant la parole, il lui adressa le discours suivant, que je n'hésite pas à reproduire comme un modèle dans l'art de parler aux Orientaux, avec le style, les images, les formes de pensée et de langage qui leur conviennent:

« Sire,

» Que le salut et la bénédiction du ciel descendent sur la personne élevée, auguste et bien-aimée de Votre Majesté chérifienne. Je rends grâce à Dieu, je rends grâce à Dieu, je rends grâce à Dieu[1], je rends grâce au gouvernement de la République, qui m'a appelé à l'honneur de me trouver aujourd'hui en présence de Votre Majesté pour lui expri-

1. Cette triple répétition est d'une grande élégance en arabe.

mer les sentiments d'amitié que la France professe envers elle. Quand, de Tripoli, où je me trouvais précédemment, j'ai été désigné pour venir représenter mon pays au Maroc, le président de la République et le ministre des affaires étrangères m'ont chargé d'exprimer à Votre Majesté leurs sentiments d'amitié. Ces sentiments existaient déjà dans mon cœur pour votre auguste personne, que j'avais eu l'honneur de voir et d'entretenir, et dont j'avais gardé le plus précieux souvenir. Depuis quarante ans que je vis au milieu du peuple arabe, j'ai pu apprécier son caractère et j'ai appris à l'aimer. Je connais, comme Votre Majesté, quelles sont les prescriptions de Dieu au sujet des devoirs réciproques qui doivent être observés entre voisins. Votre empire et la France ayant des frontières communes, nous nous conformerons aux volontés divines en nous efforçant de vivre en bonne intelligence pour la prospérité des deux provinces. Depuis le moment où j'ai mis le pied sur le sol marocain, à mon débarquement à Tanger, et sur tout le parcours que j'ai suivi jusqu'à Fès, j'ai trouvé l'accueil le plus chaleureux, tant de la part des fonctionnaires représentant Votre Majesté, que de la part de ses propres sujets; mais ce qui m'a le plus frappé, c'est la réception qui m'a été faite à mon entrée dans cette capitale : les honneurs qui m'ont été rendus et l'empressement avec lequel la population s'est portée à ma rencontre me laisseront un long souvenir. Aussi me suis-je hâté d'en informer mon gouvernement, qui sera aussi heureux que moi de la sympathie témoignée à son représentant. Au nom de la France et en mon nom, je fais des vœux pour que Dieu accorde à Votre Majesté une longue existence, la maintienne heureuse sur le trône des chérifs, et pour que la bénédiction céleste soit sur les habitants de cette ville, qui, grands et petits, m'ont donné, à votre exemple, tant de marques d'amitié. Je prends Dieu à témoin de la sincérité de mes paroles, de la pureté de mon cœur, de la loyauté de mes actes, qui tendront sans cesse à développer et à resserrer les liens d'amitié existant entre nos deux gouvernements. Votre Majesté peut être certaine qu'elle trouvera en moi un ami dont le concours lui sera toujours assuré. Encore une fois, que Dieu bénisse le sultan et prolonge ses jours! »

A mesure que M. Féraud parlait, je surveillais, sur le visage du sultan, les impressions de son âme. D'abord, l'air grave et impassible, il écoutait sans sourciller; sa figure a commencé à s'éclairer au passage concernant les devoirs que Dieu impose aux peuples voisins. Cet appel adressé aux théories religieuses de l'islam le frappait. A partir de ce moment, il n'a plus cessé de sourire avec bonne humeur, satisfaction et bienveillance, et, lorsque M. Féraud s'est arrêté, c'est d'une voix très douce, presque chantante, quoiqu'un peu voilée, qu'il lui a répondu en ces termes :

« Soyez les bienvenus, vous, monsieur l'ambassadeur, et tous ceux qui vous accompagnent. Vous arrivez au Maroc précédés de la réputation d'un homme chez lequel l'intelligence n'a d'égale que la sagesse, et je rends grâce à Dieu que vous ayez été choisi pour venir ici représenter le gouvernement français. Je suis assuré que, grâce à vos lumières, l'amitié ne fera qu'augmenter entre nos deux pays, ainsi qu'il en était du temps de mes ancêtres. La France est, de toutes les puissances européennes, la première avec laquelle le Maroc ait noué des relations d'amitié; vous serez le nouveau lien qui doit resserrer ces rapports amicaux. Vous savez que, de tous temps, nous avons aimé la France, qui nous donne aujourd'hui une preuve éclatante de la réciprocité de ses sentiments en nous envoyant un homme tel que vous. Soyez le bienvenu ! »

Il était impossible de s'exprimer avec plus de grâce, avec un air plus affable. Les discours terminés, M. Féraud présenta un à un à Moula-Hassan les personnes qui l'accompagnaient. Celui-ci n'avait pu s'empêcher, tout en écoutant et tout en parlant lui-même, de jeter des coups d'œil curieux du côté de nos cuirassiers, qui étaient restés casque en tête, pendant que nous étions tous découverts, et qui brillaient comme des soleils sous les rayons de celui du ciel. Il parut heureux de pouvoir enfin se faire donner des renseignements sur les cuirasses, leur usage, leur utilité, etc. Le côté enfantin de son esprit peu cultivé se montrait là tout à coup. C'était pour la première fois que le sultan voyait des cuirassiers. A la vérité, une ambassade allemande était allée un jour à Fès avec des cuirassiers blancs; mais cette ambassade avait joué de malheur. En essayant de monter une glacière qu'elle portait en présent au sultan, elle l'avait fait éclater, ce qui avait blessé plusieurs indigènes. Aussitôt Moula-Hassan et sa cour s'étaient persuadés qu'ils étaient en butte à quelque criminelle machination et que la prétendue glacière était en réalité une machine infernale destinée à les faire sauter. La crainte de la machine infernale les avait empêchés d'admirer suffisamment les cuirassiers blancs. Nos cuirassiers à nous n'avaient, Dieu merci! rien qui empêchât de les contempler en sécurité. Moula-Hassan voulait savoir combien nous en avions, si la cuirasse était à l'abri des balles, si le casque était lourd, mille autres détails. A propos de chaque officier d'arme nouvelle qu'on lui présentait, il posait de semblables questions. Les ambassades qu'il reçoit sont pour lui le seul moyen de recueillir des informations sur l'Europe, sur l'état des forces de chaque nation, sur leur puissance véritable. Il se fie beaucoup moins aux ambassades qu'il envoie lui-même en Europe, et il a raison; car ceux qui en font partie s'empressent, à leur retour, afin de le flatter, de lui affirmer qu'ils n'ont rien vu d'aussi beau que le Maroc, d'aussi redoutable que son armée, d'aussi grand que son souverain. Il demandait donc à chaque officier quelle était son arme : à quoi servait-elle ? combien comprenait-elle de régiments ? M. Féraud lui répondait, et, pour lui prouver qu'il le faisait avec exactitude, il lui montrait sur les collets des uniformes les numéros qui indiquaient l'ordre des régiments. Comme nos chiffres sont les chiffres arabes, le sultan les lisait facilement. Il semblait s'amuser beaucoup. A chaque instant il répétait : *Khiar! khiar!* ce qui signifie exactement : « Concombre! » mais ce qui veut dire, en langage marocain : « Bien! bien! » sans doute en vertu d'une loi semblable à celle qui fait que certaines expressions, telles que : « Des navets ! » ont, dans l'argot parisien, un sens qui n'a rien d'horticole. Enfin, les militaires étant épuisés, notre tour vint, à M. Henri Duveyrier et à moi. M. Duveyrier portant un tarbouch qu'il n'avait pas quitté depuis Tanger, le sultan était très intrigué par sa coiffure et voulait savoir s'il était bien Français, s'il n'était pas du moins musulman. Quant à moi, je dois avouer que je n'ai fait aucune sorte d'impression sur lui. M. Féraud m'a présenté comme un grand historien, comme celui qui écrit pour la postérité les faits et gestes des souverains actuels. Je crains que Moula-Hassan n'ait pas un souci suffisant de la postérité, car il m'a regardé à peine, me gratifiant d'un : « Concombre ! » précipité qui a presque résonné à mon oreille, comme l'expression d'argot que je comparais tout à l'heure au *khiar* marocain.

On m'avait pourtant réservé pour la bonne bouche : après moi, la cérémonie était finie. Le sultan nous salua de nouveau avec une grâce extrême, et reprit sa route vers la grande porte d'où il était sorti toujours couvert d'un grand parasol, toujours entouré du groupe de porteurs de lance et de méchouari agitant des étoffes blanches autour de sa tête. Par un raffinement d'élégance, il faisait sautiller son cheval, qui semblait marcher en cadence. Les méchouari

avaient repris en avant leur course au galop, les
ministres, chérifs et tolba, courbaient leur front
jusque dans la poussière; les six chevaux magnifi-
quement harnachés bondissaient et hennissaient;
enfin le petit coupé sans siège pour le cocher suivait le cortège, comme en vue de bien indiquer qu'il
ne saurait y avoir de cérémonie importante en
Afrique sans un grain de bouffonnerie. Il paraît que
ce coupé est un don de Louis-Philippe. Ne voulant pas être distancée par la France, la reine Victoria
en a donné au sultan un autre, qui est à Mekhnès. Un
troisième souverain européen lui en a offert un troisième qui est à Maroc. Dans un pays où n'existe
pas une seule route, on se demande ce qu'on peut
faire d'un coupé, sinon s'en servir comme décor
dans une réception d'ambassade. Toutefois, il paraît
que Moula-Hassan essaye parfois de se promener
dans celui de Mekhnès; c'est même pour cela qu'on
a supprimé, non seulement à celui-là, mais aux
deux autres, le siège du cocher, de peur que ce
dernier étant assis ne dominât le sultan, ce qui
aurait été intolérable. Bien souvent, les présents de
l'Europe sont ainsi absolument inutiles aux Marocains. Quelquefois même, ils sont contraires à leurs
croyances et leur produisent l'effet d'une offense.
L'Allemagne et l'Italie n'ont rien imaginé de mieux

que d'envoyer au sultan du Maroc les portraits de l'empereur Guillaume et du roi Victor-Emmanuel : ces portraits, bien entendu, n'ont jamais pénétré dans l'intérieur du palais; à peine les ambassades qui les portaient avaient-elles quitté Fès qu'on les plaçait le visage contre le mur dans une cour réservée aux détritus dont on veut se débarrasser.

Nous remontâmes à cheval au bruit de salves d'artillerie qui faisaient retentir l'air de leurs détonations multipliées. L'usage voulait qu'on allât visiter un des jardins du sultan : nous y allâmes donc, bien que ce jardin n'eût absolument rien de remarquable. Pendant la route, le caïd raha se tenait auprès de moi pour connaître mes impressions. « Eh bien! me disait-il, que penses-tu du sultan? Le trouves-tu beau? Est-ce un grand prince à tes yeux? T'a-t-il beaucoup frappé? En diras-tu du bien à tes compatriotes? » Je lui répondis très sincèrement qu'en effet je trouvais Moula-Hassan fort beau, que j'admirais son grand air, la noblesse de ses allures, la dignité de son maintien, la souveraine élégance de sa parole, et que je ne manquerais pas de l'écrire pour l'instruction de mes compatriotes. J'ajoutai même, désirant lui être tout à fait agréable, que j'avais vu plusieurs fois le sultan de Constantinople aller à la mosquée, et que, malgré l'éclat des uniformes qui l'entouraient, malgré la superbe prestance des troupes de sa garde, je le trouvais petit et mesquin à côté du sultan du Maroc. « Ah ! s'écria t-il, c'est qu'Abdul-Hamid est un Turc et qu'aucune goutte du sang de Mahomet ne coule dans ses veines. Ne le compare pas à Moula-Hassan ! Le dernier seul est calife, et seul il peut se dire le prince des croyants : *émir el-moumenin!* »

X

LE SULTAN

Je n'ai vu de près qu'une fois le sultan Moula-Hassan dans la cérémonie de la réception de l'ambassade ; mais il m'est arrivé souvent de le rencontrer, soit au milieu de ses troupes, soit près des tombeaux de marabouts aux environs de Fès. Au moment où nous étions dans cette ville, il s'apprêtait à la quitter pour se rendre dans une autre de ses capitales, Mekhnès, et il est d'usage qu'il ne le fasse pas sans être allé en pèlerinage aux sépultures saintes qui sont en si grand nombre dans la cité de Moula-Édriss. J'ai donc pu me rendre plus exactement compte du cérémonial dont il est entouré. Le sultan du Maroc ne ressemble en rien à celui de Constantinople ; il ne vit pas, craintif et sombre, enfermé dans son palais; il n'a aucune raison de ne pas se montrer à son peuple, et, s'il en avait, son caractère réellement courageux le porterait très vraisemblablement à braver le danger plutôt qu'à reculer devant ses menaces. Non seulement donc Moula-Hassan va tous les vendredis à la mosquée, comme Abdul-Hamid, mais on le voit presque tous les jours dans son camp, ou sur un champ de manœuvres, occupé à surveiller ses soldats ou à prendre part aux exercices d'artillerie. Quatre fois par an, il assiste à de grandes fêtes publiques qui durent chacune sept jours, le nombre sept étant un nombre fatidique pour les musulmans. Ces fêtes se nomment *hédia*, ce qui signifie exactement offrandes, et ce nom leur vient de ce qu'elles servent en effet de prétexte pour apporter au souverain des dons plus ou moins volontaires qu'on dépose cérémonieusement à ses pieds. Il y a l'*Haïd-seghir*, qui a lieu après le ramadan, l'*Haïd-kebir*, la fête du mouton, le *Mouloud*, anniversaire de la naissance du Prophète, enfin l'*Achour*, ou la fête du nouvel an. Le premier jour de chaque *hédia*, le sultan, entouré de sa cour et de ses soldats, paraît en pleine campagne; c'est là qu'il reçoit les délégués des tribus qui lui apportent des présents; les autres six jours, il se tient, avec tout son cortège, dans une cour de son palais. Il marche toujours, comme dans les réceptions d'ambassade, au milieu d'un groupe de méchouaris, dont les uns portent des lances et les autres de grands foulards blancs qu'ils agitent dans l'air pour chasser les mouches ; un grand parasol est tenu sur sa tête : le parasol est un signe de la souveraineté, et personne n'a le droit d'en avoir à côté de lui ; il n'est même pas convenable de se servir d'une ombrelle dans une ville où réside le sultan. Lui seul aussi est à cheval, sauf dans les fêtes militaires, où naturellement les cavaliers ne peuvent manœuvrer qu'à la condition d'être sur leurs montures. Enfin, il est toujours précédé de six chevaux sellés et bridés, ce qui fait, en comptant celui qu'il monte, sept, le nombre fatidique ; même dans les simples promenades, ces six chevaux sont toujours à leur place. On remise la petite voiture, don des souverains européens, qui ne fait partie que des très grandes fêtes à cérémonial complet. J'ai dit que le costume du sultan était d'une simplicité parfaite, mais d'une finesse extrême et d'une blancheur immaculée. Il n'a d'autre luxe que la beauté des selles de ses chevaux. Il les change sans cesse, et toutes sont d'une couleur exquise : je lui ai vu des selles couleur crème qui se nuançaient merveilleusement avec son burnous laiteux, des selles d'un rouge tendre, d'un rose légèrement ému, d'un vert transparent, toutes d'une variété et d'une pureté de coloris inimaginables. Même dégénérés, les Arabes sont encore les plus grands coloristes du monde.

Quand il marche au milieu de son armée, soit pour se rendre d'une capitale à l'autre, soit pour aller faire quelque expédition chez des tribus rebelles, le sultan conserve le même appareil. Il lève son camp très tard dans la matinée, n'ayant aucune crainte du soleil, sous les rayons duquel les Marocains semblent, au contraire, se trouver beaucoup mieux qu'à l'ombre. Les tentes filent d'abord afin d'arriver les premières au lieu du prochain campement. Les troupes s'étendent dans la campagne, formant une ligne immense; le sultan s'avance au milieu, suivi de soldats d'élite et de quelques femmes de son harem soigneusement voilées. En avant de lui, à quelque distance, se tient le caïd el-méchouar, grand maître des cérémonies, qui domine tout de sa taille; puis vient un groupe de personnages portant chacun quelque objet nécessaire au sultan ou de nature à pouvoir lui servir au besoin; ce sont le *moul faz*, ou maître de la serpette, chargé, lorsqu'on s'arrête quelque part, de faire disparaître les broussailles qui pourraient gêner le sultan; le *moul chabir*, ou maître des éperons, qui tient dans ses mains des éperons que le sultan, qui n'en porte point d'ordinaire, lui demande lorsqu'il veut accomplir quelque prouesse équestre, toujours admirée de l'assistance; le *moul zerbia*, ou maître du tapis qu'on dépose à terre lorsque le sultan désire s'asseoir; le *moul stroumbia*, ou maître du coussin où le sultan se repose; le *moul belgha*, ou maître des babouches, que le sultan peut vouloir chausser à la place de celles qu'il a aux pieds; le *moul el ma*, le maître de l'eau, qui donne à boire au sultan lorsqu'il a soif; le *moul el taï*, le maître du thé à l'usage du sultan. A la suite de ce groupe se présentent deux lanciers, puis le *moul medel*, porteur du parasol et deux *moul zif*, chasseurs de mouches. Lorsqu'on arrive au nouveau campement, la tente du sultan est toujours dressée; car on a fait diligence pour qu'il ne coure pas le danger que courut un jour, à son profond ébahissement, Louis XIV, le danger d'attendre. C'est une vaste rotonde placée au milieu du camp, et séparée par un très large espace de toutes les autres tentes. Elle est entourée d'une sorte de muraille en spirale qui trace une route circulaire conduisant à la porte d'entrée. Lorsque le sultan approche, toute l'armée s'arrête d'un seul mouvement; seuls, les deux lanciers, le *moul medel* et les deux *moul zif* font encore quelques pas avec lui vers sa tente; mais bientôt le *moul medel* ferme son parasol et s'arrête à son tour avec ses compagnons. Le sultan va seul jusqu'à sa tente, où aucun homme ne doit l'accompagner ; il y est reçu par les femmes de son harem et par des eunuques, qui l'aident à descendre de cheval, à se débarrasser des vêtements qui le gênent, et à se préparer au repos.

Au lieu de rester enfermé dans son harem, comme le faisaient son père et ses ancêtres, qui confiaient la direction des opérations militaires, chaque fois qu'on devait en entreprendre, à un parent ou à quelque grand personnage de l'empire, Moula-Hassan, qui est hardi et entreprenant, marche lui-même à la tête de ses troupes. On sait qu'en Tunisie, avant notre occupation, le frère aîné du bey, l'héritier présomptif de la couronne, était chargé du commandement de l'armée et portait pour cela le titre de bey du camp. L'armée, d'ailleurs, n'avait d'autre rôle que d'aller percevoir les impôts, qui ne seraient jamais rentrés sans ce procédé violent de perception. Il en est de même au Maroc, avec cette seule différence que le sultan est lui-même le sultan du camp. Un des plus hauts personnages de l'empire porte le nom de caïd du campement, *caïd ferreghi*. En effet, le campement est la principale affaire du gouvernement, qui n'administre guère ses sujets soumis, — ce soin est confié aux caïds, — mais qui guerroie sans cesse contre ses sujets insoumis. Les qualités personnelles de Moula-Hassan font de lui le type même du souverain belliqueux. Il est brillant cavalier et a donné déjà maintes preuves de bravoure. Il y a quelques années, étant allé à Ouchda, où il eut une entrevue avec le général Osmont, qui remplaçait alors le général Chanzy comme gouverneur de l'Algérie, il eut à combattre en allant et à combattre encore en revenant, pour que les tribus, soi-disant placées sous son autorité, lui livrassent passage. Dans un de ces engagements, emporté par son courage, il s'avança tellement qu'il faillit être entouré. Son cheval fut tué, sa troupe prit la fuite. Appuyé contre un rocher avec quelques fidèles, il tint tête à l'ennemi jusqu'à ce qu'un caïd vint lui amener un cheval pour s'éloigner. Cette expédition avait, d'ailleurs, quelque chose de romanesque. Le principal adversaire du sultan était une héroïne berbère qui commandait la tribu montagnarde des Aït Zedeg. On la nommait Rekia ben Hadidou, et, malgré ses soixante ans, elle montait bravement à cheval. L'idée lui vint d'aller attaquer le petit détachement français du général Osmont ; plus tard, elle songea à enlever le sultan, et celui-ci ne dut certainement son salut qu'à sa bravoure personnelle. Bien souvent encore, il a été en danger de mort dans ses expéditions au sud de son empire, dans cette région du Sous, où sa domination n'est pas moins fictive que dans le Riff et sur la Moulouïa. Aussi sa préoccupation constante, presque unique, est-elle l'organisation de son armée, la création de bataillons réguliers d'infanterie et surtout d'artillerie. Il sent d'instinct que des troupes armées et disciplinées à l'européenne pourraient seules faire du prétendu empire du Maroc une réalité, en domptant les deux tiers de sa population, qui vivent aujourd'hui dans la plus complète indépendance. Mais, par malheur, l'intelligence chez lui n'est pas à la hauteur du courage. Il voit le but, il ne comprend pas les moyens de l'atteindre ; il est trop ignorant de l'Europe pour arriver jamais à l'imiter sérieusement ; et cette ignorance est incurable, car son pontificat religieux ne lui permet pas de sortir du milieu étroit, fanatique et étouffant, où il est enfermé.

C'est donc un peu comme un enfant, par caprice ou par jeu, tout au plus par une sorte d'intuition d'âge mûr qui ne saurait se développer, qu'il s'est passionné pour les choses de la guerre et particulièrement pour le tir du canon. A la porte de son palais, le long du mur d'enceinte, il a créé ce polygone où il reçoit les ambassades, et où, tous les lundis, il vient à pied, non point assister simplement aux exercices d'artillerie, mais pointer lui-même et faire manœuvrer un certain nombre de canons et de mortiers que lui chargent successivement ses artilleurs. Il ne rentre dans son palais qu'après avoir abattu cinq ou six cibles à boulets et à bombes, placées à environ 240 mètres de distance, au pied d'un mur construit exprès pour recevoir les projectiles. A côté même de la porte du palais, une plate-forte en maçonnerie est garnie d'un certain nombre de canons et de mortiers toujours en batterie. Le sultan commence à posséder une respectable artillerie. Tous les souverains d'Europe lui ont donné des canons; il en a acheté lui-même un certain nombre, entre autres des canons Krupp qui lui ont coûté très cher, grâce à de frauduleuses opérations de courtage, mais qui sont excellents. Ses artilleurs sont parfaitement exercés. Ils ont pour grand maître le chef de l'artillerie, le miralaï Moula Ahmed-Soueri, qui est un homme d'une certaine valeur, ayant été instruit dans son métier d'artilleur par le Français Abd-er-Rhaman. Il y a de longues années que le corps des canonniers est constitué et jouit d'une faveur particulière. De tout temps, il a compté dans ses rangs des déserteurs des armées européennes, et surtout des renégats espagnols. Celui qui commandait les batteries à la bataille d'Isly et qui fut sabré sur ses pièces par nos chasseurs se nommait Ali-el-Sevillano. Depuis, bien des Marocains désignés pour servir dans l'artillerie sont partis secrètement, par ordre du sultan, afin d'aller s'instruire en Angleterre, en Espagne et jusqu'en Amérique. De plus, voilà huit ans que notre mission militaire s'applique à former des artilleurs. Nos officiers sont frappés de l'adresse naturelle et de la docilité des indigènes. Bien commandés, ils feraient des soldats égaux aux meilleurs de l'Europe. Quant au sultan, il est également fort adroit et pointe fort bien. Tout ce qui, dans la manœuvre, est affaire d'habileté, il y excelle; dès qu'il s'agit de comprendre, il est moins heureux. Jusqu'ici, il se servait de préférence de deux canons en cuivre portant sur la culasse une inscription en caractères arabes, qui rappelle qu'ils ont été donnés, en 1846, par le roi Louis-Philippe au sultan Moula Abd-er-Rhaman; mais il est probable qu'il a déjà adopté les canons de campagne que nous lui avons offerts. Il en a été enchanté, parce qu'ils sont aisément maniables, qu'on peut les porter à dos de mulet et que, par suite, il lui sera commode de s'en servir dans ses expéditions, de les conduire de capitale en capitale, de les avoir toujours sous la main. Les canons de gros calibre ne lui vont guère : dans un pays sans routes, sans moyens de transport, il est presque impossible d'en tirer parti.

Lorsque Moula-Hassan vient tirer à la cible, ses hauts dignitaires l'accompagnent. Sa garde et son maghzen à pied forment une immense haie qui entoure le polygone. Aussitôt que le sultan a abattu une cible, un cri immense se fait entendre parmi toutes ces rangées de serviteurs : *Allah ibarca fi amer Sidna!* « Que Dieu bénisse les jours de notre maître ! » Le sultan met parfois une sorte de coquetterie à ne pas réussir à tous coups. Ainsi, dans une expérience qu'il faisait en présence de Français, après avoir pointé sa pièce, il appelle un officier : « Est-elle bien? — Mais, sire, elle est un peu trop à droite! — Je le sais! » Le coup part et va toucher un peu trop à droite! Le sultan pointe de nouveau : « Est-elle bien? — Mais, sire, elle est un peu trop à gauche! — Je le sais! » Le coup part et va toucher un peu à gauche. Le sultan pointe une troisième fois : « Est-elle bien? — Oui, sire, cette fois, c'est parfait. — Je le sais! » Le coup part et va emporter la cible. Durant les scènes de ce genre, l'enthousiasme des assistants ne connaît plus de bornes. Et ce n'est point un enthousiasme factice. Très sincèrement les Marocains s'imaginent qu'un sultan du Maroc, qu'un descendant de Mahomet doit être supérieur en tout aux chrétiens, même dans l'art de tirer le canon. Ils ne font pas la simple réflexion que ce sont pourtant les chrétiens qui ont inventé le canon. Chaque fois que le sultan montre en public une qualité quelconque, l'admiration pour lui éclate sans mesure. Un jour, me racontait quelqu'un, Moula-Hassan montait dans une hédia un cheval fougueux; le cheval ruait, se cabrait, refusait de marcher. Le sultan fait signe au *moul chabir*, qui lui apporte ses éperons et les fixe sur ses babouches. Aussitôt le cheval dompté se met à s'avancer d'un pas tranquille. La foule poussait d'aussi grandes acclamations que si le sultan venait de soumettre sous ses yeux, non un cheval récalcitrant, mais une tribu révoltée. « Eh bien, qu'en dis-tu ? s'écria un haut fonctionnaire, s'adressant à un Français témoin de cette scène? y a-t-il en Europe un seul cavalier comparable au sultan? »

C'est sans doute à son éducation que Moula-Hassan doit son goût pour les choses de la guerre. Son père était loin de lui ressembler à cet égard. On sait qu'à la bataille d'Isly il prit la fuite dès la première charge de notre cavalerie, laissant entre nos mains sa tente, son parasol, tous les insignes de sa puissance. Jugeant, peut-être, qu'il serait sage d'habituer de bonne heure son fils au métier des armes, pour lequel il se sentait si peu fait lui-même, il lui donna comme instructeur un

Anglais qui avait, dit-on, un grade élevé dans l'armée anglaise, mais qui fut obligé de quitter Gibraltar, où il avait tué son supérieur en duel ou autrement. Cet Anglais s'était réfugié au Maroc, où il se fit musulman, et on le nomma dès lors Ismaïl-Ingliz. La similitude de leur fortune le rapproche du Français Abd-er-Rhaman, dont j'ai raconté l'histoire, et ils travaillèrent ensemble à introduire une organition rudimentaire dans l'infanterie régulière. C'est dans cette infanterie que Moula-Hassan fit ses premières armes. A quinze ans, il avait déjà formé, avec l'autorisation de son père, un bataillon de Soussiens, qu'il exerçait et commandait lui-même sous la direction du rénégat Ismaïl. Il n'est donc pas surprenant qu'en montant sur le trône il soit resté soldat. Il est très aimé de son armée, parce qu'il réalise le type du souverain tel que le comprend et le respecte l'Arabe. Il est moins populaire auprès des citadins et surtout auprès des habitants de Fès, qui ont des idées différentes sur l'art de gouverner. En somme, c'est une sorte de chef de bandes, parcourant sans cesse son pays pour y combattre les tribus rebelles, les piller et s'enrichir de leurs dépouilles. Il ne les soumet pas, parce qu'étant uniquement militaire, il ne songe pas à les organiser lorsqu'il les a vaincues. A peine a-t-il quitté un territoire, après l'avoir razzié, que les populations qui en ont fui à son approche, ou qui, ayant tenté de résister, ont dû bientôt s'éloigner impuissantes, y reviennent et recommencent à y vivre parfaitement indépendantes. Des années se passent sans qu'il songe à les attaquer de nouveau. A quoi bon? Elles sont ruinées, que pourrait-il leur enlever? L'empire est, au reste, assez grand pour qu'il trouve ailleurs un emploi plus utile de ses armes. Il est même si grand, qu'en certaines de ses parties le sultan ne s'aventure jamais. Il sait bien que, dans le Riff, par exemple, et dans l'Atlas, son armée serait anéantie par les montagnards indomptés et indomptables de ces contrées. Il en est de même dans l'extrême sud, où ses troupes seraient dévorées par le désert. La victoire n'accompagne pas toutes ses entreprises, à beaucoup près. Il est parfois défait, comme il l'a été, je l'ai dit, en revenant d'Ouchda et dans bien d'autres circonstances. Mais n'est-ce pas là véritablement la guerre, la vie d'aventures, la vie arabe par excellence, et n'est-il pas naturel que le descendant de Mahomet, fidèle aux traditions de sa race, continue, en plein âge moderne, à mener l'existence errante et batailleuse que ses ancêtres ont menée jadis avec tant de génie, d'éclat, d'entrain et de poésie?

Je n'ai jamais mieux compris la nature du pouvoir du

sultan du Maroc qu'un matin où, étant allé faire une excursion autour de Fès avec quelques officiers, nous longeâmes le camp à l'heure des premiers exercices. Je connaissais l'armée marocaine pour l'avoir vue rangée en bataille; je savais à quoi m'en tenir sur cette horde de soldats en guenilles, armés d'épouvantables fusils ; je ne doutais pas un instant qu'elle fût incapable de résister à une force européenne quelconque tant soit peu organisée. Mais ce n'était pas tout que de l'avoir observée dans ces représentations d'apparat, où elle cherche à se donner des airs d'armée moderne : il fallait la voir chez elle, livrée à elle-même, et pour ainsi dire en déshabillé. Je dois dire que, dès le premier aspect, le camp marocain frappait comme quelque chose de barbare, rappelant le moyen âge et l'époque où de simples bandes parcouraient l'Europe en la ravageant. Il était situé sur le flanc d'une montagne dont il occupait un espace considérable. Au centre se dressait la tente du sultan, entourée de son enceinte, et n'ayant près d'elle qu'une petite tente qui sert de mosquée à Moula-Hassan. Dans le vaste espace libre qui la séparait de celles des soldats, on voyait des chevaux entravés, des canons, des caissons, des bagages de toutes sortes, jetés au hasard, pêle-mêle, dans le plus complet désordre ; ici, un affût traînait dans l'herbe, le canon était plus loin sur un tas de fumier ; là, un paquet de hardes roulait dans la poussière, tandis qu'à quelque distance des fusils étaient dressés en faisceaux inégaux. C'est également dans ce vaste espace libre que l'infanterie exécutait des manœuvres sous la direction de l'officier anglais qui la commande, Maclean. Elle marchait admirablement et évoluait avec cette correction qui est si aisée aux Arabes, pour lesquels l'imitation est chose toujours naturelle et simple. On sentait qu'il eût été possible de la dresser d'une manière remarquable. Mais qu'espérer de soldats ainsi habillés, ainsi armés, ainsi commandés ? On voyait passer au milieu d'eux des chaînes de prisonniers attachés les uns aux autres. Ces chaînes constituent la salle de police du Maroc. Pour la plus simple faute, on est mis à la chaîne. Il y a donc toujours dans l'armée une quantité considérable de chaînes de vingt et trente malheureux attachés les uns aux autres, ne pouvant faire que des mouvements collectifs, obligés de rester côte à côte et de s'entraver mutuellement de la manière la plus piteuse. Ils marchent, ils travaillent, ils dorment ainsi. Rien ne pourrait rendre l'état de saleté des tentes des soldats. Il n'y en a pas une pour un certain nombre d'hommes; il y en a un certain nombre pour toute l'armée, et on y empile les hommes au hasard, tantôt en si grande abondance, qu'ils ne peuvent plus tenir dans la toile, tantôt en petit nombre, lorsque quelques-uns d'entre eux sont assez riches ou assez forts pour obliger de déguerpir ceux qui voudraient se mêler à eux. Au milieu des tentes des soldats se dressent d'autres tentes de formes très variées, composées de quelques loques trouées, de quelques branches, parfois même de simples fougères liées les unes aux autres. C'est là qu'habite ce personnel flottant qui suit les camps, dans tous les pays du monde. Mais, au Maroc, il est particulièrement étrange, hideux et pittoresque. On y aperçoit des centaines de femmes peintes et repeintes de la façon la plus sauvage sur toutes les parties du corps, habillées ou déshabillées avec les vêtements les plus fantasques, ornées de bijoux les plus originaux. Elles ne se bornent pas à s'entourer les yeux de khol, à se tatouer les bras, le front, le menton, les joues, les jambes et les pieds ; j'en ai remarqué qui s'étaient décoré les seins d'invraisemblables arabesques. Plusieurs, pendant que nous passions, faisaient sécher au soleil ces peintures fraîchement exécutées. Une, en particulier, venait de se couvrir le ventre d'une couche de henné, et elle l'exposait au grand jour avec la plus parfaite impudeur, dans une pose qui ne cherchait point à être provocante, mais simplement à être commode. Beaucoup de ces femmes étaient vieilles, ridées, abominablement décrépites. Les plus jeunes étaient horriblement flétries et portaient les marques des plus affreuses maladies. On nous dit qu'elles suivaient toujours ainsi l'armée, s'associant quatre ou cinq pour acheter une tente et un baudet sur lequel elles montaient alternativement ou même simultanément durant la marche. Après le campement de cette suite féminine de l'armée, venaient dans tous les sens les campements des goums des tribus qui se rendaient à l'appel du sultan pour l'accompagner dans sa prochaine campagne.

Moula-Hassan est bien réellement le souverain de cette troupe de soldats, pillards et misérables, au milieu desquels il vit et à l'aide desquels il soutient son fragile pouvoir. Son camp est sa vraie capitale, son armée, son empire. A coup sûr, cette armée suffit à maintenir sa domination dans les contrées où elle s'exerce, sinon à l'y étendre beaucoup. Elle ne suffirait pas à arrêter une puissance européenne quelconque qui tenterait d'entrer au Maroc. Seulement, cette armée battue, on ne serait pas maître du pays; il faudrait en conquérir toutes les provinces indépendantes et les villes, qui résisteraient de leur mieux. Il faudrait aussi, sans nul doute, écraser dans la défaite le courageux Moula-Hassan, qui ne fuirait pas, comme son père à Isly, qui résisterait jusqu'au bout, qui se ferait tuer plutôt que de se soumettre au joug des chrétiens. On ne pourrait songer à faire de lui un roi fainéant, à la manière des princes indiens, du bey de Tunis ou du khédive d'Égypte. Par le cœur et par le courage, sinon par l'intelligence, il est d'une autre trempe que ces derniers. Il périrait les armes à la main ; mais sa mort aurait un immense retentissement dans le monde arabe, où il est vénéré de tous, où il est considéré par ceux-là mêmes qui se soumettent extérieurement à l'autorité religieuse du sultan de Constantinople, comme le chef véritable des vrais croyants, comme l'héritier direct de Mahomet. C'est une des raisons pour lesquelles il n'y aurait pas de plus folle politique pour la France que de songer à la conquête du Maroc. Puissance arabe, ayant des millions de sujets musulmans sous sa domination, il peut lui être utile un jour, si le panslavisme se réveille ou si le succès des mahdi soudaniens devient menaçant, d'opposer aux mots d'ordre qui partent de Constantinople ou du Soudan pour l'expulsion des chrétiens de toute l'Afrique, la parole d'un souverain qui est l'ennemi naturel des Turcs et des Soudaniens, le sultan du Maroc. Ce sultan est brave, il est généreux; qu'importe qu'il soit un prince du moyen âge, et plutôt chef de bandes que roi? Tel qu'il est, il doit être notre allié, et ce serait le comble de la démence d'en faire notre ennemi.

XI

LA COUR DU SULTAN

Lorsqu'on trouve, dans les journaux et dans les documents diplomatiques d'Europe, des expressions telles que celles-ci : l'empire du Maroc, le gouvernement de Sa Majesté chérifienne, le cabinet de Fès, on s'imagine que le sultan Moula-Hassan est un prince assez semblable à la reine Victoria ou à l'empereur Guillaume. Lorsqu'on arrive à Fès, lorsqu'on y reste quelque temps surtout, on se demande sans cesse où est l'empire du Maroc, où est le gouvernement de Sa Majesté chérifienne, où est le cabinet de Fès? De tout cela, on ne voit nulle trace. L'empire du Maroc est un composé de provinces, les unes indépendantes, les autres en partie soumises à l'autorité d'un homme, qui est un pontife plutôt qu'un souverain; il n'y a d'ailleurs entre elles aucun lien, aucune cohésion, aucune homogénéité, aucune unité. Quant au gouvernement de Sa Majesté chérifienne, il n'existe en aucune manière; car peut-il y avoir gouvernement sans une organisation quelconque, sans un ordre administratif au moins rudimentaire, sans une coordination entre les différents pouvoirs qui, du haut en bas de l'échelle politique, exercent leur action sur le pays? Enfin le cabinet de Fès est une institution tellement grotesque, qu'à peine vaut-il la peine d'en faire mention. J'ai vu des Européens très surpris que des millions d'hommes, qui ne sont pas absolument sauvages, pussent vivre ainsi à l'aventure, sans rien de ce que nous regardons comme indispensable à la vie civilisée. Ils s'étonnaient que le Maroc subsistât, pour ainsi dire à l'état de nature, dans une parfaite anarchie, au sens le plus strict du mot; à chaque instant, ils croyaient qu'un édifice aussi dépourvu de fondements, de contreforts, d'appuis et de soutiens, construit sans aucun respect des règles les plus simples de l'architecture et des lois les mieux établies de l'équilibre, ne saurait durer tel quel au milieu du monde moderne : — « Il va crouler, disaient-ils; il est impossible qu'il ne croule pas! » — Cette illusion a été partagée par bien des diplomates habitués à l'Europe d'aujourd'hui et qui, trop ignorants ou trop oublieux de l'histoire, ne songeaient plus que l'Europe du passé a traversé des périodes pendant lesquelles elle ressemblait à s'y méprendre au Maroc contemporain. Une longue fréquentation des Arabes m'a préservé de tomber dans la même erreur. Les Arabes sont et ont toujours été incapables de créer et de maintenir ce que nous appelons une organisation politique; le désordre paraît être l'élément naturel de leur existence sociale, de même que le caprice, la fantaisie, le hasard, paraissent être les conditions de leur art. Aussi me suis-je beaucoup plus appliqué à rechercher au Maroc des renseignements sur les mœurs privées du sultan et de son entourage que des informations sur la nature, l'étendue et le fonctionnement de leur autorité. Sur ce dernier point, je savais d'avance à quoi m'en tenir; sur l'autre, au contraire, j'avais beaucoup à apprendre, et j'ai appris, en effet, des choses assez amusantes pour être rapportées.

Il ne faut jamais oublier, si l'on veut comprendre la manière de vivre du sultan, qu'il est avant tout, par-dessus tout, un chef religieux. Son vrai métier est d'être pontife. Guerrier, il l'est par goût; ses ancêtres ne l'étaient pas, personne ne le leur reprochait : pontife, il l'est par naissance, par obligation aussi bien que par droit, et, s'il voulait cesser de l'être, on le verrait immédiatement chassé du trône par un chérif plus saint que lui. Tout en lui est donc réglé par la religion, tout est subordonné à la religion. Malgré ses prétentions au califat, le sultan de Constantinople ne se regarde pas comme astreint à d'incessantes pratiques religieuses. Il va le vendredi à la mosquée, il fait le jeûne du ramadan, et c'est tout. Dans son palais, il agit à sa guise, sans se tourmenter des prescriptions de Mahomet, que personne n'est scandalisé de lui voir enfreindre. Il reçoit des chrétiens, il a de longs rapports avec eux, il se lève à leur approche, il les invite à dîner à sa table, il leur marque publiquement de la considération et de l'amitié. Si le sultan du Maroc imitait cet exemple, une insurrection éclaterait aussitôt contre lui. Il est tenu de faire ostensiblement chaque jour les prières réglementaires ; dans son palais et jusque dans son harem, il ne lui est pas permis d'oublier un instant le caractère sacré qui est en lui ; on est bien obligé de lui permettre de recevoir des chrétiens, car ceux-ci s'imposent par la force, mais jamais il ne les reçoit sur un pied d'égalité ; il se tient devant eux à cheval ou sur un siège plus élevé que le leur ; lorsqu'il les invite à dîner, il n'assiste point au repas, auquel il se fait représenter par un simple *amin*. Au reste, comment ferait-il autrement, lui qui a conservé non seulement le costume, mais tous les usages des simples Bédouins? Il mange avec ses doigts, accroupi sur un divan. Il ne saurait se servir d'une fourchette, instrument que n'employait pas Mahomet, auquel il s'efforce de ressembler le plus possible. L'empire du Maroc n'est pas entamé, comme l'empire turc, par les modes chrétiennes. Il n'en admet que ce qu'il est absolument forcé d'en admettre. C'est peut-être le seul pays du monde où les décorations soient inconnues. Bien des Européens, désireux d'orner leur boutonnière d'un ruban nouveau, ont essayé de persuader à Moula-Hassan qu'il serait glorieux pour lui d'instituer un ordre marocain; ils se sont même adressés à un sentiment moins noble que l'amour de la gloire, et ont tâché de lui faire comprendre qu'il serait beaucoup plus économique de donner aux étrangers qui viennent le voir une décoration de fer-blanc au lieu de sabres, de chevaux, et de selles dorées. Moula-Hassan a résisté : « Nous ne sommes pas comme les Turcs, a-t-il dit, qui ont rejeté les traditions de leurs ancêtres. Jamais Mahomet n'a donné de plaques et de cordons; nous ne saurions faire ce qu'il n'a point fait. »

Que répondre à cet argument? J'ignore à quelle heure se levait Mahomet; mais Moula-Hassan et toute sa cour se lèvent à trois heures du matin, l'hiver aussi bien que l'été, pour la première prière. Ils ne se recouchent pas. La journée commence après ces sortes de matines. Dès que le sultan a terminé sa prière, son chapelain vient lui lire un passage de Bokhari, célèbre théologien musulman qui est, aux yeux des Marocains, la plus grande autorité religieuse après Mahomet. Peut-être même connaissent-ils beaucoup plus l'ouvrage de Bokhari que le Coran. Le fatras indigeste qu'il contient forme l'unique nourriture intellectuelle et morale de l'immense majorité d'entre eux. Quand le sultan a prié et écouté le Bokhari, il commence à s'occuper des affaires publiques et des exercices militaires, qui sont, comme je l'ai dit, sa grande passion. On est tout surpris, lorsqu'on ne connaît pas les pieux motifs qui amènent à se lever de si bonne heure, de voir le sultan et ses ministres donner des audiences à cinq ou six heures du matin. C'est d'ordinaire à ce moment-là qu'ils reçoivent les Européens en visite auprès d'eux. A sept ou huit heures, il est pour eux déjà tard. Il est vrai qu'ils font la sieste en toutes saisons après la prière de midi ou d'une heure. Le milieu de la journée est toujours consacré au sommeil. Les affaires ne reprennent que de quatre ou cinq heures jusqu'à la prière du soir. Au surplus, on ne travaille guère que le matin : c'est tout l'opposé de ce qui se passe à Paris. Mais ne faut-il pas que les prières se disent aux moments prescrits? Elles ont l'importance d'une affaire d'État, à laquelle on sacrifierait, au besoin, toutes les autres. Lorsque le sultan se lève le matin ou se relève de sa sieste au milieu de la journée, ce sont ses femmes qui procèdent à sa toilette. Il en a, dit-on, un nombre considérable. Les uns affirment qu'il en possède deux mille dans chacune de ses capitales, ce qui ferait six mille en tout, puisque ses capitales sont au nombre de trois : Fès, Meknès et Maroc; d'autres donnent des chiffres un peu moins élevés, mais encore énormes; ils ajoutent qu'outre les trois harems fixes des trois capitales, il y en a encore un de fixe, mais moins nombreux, à Rbat', plus une sorte de harem flottant qui marche avec le sultan d'une ville à l'autre. L'organisation de ces harems est fort régulière. Les femmes y sont divisées par escouades d'une trentaine environ. Chaque escouade est administrée par une matrone, personne de tête et d'autorité, et généralement née ou nourrie dans le harem et qu'on nomme *drifa*. Ces àrifas sont fort intelligentes : elles ont beaucoup vu, beaucoup appris; leur influence sur le sultan est grande, ce qu'on s'expliquera sans peine lorsque j'aurai exposé toute l'étendue de leurs attributions; on s'adresse sans cesse à elles pour obtenir des grâces et des faveurs; comme elles sont d'ordinaire assez laides, qu'elles n'ont jamais eu de prétentions personnelles, elles ont toujours joui d'une liberté relative; elles aiment à causer; c'est par elles que, lorsque, pour une raison ou pour une autre, on parvient à pénétrer dans le harem, on en apprend l'organisation et les mœurs; elles en savent le passé et le présent; elles en sont la chronique vivante. Toutes les femmes leur sont soumises. Aucune n'est admise dans le harem sans leur approbation. Le recrutement se fait de la manière la plus simple. Les familles influentes du pays, familles de caïds ou de fonctionnaires, ne se sentent assurées d'une certaine tranquillité qu'à la condition d'avoir une parente au harem. Aussi, dès qu'une jolie enfant arrive à cet âge, si précoce en Afrique, où la jeune fille est sur le point d'éclore, son père ou ses frères s'empressent-ils de la proposer au sultan. Il faut de nombreuses démarches pour que cette proposition soit écoutée; car l'offre dépasse de beaucoup la demande. Lorsqu'elle l'est, le sultan envoie un certain nombre d'ârifas procéder à une enquête minutieuse sur le cadeau qu'on prétend lui faire. Il se fie au goût exercé, au tact très sûr de ses matrones avisées. Mieux que personne, elles ont l'art de distinguer, parmi les promesses d'une beauté naissante, celles qui ne sont qu'une apparence fragile et celles qui, au contraire, ne doivent pas être démenties par la réalité prochaine. Elles ont le discernement que donne l'habitude. Dès qu'elles ont décidé qu'une jeune fille mérite d'être introduite dans le harem, du sultan elles la prennent des mains des heureux parents, qui se bercent de l'espoir que leur enfant sera peut-être un jour remarquée du maître, et qui sait même? qu'un chérif naîtra d'elle, lequel montera sur le trône des descendants de Mahomet.

La jeune fille est-elle aussi heureuse que sa famille du très grand honneur qui lui est fait? Oui, sans doute, au premier moment, lorsqu'elle part avec les àrifas pour aller vers cet inconnu glorieux où elle croit deviner de voluptueuses surprises. Il est même probable que la vue du sultan Moula-Hassan augmente ses espérances ou ses illusions; car j'ai dit que jamais prince ne fut plus beau et ne réalisa mieux le type du souverain des *Mille et une Nuits*, aux yeux de flamme dans la bataille, aux yeux doux et caressants dans le harem. Son premier regard doit être pour une femme plein de mystérieuses émotions. Mais, après ce premier regard, la nouvelle pensionnaire du harem est embrigadée dans une escouade sous la direction d'une àrifa, et souvent, bien souvent, des mois, des années, parfois même une vie se passe sans qu'un second regard tombe sur elle. Je me sers à dessein du mot de pensionnaire. La vie du harem est, en effet, assez semblable à celle d'un couvent de jeunes filles dont les àrifas seraient les maîtresses. Les femmes y sont enfermées toute la journée dans leurs appartements sans avoir l'autorisation de s'en éloigner; le jeudi seulement est jour de sortie; tout le harem peut alors s'ébattre dans les jardins, non pas toutefois en complète liberté; car le sultan se promène avec elles, s'amuse avec elles et les surveille. Et qu'on n'aille pas se monter la tête et croire que ces promenades donnent lieu à de jolis incidents, à des aventures charmantes et imprévues. Ce serait oublier que le sultan est pontife et qu'il doit le demeurer même en amour.

Tout ce que nous pouvons imaginer, nous autres Européens, d'histoires de mouchoirs jetés à l'improviste, toutes les folles pensées qui peuvent nous venir à propos des bosquets fleuris, des tapis de verdure, des fraîches retraites des jardins du harem, tous les rêves émoustillés dont nous pouvons bercer notre fantaisie, tout cela est erreur, mensonge, ignorance de la réalité. Le sultan du Maroc est un grand monarque, il a, je veux le croire, six mille femmes dans son harem ; mais, lorsque, au cours d'une de ses promenades ou ailleurs, il en remarque une qu'il lui plaît d'honorer d'une faveur spéciale, il ne lui est pas permis de mettre immédiatement à exécution un projet aussi galant. Il doit prévenir la ârifa de l'escouade à laquelle appartient la femme qu'il daignera, le soir, admettre auprès de lui. Aussitôt la ârifa s'empare de la favorite et la prépare à une aussi haute destinée. Elle la conduit d'abord au bain, la lave, l'essuie, la couvre de parfums. Elle la revêt ensuite des plus riches habits, des étoffes les plus fines et les plus moelleuses. Puis elle la pare, comme une véritable image, de tous les bijoux et diamants qu'on peut trouver dans le harem : diadèmes sur la tête, bagues et bracelets aux mains et aux bras, cercles d'or et d'argent aux chevilles. C'est dans cet état qu'elle la conduit au sultan, qui l'attend avec patience, et elle ne se retire pas après la lui avoir livrée ; elle se tient à quelque distance dans la chambre où sa présence ne gêne personne. Bientôt le sultan lui rend l'heureuse ou malheureuse créature sans avoir touché à son costume, qui est resté intact, à tous ses ornements qu'il a respectés. Même dans un pareil moment, il est resté roi et pontife.

Au reste, bien que la corruption soit très grande au Maroc, l'amour y est d'une simplicité parfaite. C'est dans les vices inavouables, qui n'y sont pas moins fréquents qu'en Orient, que les raffinements sont poussés très loin. Mais, si la plupart des hauts dignitaires de sa cour ont à cet égard la plus détestable réputation, le sultan, au contraire, n'est l'objet d'aucune médisance, voire même d'aucune calomnie, ce qui est une preuve d'innocence accomplie dans un pays où le dénigrement ne respecte rien. Les mœurs de Fès sont très mauvaises, celles de Meknès le sont plus encore. Le sultan, pour son compte, est immaculé. Son harem, dont il respecte le sévère cérémonial, lui suffit. Quant à ses femmes j'ignore ce qu'elles pensent de ce cérémonial. Il paraît qu'elles arrivent bien vite à se soucier assez peu de leur maître et à souhaiter fort modérément d'être de sa part l'objet d'une attention particulière. Leur manière de vivre est celle de toutes les réunions de femmes oisives et que ne retient aucune pensée supérieure. Les àrifas, personnes prudentes, tâchent que rien n'en transpire aux yeux du sultan, et tout est dit.

Parfois le harem est le théâtre de drames domestiques, qui se terminent par le poison. Mais, entre le poison et une maladie ordinaire, on fait peu de différence. Les intrigues politiques, les luttes d'influences personnelles sont bien plus vives autour du sultan que les intrigues et les luttes d'amour. Parfois aussi elles sont suivies de crimes. On raconte, par exemple, que le sultan Abd-er-Rhaman avait reçu de l'émir Abd-el-Kader une jolie fille chrétienne et française enlevée dans une ferme de la Mitidja. Il en eut deux fils élevés comme les autres princes, mais qui, à l'âge de vingt ans, portaient ombrage à l'héritier, Sidi Mohammed, le père du sultan actuel, à cause de leur caractère ardent et de leur vive intelligence. Ils furent empoisonnés, moyen de se débarrasser des personnes gênantes qui n'est pas seulement employé dans le harem ; il est partout en usage au Maroc. Les empoisonnements sont plus faciles au harem qu'ailleurs, ils n'y sont pas plus fréquents. Lorsqu'un sultan meurt, ses femmes ne passent pas à son successeur, qui monte à son usage un harem nouveau : elles sont envoyées dans le Sous, où elles vivent dans des sortes de zaouïa d'une vie monastique et corrompue, différant assez peu de celle qu'elles menaient du vivant de celui qui était aussi bien, sinon plus, leur maître j'allais dire leur propriétaire, que leur époux.

On voit donc que ce n'est pas au harem qu'il faut attribuer la débilité intellectuelle de la plupart des souverains du Maroc. Elle tient à d'autres causes qu'il serait long d'exposer. La première de toutes est l'ignorance profonde, presque invraisemblable, du sultan et de ceux qui l'entourent. En dehors du Coran et du Bokhari, ils n'ont rien lu, ils ne savent rien. Je citerai quelques faits pour donner une idée de cette ignorance, qui dépasse ce qu'on peut imaginer de plus extravagant. Causant un jour avec un Français de la frontière commune du Maroc et de l'Algérie, le sultan ne paraissait pas se rendre compte de la situation de cette frontière; pour la lui expliquer, le Français s'empressa de mettre sous ses yeux une carte dressée lors des négociations de 1845, où les noms des localités, des montagnes, des cours d'eau, sont écrits en arabe. Le sultan fut tout surpris. Il n'avait jamais vu cette carte, dont plusieurs exemplaires avaient pourtant été remis aux négociateurs marocains au moment où la frontière a été fixée; naturellement ces exemplaires sont égarés, oubliés, perdus. Le sultan ne voulut pourtant pas être humilié par notre carte, et pour prouver à son interlocuteur que le Maroc était, sous ce rapport comme sous tous les autres, aussi bien fourni que la France, il lui dit : « Moi aussi, j'ai une carte.

Je crois même qu'elle vaut mieux que la tienne. »
Appelant aussitôt son chambellan, il se fit apporter
la carte en question. Le Français fut assez surpris
de voir arriver une sorte de boîte étroite et longue
semblable à celles dans lesquelles on met les ombrelles; il fut encore plus surpris de voir sortir de
cette boîte quelque chose qui ressemblait, en effet, à
une ombrelle, une sorte de manche autour duquel
s'enroulait une étoffe. Mais, en ouvrant l'étoffe, elle
formait un globe terrestre dont le manche était l'axe.
Le sultan paraissait très fier de son joujou, et le présentant au Français avec un certain orgueil, il lui
dit : « Étudions plutôt sur ma carte, à moi, la frontière du Maroc et de l'Algérie. » Hélas! le Maroc
avait sur cette mappemonde la grandeur de l'ongle
du petit doigt; et, quant à la Moulouïa ou aux montagnes des environs, on n'en distinguait même pas la
trace. Il fallut expliquer au sultan que sa carte était
excellente pour connaître le monde, mais médiocre
pour connaître le Maroc et l'Algérie. « C'est
vrai, répondit-il; aussi j'avais demandé à un Européen de mes amis, de me faire faire une carte
particulière et complète du Maroc qui fut ainsi sur
un globe; mais il a prétendu, je ne sais pourquoi,
que cela n'était pas possible. Je lui ai proposé alors
de me faire un globe terrestre comme celui-ci, dont

le Maroc tiendrait tout un côté et le reste du monde l'autre, mais il a soutenu, je ne sais toujours pas pourquoi, que c'était encore plus difficile. J'en suis fâché; car il est bien commode, en voyage d'avoir une carte ronde qui s'ouvre et se ferme à volonté. »
Au fond, le pauvre sultan était chagrin de voir le Maroc si petit; il aurait voulu se persuader que son empire couvrait presque toute la terre. Il ignorait où était le Tonkin, et s'imaginait que c'était une province d'une étendue insignifiante. En toutes choses, ses connaissances sont celles d'un enfant. Il ne sait des événements contemporains et de la politique générale que ce que lui en ont appris des ambassadeurs ou des agents diplomatiques intéressés à le tromper. Il croyait, à notre arrivée à Fès, que la première puissance militaire de l'Europe était l'Italie. Il n'était pas même informé de l'état de l'Afrique. Ç'a été pour lui l'objet d'un vif étonnement d'apprendre qu'il y avait encore un bey de Tunis, touchant une liste civile, ayant une maison royale et des ministres. On lui avait dit que nous avions chassé le bey de ses États. Il n'a pas de notions plus exactes sur les chemins de fer. Il demandait avec curiosité combien d'heures il faudrait pour aller en chemin de fer de Tanger à Fès et de Fès à Mèknès, et, quand on lui répondait que le premier

trajet pourrait se faire en six ou huit heures et le second en deux heures, il réprimait mal un sourire d'incrédulité. Il est curieux comme tous les Arabes, mais il est méfiant comme tous les hommes ignorants. Pour comprendre quelque chose à la civilisation européenne, il aurait besoin de la voir de ses yeux, de la toucher du doigt. Seulement, s'il partait pour l'Europe, il serait aussitôt détrôné. Bien plus, il ne lui serait peut-être pas possible d'aller à Tanger, où il n'a jamais mis les pieds, sans qu'aussitôt un des innombrables chérifs qui aspirent à le remplacer sur le trône soulevât le fanatisme musulman contre un sultan qui mériterait, comme le reformateur Mahmoud, le nom de sultan giaour.

Ses ministres, — à l'exception de celui qui traite à Tanger avec les légations européennes, Si-Bargache, lequel est plutôt une sorte d'ambassadeur auprès de l'Europe entière qu'un ministre, — n'ont pas beaucoup plus d'instruction que lui. Le grand vizir en particulier est d'une ignorance profonde. Croirait-on qu'étant presbyte, il ne savait pas qu'il y eût des lunettes qui pourraient remédier au défaut de sa vue? Quand on lui a parlé d'une loupe, avec laquelle tous les caractères d'une lettre ou d'un livre lui apparaîtraient énormément grossis, il a presque cru qu'on se moquait de lui. Son secrétaire pour les affaires étrangères, homme si intelligent pourtant, Si-Fédoul, était tout surpris de voir du papier de trace. Un papier qui buvait de l'encre sans l'étaler, quelle merveille! Pour mettre le comble à sa surprise, nous lui offrîmes un bâton d'une sorte d'encre de Chine employée en Orient et en Algérie pour les cachets qui servent de signatures: de l'encre en bâton, voilà encore ce que n'aurait jamais imaginé l'homme à l'esprit le plus ouvert du gouvernement marocain! Il n'y a pas plus d'art que de science au Maroc. Ces cachets qui servent de signatures sont parfois en Orient et en Algérie des chefs-d'œuvre d'ornementation. Ceux du Maroc sont d'une grossièreté, d'une lourdeur étonnantes. Le sultan lui-même en a un que le dernier des caïds algériens ou des écrivains des administrations de Constantinople rejetterait comme indigne de lui. Les plus raffinés des Arabes en sont devenus les plus barbares, et le Maghreb, où la civilisation musulmane a brillé du plus vif éclat, est le pays où le reflet en est le plus affaibli.

Comment un gouvernement composé d'hommes aussi primitifs ne serait-il pas un gouvernement de grands enfants? En réalité, il n'est pas autre chose. Il n'y a pas la moindre différence pour les Marocains entre les affaires sérieuses et celles qui ne le sont pas, ou plutôt tout est sérieux à leurs yeux, parce que la notion même de la frivolité n'entre point dans leur esprit. Souvent, lorsqu'on songe à traiter avec eux quelque grave question politique, on les trouve occupés d'un joujou quelconque, qu'ils regardent comme aussi intéressant que les questions politiques. Quelques jours avant notre arrivée à Fès, on avait consacré une semaine entière dans le gouvernement marocain à regarder manœuvrer une de ces poupées qui montent et descendent dans un bocal rempli d'eau. Cette invention-là paraissait au moins aussi curieuse au sultan, à ses ministres et à toute l'administration supérieure, que celle des chemins de fer ou du télégraphe. Tout le monde s'extasiait devant elle : impossible de parler d'un autre sujet ! De pareilles dispositions permettent, on le comprend, aux plus éhontés exploiteurs de s'avancer à peu de frais dans les bonnes grâces du gouvernement marocain. Il est fort dommage que les représentants des puissances ne puissent pas, sans quelque déshonneur, employer à le séduire les moyens qui y réussiraient le mieux. Ils s'embarrassent, en allant remettre leurs lettres de créance, d'objets de haut goût et de grand prix qui, le plus souvent, ne sont pas appréciés. S'ils portaient de simples jouets d'enfants à l'usage du sultan et des femmes de son harem, ils obtiendraient un succès éclatant. Un des officiers de notre mission militaire crut un jour faire un coup de maître en offrant à Moula-Hassan, au retour d'un voyage en France, un magnifique vase de Sèvres qui ne valait pas moins de 50 000 francs. Le sultan, après l'avoir longtemps regardé, se tourna vers l'officier : « Voilà ton cadeau? Tu aurais pu du moins le choisir neuf; or, il n'est pas neuf, car il a un trou au fond. » Moula-Hassan prenait pour une fêlure le trou de dégagement des eaux. Le vase de Sèvres dédaigné gît dans un grenier, tandis que le sultan montre à ses intimes, comme une chose rare, belle et précieuse, une montre dont le ressort fait mouvoir une image obscène; il la tient d'un drogman peu scrupuleux, mais parfaitement au fait des goûts du Maroc. C'est à l'aide d'objets de ce genre que les monteurs d'affaires arrivent à l'exploiter. Même lorsqu'il fait en Europe une commande utile, ce n'est jamais sans enfantillage qu'il la fait. Le grand vizir ou tout autre désire-t-il toucher un pot-de-vin, il s'arrange avec un entrepreneur européen et persuade au sultan d'acheter, par exemple, une batterie de canons. On s'entend sur les prix, qui sont exorbitants. Mais, durant quelques jours, on ne parle au palais que de la batterie merveilleuse dont on vient de faire l'acquisition. Le sultan aura bientôt les plus beaux canons du monde; ses ennemis n'ont qu'à se bien tenir. Toutes les personne qu'on rencontre parlent canon, gloire et conquêtes. C'est l'unique objet des préoccupations et des conversations. Il absorbe tous les esprits. L'enthousiasme est général. Au bout d'une semaine, personne n'y pense plus. Les canons sont loin, il faut des mois pour les transporter à travers un pays sans routes. Quand ils arrivent, on a oublié combien on les avait admirés avant de les voir. C'est une fantaisie qui a fui depuis longtemps.

Cet enfantillage des Marocains éclate à chaque instant dans leurs rapports avec les Européens à leur service. Notre mission militaire en constate chaque jour de nouvelles manifestations. Le médecin de cette mission me racontait qu'un vendredi, à midi, comme il se mettait à table, il vit venir à toute bride deux cavaliers qui lui dirent : « Dépêche-toi; suis-nous, le sultan veut te parler au sortir de la mosquée. » A cette heure-là, je l'ai dit, le sultan fait la sieste et ne reçoit personne; il fallait un sujet bien grave pour qu'il changeât ses habitudes. Le médecin s'habille en toute hâte; les deux cavaliers le pressaient : « Tu ne vas pas assez vite ! Le sultan s'impatientera ! » Enfin, on part, on arrive : c'était à Meknès, où les rues sont singulièrement étroites, et, comme il était vendredi et qu'on sortait de la mosquée, une foule énorme se pressait. Les cavaliers filent ventre à terre, écrasant les passants pour faire place au médecin. A coup sûr, il y eut des bras et des jambes cassés dans la bagarre ; mais qu'importe lorsqu'il s'agit du service du sultan ! Le médecin arrive ; il croise d'abord le ministre de la guerre. « Le sultan te demande pour une affaire urgente ! Presse donc ta monture. » Plus loin, il rencontre le grand vizir : « Ah ! te voilà ! le sultan désire ardemment te parler. » Le médecin fait faire un dernier effort à son cheval, il tombe comme la foudre aux pieds du sultan. Celui-ci lui montre une ceinture métallique qu'on lui avait envoyée, il lui en demande curieusement l'usage. Et c'est pour avoir ce renseignement que la population de Meknès avait été foulée et que plusieurs personnes resteront toute leur vie estropiées ! Un autre jour, le chef de la mission militaire fut convoqué, avec tout son personnel, à une audience chez le sultan. Il crut qu'il s'agissait d'une grande réforme à opérer dans l'armée. Il se mit donc et fit mettre ses collaborateurs en grand uniforme et se rendit, à l'heure indiquée, au palais. Il commença par attendre longtemps, très longtemps. Mais il se consolait, pensant qu'on étudiait sérieusement les propositions qu'on allait lui faire. Au bout d'une heure à peu près, le grand chambellan parut les mains remplies de boites. « Le sultan t'a fait prier de venir, dit-il au chef de la mission militaire, afin que tu examines ces boites. — Mais, s'écrie celui-ci, ce sont des boites de confitures anglaises! C'est facile à voir, puisque c'est écrit dessus. — Oui, mais ces confitures sont-elles bonnes? Sont-elles malsaines? avec quels fruits sont-elles faites? — Pardon, répond le chef de la mission militaire, je suis au Maroc pour faire manœuvrer des canons et non pour goûter des confitures. S'il vous faut un officier pour cela, les confitures sont anglaises, vous avez un officier anglais, donnez-les-lui! — Ah! non, réplique vivement le chambellan; c'est précisément parce que les confitures sont anglaises que nous ne voulons pas les montrer à un Anglais; il manquerait d'impartialité; il n'y a qu'un Français qui puisse nous dire ce qu'elles valent. » — La mission militaire sortit un peu découragée du palais. A quelque temps de là, l'officier qui la commande, ayant envoyé un projet de règlement au ministre de la guerre, reçut l'ordre de passer immédiatement chez ce dernier. Il allait enfin discuter son projet : « — Tu as une espèce d'intrument chez toi qui marque la pluie et le beau temps, lui dit le ministre en le voyant entrer. Je voudrais bien savoir s'il fera beau demain et si je pourrai aller me promener à la campagne avec mon harem. » J'aurais dû intituler ce chapitre : « De l'usage qu'on fait au Maroc des missions militaires ! »

XII

FÈS

Pendant les trois jours de notre captivité, avant l'audience du sultan, nous n'avions pu voir de Fès que les terrasses, chargées de femmes, qui s'étendaient en étagères au-dessous de notre jardin. Nous en avions profité pour étudier l'histoire d'une ville qui avait à nos yeux un vif intérêt de curiosité. Il devient de plus en plus rare et difficile de rencontrer une cité arabe immaculée. La plus belle, la plus charmante de toutes, le Caire, est tellement envahie par l'Europe, qu'à peine y trouve-t-on quelques quartiers perdus au milieu des constructions modernes qui rappellent encore le passé évanoui. Damas est mieux conservé, bien que, là aussi, ce que nous nommons le progrès, la civilisation, ait largement pénétré. Et puis, les Turcs règnent depuis des siècles à Damas, race barbare et brutale qui souille et dépoétise tout ce qu'elle touche. Jérusalem est aux trois quarts chrétienne, et de plus en plus la vieille ville, heureusement intacte, se voit écrasée sous une ville neuve de couvents, d'hôpitaux et d'églises, où tous les peuples d'Europe rivalisent de mauvais goût. Il restait à l'islamisme deux asiles à peu près inviolés, — car je ne parle pas de La Mecque, où l'art n'a jamais brillé à côté de la religion, — Kairouan et Fès. Nous sommes entrés en maîtres à Kairouan : les mosquées en ont été profanées par les bottes de nos soldats. Fès seule est encore vierge de toute insulte. Les Européens peuvent y séjourner, mais aucun ne s'y est fixé, aucun n'y a bâti, aucun surtout n'a mis un pied téméraire dans ses mosquées vénérées. Nos modes, nos industries, nos mœurs, notre religion, n'y sont pas moins inconnues que méprisées. Rien n'y distrait de la vie arabe, qui se déroule là dans toute sa pureté; si bien que, quand on a passé quelques semaines à Fès, on ne se sent pas moins éloigné de l'Europe dans le temps que dans l'espace; on est rejeté de plusieurs siècles en arrière; on a remonté le cours des âges pour s'arrêter, non pas, hélas! à l'époque glorieuse où le Maroc était le rendez-vous de toutes les sciences et de tous les arts, qui se répandaient de là sur l'Europe, mais à l'époque postérieure où l'islamisme, chassé d'Espagne, se repliait sur lui-même en Afrique, cherchant à échapper à l'inévitable décadence par un retour à la sainte ignorance et au plus aveugle fanatisme.

On comprend donc à quel point il me tardait, à moi qui ai visité tour à tour le Caire, Damas, Jérusalem et Kairouan, de pouvoir parcourir Fès à mon gré. Je savais que, pour la plupart des musulmans d'Afrique, elle est la première ville sainte après La Mecque. Sa sainteté provient, et de son origine, et du rôle glorieux qu'elle a joué dans l'histoire de l'islamisme. Tant que la puissance arabe s'est maintenue dans tout son éclat, Fès en a été en quelque sorte le centre et le foyer. Même lorsque des rivales heureuses, comme Maroc, lui enlevaient le privilège d'être la capitale politique du Maghreb, elle n'en demeurait pas moins, grâce à ses célèbres écoles, à ses fameuses mosquées, à ses tombeaux illustres, la capitale intellectuelle et morale de l'Occident musulman. C'est que la bénédiction de son fondateur était sur elle. Ce fondateur, on le sait, fut le second des imans édrissites, Edriss-ben-Edriss, une des plus nobles figures de l'islamisme. Chassé de l'Arabie en l'an 788 de Jésus-Christ, son père, cinquième descendant d'Ali, gendre du Prophète, était arrivé en proscrit au Maroc; les Berbères l'y reçurent en maître et l'y proclamèrent leur chef et leur iman. Comme il convenait à un chercheur d'aventures, sa première résidence avait été en pleine montagne, dans le Djebel-Zerhoum; Oualily, la Volubilis des Romains, était devenue sa capitale. Mais son fils, partout victorieux dans le présent, parfaitement assuré de l'avenir, jugea que la ville d'Oualily était trop petite pour son empire naissant, dont il entrevoyait les glorieuses destinées. Il choisit donc différents lieux pour la construction d'une ville nouvelle. Seulement, chaque fois qu'il en avait jeté les fondements, une crise de la nature, des torrents débordés, des tempêtes subitement déchaînées, des fleuves sortis de leurs lits les emportaient en quelques heures. C'est ainsi que la volonté de Dieu se manifestait. Tout saint qu'il fût, Edriss-ben-Edriss ignorait peut-être une prophétie du Prophète (que Dieu le bénisse et le sauve!) dont « les propres paroles » ont été rapportées, longtemps après la fondation de Fès, il est vrai, ce qui ne doit rien enlever de leur mérite aux yeux des gens de foi, dans le livre d'Edraiss-ben-Ismaël-Abou-Mimouna, lequel a écrit de sa « propre main » ce ce qui suit : « Abou-Medhraf d'Alexandrie m'a dit qu'il tenait de Mohammed-ben-Ibrahim-el-Mouaz, lequel le tenait d'Abd-er-Rhaman-ben-el-Kassem, qui le tenait de Malek-ben-Ans, qui le tenait de Mohammed-ben-Chahad-el-Zahery, qui le tenait de Saïd-ben-el-Mezzyb, qui le tenait d'Abou-Herida, lequel avait entendu de Sidi-Mohammed lui-même (ie Dieu le sauve et le bénisse!) la prophétie suivante : Il s'élèvera dans l'Occident une ville nommée Fès, qui sera la plus distinguée des villes du Maghreb; son peuple sera souvent tourné vers l'orient; fidèle au sonna et à la prière, il ne désertera jamais la vérité, et Dieu gardera ce peuple de tous les maux jusqu'au jour de la résurrection. » Ayant donné lui-même son nom à la ville, comment Mohammed n'en aurait-il pas fixé l'emplacement? Il s'agissait donc de trouver ce lieu prédestiné. Edriss-ben-Edriss chargea son ministre Ameïr-ben-Mozzhab-el-Azdy de le découvrir. Celui-ci parcourut à cet effet Fhahs-Saïs, et s'arrêta aux sources de la rivière de Fès, qui jaillissent au nombre de plus de soixante, sur un beau terrain couvert de romarins, de cyprès, d'acacias et autres arbres. « Eau douce et légère, dit Ameïr après avoir bu à ces sources, climat tempéré, immenses avantages!... Ce lieu est magnifique! Ces pâturages sont encore plus vastes et plus beaux que ceux du fleuve Sbou! » Puis, en suivant le cours de la rivière, il arriva à l'endroit où la ville de Fès fut bâtie; c'était un vallon situé entre deux hautes montagnes richement boisées, arrosé par de nombreux ruisseaux, où tout paraissait disposé pour un bel établissement. Edriss-ben-Edriss donna l'ordre d'y élever la ville dont il se proposait de faire le siège de sa puissance. Comment lui assigna-t-il le nom de Fès, c'est ce qu'on ignore, puisqu'il ne savait pas lui-même que Mohammed avait décidé qu'elle s'appellerait ainsi. Les uns disent qu'un vieux solitaire chrétien lui ayant appris qu'il avait existé à la même place une ville détruite depuis dix-sept cents ans et qui avait porté le nom de *Sèf*, il voulut renouer le cours des âges et rendre à la nouvelle ville le nom de sa devancière; les autres affirment qu'Edriss ayant pris part aux constructions, les maçons et les artisans lui offrirent un fès (pioche) d'or et d'argent, et que, les travailleurs répétant sans cesse entre eux : « Donne le fès; creuse avec le fès, » le nom de Fès en serait resté à la ville.

L'auteur d'un savant livre *El-Istibsar-fi-Adjeïb-el-Amzar* (*Considération sur les merveilles des grandes villes*) rapporte qu'en creusant les premiers fondements du côté du midi, on trouva un grand fès pesant 60 livres et ayant quatre palmes de long sur une palme large, et que c'est cela qui fit appeler la ville Fès. Bien d'autres histoires de la même valeur sont racontées par des auteurs graves : *grammatici certant;* mais mon opinion personnelle est qu'Edriss-ben-Edriss a obéi d'instinct aux volontés de Mohammed, dont le témoignage nous est parvenu par une chaîne d'irrécusables autorités. Quoi qu'il en soit de ce problème étymologique, au moment d'entreprendre les premiers travaux, l'iman Edriss leva les mains au ciel et dit : « O mon Dieu, faites que ce lieu soit la demeure de la science et de la sagesse ! Que votre livre y soit honoré et que vos lois y soient respectées ! Faites que ceux qui l'habiteront soient fidèles au sonna et à la prière aussi longtemps que subsistera la ville que je vais bâtir ! » Et, quand celle-ci fut achevée, l'iman Edriss monta en chaire un jour de vendredi, et, levant encore les mains au ciel, il s'écria : « O mon Dieu, vous savez que ce n'est point par vanité, ni par orgueil et pour conquérir des grandeurs et de la renommée que je viens d'élever cette ville ! Je l'ai bâtie, Seigneur, afin que tant que durera ce monde, vous y soyez adoré, que votre livre y soit lu et qu'on y suive vos lois, votre religion et le sonna ! O mon Dieu, protégez-en les habitants, et ceux qui viendront après eux; défendez-les contre leurs ennemis, dispensez-leur les choses nécessaires à la vie, et détournez d'eux le glaive du malheur et des dissensions, car vous êtes puissant sur toutes choses! » Nobles vœux qui ont été exaucés, puisqu'à l'heure actuelle Fès est encore un des meilleurs refuges du sonna et de la prière, un des derniers et des plus résistants boulevards de l'islamisme.

J'emprunte tous les détails que je viens de donner au *Roudh-el-Kartas* (le Jardin des feuillets), qui est la source la plus précieuse de renseignements sur l'histoire de Fès. On ne saurait mettre en doute la parfaite exactitude de ce livre, destiné à faire connaître la vérité sur la ville sainte à tous les esprits curieux « aussi longtemps, — comme dit en son style l'auteur de ce jardin historique, — aussi longtemps que les teintes variées de l'aurore coloreront le vêtement de la nuit, et que les oiseaux chanteront et gazouilleront sur les arbres ». Ce livre nous apprend sur Fès bien d'autres détails intéressants. Et d'abord, il nous fait savoir qu'il faut cinq choses à une ville, « à ce qu'ont dit les philosophes », pour être réellement agréable : eau courante, bon labour, bois à proximité, constructions solides, et un chef qui veille à sa prospérité, à la sûreté de ses routes et au respect dû à ses habitants. Aucune de ces cinq qualités n'ayant jamais manqué, paraît-il, à Fès, les philosophes ont toujours dû reconnaître en elle la reine des cités. Sa grande supériorité vient surtout de son eau, qui réunit en elle les dons les plus exquis. L'Oued-Fès, qui se nomme aussi l'*Oued-Djouari*, ou le ruisseau des Perles, sans doute à cause de tous ses mérites, « partage la ville, dit l'auteur du *Roudh-el-Kartas*, en deux parties, donne naissance, dans son intérieur, à mille ruisseaux qui portent leurs eaux dans les lavoirs, les maisons et les bains, et arrosent les rues, les places, les jardins, les parterres, font tourner les moulins, et emportent avec eux toutes les immondices ». Ce dernier détail est d'une parfaite exactitude. Fès n'est pas, comme Damas et Constantinople, remplie de chiens chargés de l'entretien de la voirie; ce soin n'y est pas, comme autrefois au Caire, à la charge du soleil, qui pénètre mal, d'ailleurs, dans ses rues trop étroites, ou à la charge des aigles et des vautours, qui sont rares dans cette contrée. Le nettoyage public est expéditif et simple. Lorsque dans les rues les boues, les charognes et les tas d'ordures se sont accumulés au point d'entraver la circulation, on ouvre les vannes qui retiennent l'eau de l'Oued-Fès, et on lâche la rivière à travers la ville. Elle descend en bondissant, en formant mille cascades sur les pentes abruptes, et emporte avec elle les amas d'immondices. Parfois elle emporte aussi des animaux vivants, des

15.

meubles, des marchandises; mais on ne s'en tourmente pas outre mesure. C'est en plein jour, au moment où l'action commerciale est la plus grande que l'on effectue l'opération, bien entendu sans prévenir personne. Passants, marchands, chalands, femmes et enfants voient tout à coup arriver les eaux et s'en tirent comme ils peuvent, mais aussi, avouons-le, sans que cela paraisse les émouvoir en rien. Quelques-uns d'entre nous avaient eu l'occasion d'assister à une de ces scènes, toujours pittoresques. Par bonheur pour eux, ils étaient à cheval; mais leur escorte était à pied. Au moment où ils débouchaient dans une des rues principales, le torrent dégringola vers eux; en une seconde, l'eau était à la hauteur du poitrail de leurs montures. Les malheureux soldats qui les accompagnaient barbotaient à côté d'eux, noyés jusqu'à la poitrine. Quand le nettoyage est jugé suffisant, on ferme les vannes; l'eau s'écoule lentement, laissant çà et là, dans les ornières, des flaques plus ou moins putrides. Qu'importe! la ville est réputée propre jusqu'à la prochaine lessive.

Mais il ne faudrait pas croire que l'eau de l'Oued-Fès, ne servît qu'à balayer les rues. « L'Oued-Fès dont l'eau, dit l'auteur du *Roudh-el-Kartas*, l'emporte pour la douceur et la légèreté sur les meilleures eaux de la terre, sort de soixante sources qui dominent la ville. Cette rivière traverse d'abord une grande plaine couverte de gossampins et de cyprès; puis, serpentant à travers les prairies toujours vertes qui avoisinent la ville, elle entre à Fès... Ses propriétés sont nombreuses : elle guérit de la maladie de la pierre et des mauvaises odeurs; elle adoucit la peau et détruit les insectes; on peut sans inconvénient en boire en quantité à jeun, tant elle est douce et légère, qualités qu'elle acquiert en coulant à travers le gossampin et le cyprès. » Je dois avouer que l'eau de Fès ne m'a paru ni douce ni légère; elle est très chargée de terre, et l'on ne peut la boire qu'en la filtrant ou en la laissant déposer. Si elle guérit des mauvaises odeurs, il est dommage qu'on n'en fasse pas un plus grand usage; car sur tous les quartiers de la ville planent d'abominables parfums. Il est une autre de ses qualités au sujet de laquelle je me permets d'émettre quelques doutes. Le médecin Bed-Djenoun rapporte que, « bue à jeun, cette eau rend plus agréables les plaisirs de l'amour ». Bue à jeun, voilà qui est précis; mais Bed-Djenoun ne dit pas s'il est permis de manger après avoir bu ou si l'expérience tout entière doit être faite à jeun, la force de l'eau suppléant à tout; les médecins arabes ne sont jamais complets. De plus l'eau de Fès « blanchit le linge sans qu'il soit nécessaire d'employer de savon, et elle lui donne un éclat et un parfum surprenants. On tire de l'Oued-Fès des pierres précieuses, qui peuvent remplacer les perles fines. On y trouve aussi des *cheratyn* (écrevisses) qui sont très rares dans les eaux de l'Andalousie, et on y pêche plusieurs espèces de poissons excellents et très sains, tels que *el-boury* (le mulet), *el-seniah*, *el-lhebyn* (cyprinum), *el-bouka* (murex) et autres. En résumé, dit l'auteur du *Roudh-el-Kartas*, l'Oued-Fès est supérieur aux autres rivières du Maghred par ses bonnes et utiles qualités ». Mais, après ce résumé, il nous donne encore un détail précieux : « Ce qui distingue Fès des autres villes, dit-il, c'est que les eaux de ses fontaines sont fraîches en été et chaudes en hiver, tandis que celles de la rivière et des ruisseaux, qui sont froides en hiver, sont chaudes en été, de sorte qu'en toute saison on a de l'eau froide et de l'eau chaude à volonté pour boire, faire des ablutions et prendre des bains.»

Pour le coup, ce dernier renseignement est absolument faux ! L'eau de Fès, qu'elle provienne des fontaines ou des rivières, est froide en hiver et chaude en été. Aussi contribue-t-elle à rendre le climat de la ville singulièrement désagréable. Il n'en est pas de plus malsain. En plein mois de mai, par les journées les plus brûlantes, nous avions peine à supporter l'excessive humidité dont nous étions enveloppés. M. Henri Duveyrier, qui faisait chaque jour des observations météorologiques, ne trouvait presque pas de différence entre le thermomètre sec et le thermomètre humecté. Nous étions dans une atmosphère saturée d'eau, dans une étuve véritable. Aussi nous réveillions-nous chaque matin tout mouillés dans nos lits. Les murailles de nos maisons étaient profondément salpêtrées; on les avait recouvertes, pour nous recevoir, de beaux *haïtis* en velours et en soie que j'ai décrits : ils étaient neufs à notre arrivée, à notre départ ils étaient moisis. Il paraît qu'en été l'humidité est plus intolérable encore. Sous prétexte de rafraîchir l'atmosphère, on lâche l'eau dans tous les jardins, qu'enveloppe incessamment une sorte de buée chaude que les indigènes peuvent seuls trouver de leur goût. Au printemps, les orages sont fréquents à Fès. Nous en subissions un presque tous les soirs durant notre séjour. Au reste, c'est peut-être à ces conditions climatologiques, qui nous ont paru pénibles surtout parce que nous ne nous attendions pas à les rencontrer en Afrique et que nous vivions sur la légende du Maroc, pays d'Orient, c'est à cela peut-être que Fès doit la beauté vraiment éclatante de ses jardins. A cet égard, l'enthousiasme de l'auteur du *Roudh-el-Kartas* n'est pas trop exagéré, et il est presque dans le vrai lorsqu'il dit : « On trouve à Fès les plus belles fleurs et les meilleurs fruits de tous les climats. L'*adaoua* (le quartier) el-Kairouayn surpasse cependant l'autre adaoua par l'eau délicieuse de ses ruisseaux, de ses fontaines intarissables et de ses puits profonds; elle produit les plus savoureuses grenades au grain jaune du Maghreb, et les meilleures qualités de figues, de raisins, de pêches, de coings, de citrons et de tous les autres fruits d'automne. L'adaoua-el-Andaous, de son côté, donne les plus beaux fruits d'été, abricots, pêches, mûres, diverses qualités de pommes, *abourny, thelkhy, khekhy*, et celles dites de Tripoli, à peau fine et dorée, qui sont douces, saines et parfumées, ni grosses ni petites, et les meilleures du Maghreb. Les arbres plantés à Merdj-Kertha, situé au dehors de la porte Beni-Messafar, produisent deux fois par an et fournissent en toute saison à la ville une grande quantité de fruits. Du côté de Bab-el Cherky, de l'adaoua el-Kairouayn, on moissonne quarante jours après les semailles; l'auteur de ce livre atteste avoir vu semer en cet endroit le 15 avril et récolter, à la fin du mois de mai, c'est-à-dire quarante-cinq jours après, d'excellentes moissons, et cela en 690 (1291 après J.-C.), année de vent d'est continuel et durant laquelle il ne tomba pas une goutte de pluie, si ce n'est le 12 avril. » Que serait-il donc arrivé si la pluie était tombée à foison, comme dans les années ordinaires ?

Cette merveilleuse richesse des jardins et des pâturages de Fès explique l'admiration qu'elle a inspirée aux poëtes arabes. Peuple habitué à l'aridité des déserts, partout où ils rencontrent de l'eau, de la verdure et des fruits, les Arabes croient voir un fragment du paradis tombé par hasard sur notre globe. Ceux qui ont chanté Fès l'ont fait avec une ardente conviction. « O Fès ! s'est écrié *le docte et distingué* Abou-el-Fadhl-ben-el-Nahouy, toutes les beautés de la terre sont réunies en toi ! De quelle bénédiction, de quels biens ne sont pas comblés ceux qui t'habitent ! Est-ce la fraîcheur que je respire, ou est-ce la santé de mon âme ? Tes eaux sont-elles du miel blanc ou de l'argent ? Qui peindra tes ruisseaux, qui s'entrelacent sous terre et vont porter leurs eaux dans les lieux d'assemblées, sur les places et sur les chemins ? » Et un autre illustre écrivain, *le docte et très savant* Abou-Abd-Allah el-Maghyly, étant cadi à Azimour, a dit ce qui suit dans une de ses odes à Fès : « O Fès ! que Dieu conserve ta terre et tes jardins et les abreuve de l'eau de ses nuages ! Paradis terrestre qui surpasse en beauté tout ce qu'il y a de plus beau et dont la vue seule charme et enchante ! Demeures sur demeures aux pieds desquelles coule une eau plus douce que la plus douce liqueur ! Parterres semblables au velours, que les allées, les plates-bandes et les ruisseaux bordent d'une broderie d'or ! Mosquée el Kairouayn, noble nom ! dont la cour est si fraîche dans les plus grandes chaleurs !... Parler de toi me console, penser à toi fait mon bonheur ! Assis auprès de ton admirable jet d'eau, je sens la béatitude ! et, avant de le laisser tarir, mes yeux se fondraient en pleurs pour le faire jaillir encore ! »

Cette ville si belle, au dire des poètes arabes, a cela de commun avec Rome, du moins à ce qu'affirme le proverbe, qu'elle n'a pas été bâtie en un jour. Sous la domination des Zénéta, elle fut considérablement agrandie. C'est à l'époque des Almohades qu'elle atteignit toute la splendeur de la richesse, du luxe et de l'abondance. On y comptait alors 785 mosquées ou chapelles; 122 lieux aux ablutions à eau de fontaine ou de rivière; 93 bains publics; 472 moulins, non compris ceux du dehors. Sous le règne de Nasser, on voyait dans la ville 89 236 maisons; 19 041 *mesriza*, ou chambrettes indépendantes pour un homme seul; 467 *fondouk* ou caravansérails destinés aux marchands, aux voyageurs et aux gens sans asile; 117 lavoirs publics; plus de 1200 fours; 400 fabriques de papiers, etc. Un des plus brillants Mérinides, Abou-Youssef-Yacoub, la compléta, en 1276, par la construction d'une ville nouvelle, située à plus d'un kilomètre de l'ancienne, mais toujours sur l'Oued-Fès. « La ville fut fondée sous l'influence d'un astre propice et d'une heure bénie et heureuse, comme on l'a vu depuis, dit le *Roudh-el-Kartas*, puisque le califat n'a jamais péri dans ses murs, et que jamais un étendard ni une armée partis de son sein n'y sont rentrés vaincus ou en fuite ». La nouvelle ville fut appelée *Médinet-el-Beïda*, ou la *ville blanche*. Mais ce n'est pas le nom qu'elle porte d'ordinaire. On l'appelle *Fès-Djedid*, Fès la neuve, par opposition à l'autre ville, Fès l'ancienne, *Fès-Bali*. C'est à Fès-Djedid qu'est le palais du sultan et que réside le gouvernement. Il n'y a pas de ministères : toutes les administrations sont réunies dans le palais du sultan et dans ses dépendances, qui tiennent à peu près toute la ville neuve. Elle comprend en outre le mellah, ou quartier des juifs, placé sous la protection directe de l'empereur. La veille même du jour où les fondements de Fès-Djedid furent jetés, les juifs avaient été massacrés à Fès par les habitants, qui, ayant fait irruption chez eux, en tuèrent quatorze, et il n'en serait pas resté un seul si l'émir des musulmans n'était monté aussitôt à cheval pour arrêter le massacre, en faisant publier l'ordre formel de ne pas approcher des quartiers juifs. Mais cette mesure paraissant insuffisante, le mellah fut placé à côté même de la résidence impériale, où il est à la fois garanti et surveillé de très près par l'autorité.

Fès-Djedid offre plutôt l'aspect d'une sorte de citadelle que d'une ville. Elle est entourée de murailles crénelées singulièrement pittoresques, que dominent cinq ou six minarets délicieux. La nuit, au clair de lune, on dirait une de ces vieilles cités du moyen âge, surmontées de hautes tours, où une population restreinte s'enfermait pour se défendre. Les deux Fès s'étendent sur un espace de terrain d'une longueur considérable, mais très resserré dans sa largeur, au fond de la vallée qui forme le bassin de l'Oued-Fès, Fès-Djedid est à la tête des eaux, et c'est de là qu'on les lâche dans les rues de Fès-Bali, qui s'étale au-dessous, le long des pentes souvent fort raides de la vallée. Les habitants disent que l'ensemble de la ville a la forme d'un chacal dont le nouveau Fès serait la tête et le corps, et le vieux la queue. Cette comparaison vaut ce que valent les comparaisons arabes. Le chacal qui serait l'image de Fès aurait, comme les comètes, une queue énorme pour un petit corps; car la vieille ville est beaucoup plus grande et plus resserrée que la nouvelle.

« Les habitants de Fès, dit toujours le *Roudh-el-Kartas*, ont l'esprit plus fin et plus pénétrant que les autres peuples du Maghreb ; fort intelligents, très charitables, fiers et patients, ils sont soumis à leur chef et respectent leur souverain. En temps d'anarchie, ils l'ont toujours emporté sur les autres par leur sagesse, leur science et leur religion. » Tout ceci est d'une inexactitude absolue, et complétement démenti par l'histoire. Fès a toujours été, au contraire, une ville d'opposition, très difficile à manier, prompte à s'insurger, portée à la guerre civile, ne se soumettant qu'à la force et ne s'y soumettant que de mauvaise grâce. La plupart des sultans n'ont pu s'y faire admettre que les armes à la main. Le sultan actuel, Moula-Hassan, a subi la loi commune ; c'est en canonnant Fès qu'il a fait reconnaître son autorité. Ce qui donne à cette ville un tempérament si indocile, c'est la présence des nombreux chérifs, tous descendants de Mohammed, tous ayant, par suite, des droits au califat, qui y résident auprès des tombeaux des saints, ainsi que celle des marabouts et des docteurs, qui y habitent également. Elle est le centre des études théologiques du Maghreb, études qui développent l'esprit de contention et de critique beaucoup plus que celui de sagesse et de patience. Aussi le sultan préfère-t-il de beaucoup ses deux autres capitales, Maroc et Meknès, villes toutes militaires, où règne la plus parfaite discipline. S'il ne suivait que ses goûts, on le verrait rarement à Fès. Il est obligé, au contraire, d'y passer de longs mois, afin de décourager les révoltes latentes qui risquent constamment de s'y produire. Il y a eu sans cesse des insurrections à Fès. Durant tout le moyen âge, on allait jusqu'à se battre de quartier en quartier, tant les divisions et les discordes étaient entrées dans les mœurs. A l'avènement de Moula-Hassan, la ville s'était érigée en république. Aujourd'hui, la surface de Fès est calme; mais il n'est pas difficile de s'apercevoir que ce calme est assez mal assuré. Sous le respect extérieur dont on entoure le sultan se dissimulent à peine des sentiments qui tourneraient vite à l'insubordination. Lorsqu'une partie du harem impérial passe dans les rues de Maroc ou de Meknès, tout le monde se tourne au plus vite contre les murs et s'y colle fortement la figure pour ne pas le voir. A Fès, on juge plus prudent de ne jamais laisser sortir une femme du sultan; car elle courrait le risque de rencontrer non pas de l'impertinence à coup sûr, mais quelque froideur et peu d'empressement dans les égards qui lui sont dus. Qu'on n'aille pas croire toutefois, à quelque chose qui ressemble à l'irrévérence voltairienne des Parisiens. C'est par pur fanatisme, au contraire, que Fès est peu fidèle au sultan. Elle est toujours portée à ne pas le trouver assez saint et à lui préférer quelqu'un des descendants directs de l'iman Edriss-ben-Edriss, dont le tombeau, qu'elle garde avec un soin jaloux, fait d'elle, à ses propres yeux, la ville noble par excellence, après La Mecque, celle qui devrait donner et retirer le pouvoir, celle à laquelle devrait appartenir la domination de l'islam, et, partant, du monde entier.

Il est beaucoup moins aisé, surtout lorsqu'on fait partie d'une ambassade européenne, de visiter Fès que le Caire, Damas, Jérusalem, Kairouan. On ne peut s'y promener seul, en toute liberté, errer dans les bazars, se mêler à la foule, s'arrêter près des boutiques, causer avec les passants, surprendre la vie populaire dans ses manifestations spontanées. Pour conserver toute sa dignité, on ne doit sortir qu'à cheval ou à mulet; et, pour éviter tout désagrément, tout scandale qui dégénérerait fatalement en affaire diplomatique, on ne doit s'aventurer dans les rues qu'escorté d'un ou de plusieurs soldats. Je ne crois pas que la précaution soit indispensable; mais, si on négligeait de la prendre, on risquerait d'affliger le sultan, dont le plus vif désir est de voir les réceptions d'ambassade se passer toujours dans l'ordre le plus parfait. Aller à l'aventure, sans guide et sans défenseur, serait donc manquer aux convenances de l'hospitalité qu'on vous offre si largement. Il n'y faut pas songer. Mais il est bien clair qu'on voit très mal une ville qu'on ne voit qu'entre des soldats. Il est impossible d'en saisir la physionomie intime, d'en démêler le vrai caractère. On en est réduit à des impressions un peu sommaires, en partie inexactes sans doute, auxquelles on ne saurait se fier absolument. J'ai aperçu Fès, Dieu me garde de dire que je l'ai étudiée et comprise ! Les villes sont comme les hommes : on se trompe presque toujours lorsqu'on les juge sur l'apparence.

Je raconterai donc tout simplement quelques-unes de mes promenades dans Fès, sans chercher à tracer une peinture d'ensemble de cette étrange et célèbre capitale de l'Occident musulman. J'ai commencé à la parcourir, le soir même du jour où nous avions été reçus par le sultan. Nous étions rentrés assez tard de cette cérémonie; fatigués par la chaleur, nous nous étions reposés sous les ombrages de notre jardin jusqu'au coucher du soleil. La nuit venue, nous partîmes pour aller rendre au grand vizir, qui demeurait à l'autre bout de la ville, la visite qu'il nous avait faite le jour de notre arrivée. Nous étions précédés et suivis par une escouade de harabas, armés de leurs fusils, et de méchouaris, qui portaient de grandes lanternes comme on en voit partout en Orient. A peine étions-nous engagés dans les rues, qu'il nous semblait que nous avancions dans une ville fantastique, habitée par des fantômes. Les rues sont si étroites, qu'on ne peut guère y circuler plus de deux ou trois de front; et ce qui les fait paraître plus étroites encore, c'est la hauteur, qu'on croirait, la nuit, démesurée, des maisons qui les bordent. Il faut lever la tête avec effort pour distinguer au sommet de ces murailles sombres un ruban de ciel tacheté d'étoiles. On est en quelque sorte écrasé par l'obscurité qui vous domine. La faible lueur des lanternes, se reflétant sur les uniformes rouges des harabas et sur les robes blanches des méchouaris, laissait percer quelque clarté à nos pieds. Nous étions à cheval, dans une région intermédiaire entre la noire obscurité d'en haut et la tremblotante lumière d'en bas. Parfois nous passions sous des voûtes tellement basses qu'il fallait nous courber pour ne pas y heurter nos têtes; ailleurs, au contraire, des arcades légères réunissaient les étages supérieurs des maisons, semblables à des ombres projetées de la terre sur la ligne du ciel étoilé. Nous avancions sans mot dire, n'entendant d'autre bruit que les pas de nos chevaux et des soldats de notre escorte. Quand nous passions dans les quartiers les plus populeux, dans les bazars remplis de foule, le silence n'était pas moins profond. Sur les boutiques et le long des murs, des milliers de figures, immobilisées par la curiosité, contemplaient notre défilé ; les unes, celles des femmes, complètement voilées, sauf à la place des yeux, que la nuit ne nous permettait pas de distinguer, les autres, celles des hommes, entièrement découvertes, mais si fixes et si calmes, qu'elles en avaient perdu toute expression : aucune ne bougeait ; seuls, quelques enfants nous poursuivaient pour nous voir plus longtemps, et glissaient sans les frôler entre les jambes de nos montures ; ils tombaient parfois dans leur course, ils roulaient à terre, mais sans pousser un cri, pas même un soupir. De loin, nous apercevions bien du mouvement, comme un remous de têtes, comme un flottement de robes et de manteaux ; mais, dès que nous approchions, la vie s'arrêtait : chacun demeurait figé dans la pose où il se trouvait ; les marchands tendaient aux acheteurs des objets que ceux-ci ne touchaient pas ; les porteurs d'eau tenaient leur outre courbée sans l'ouvrir pour en laisser échapper le liquide ; de grands nègres hébétés retenaient d'une main une charge sur leur tête, l'autre restant projetée en avant dans un geste de surprise. Nous sommes allés à la maison du grand-vizir et nous en sommes revenus ainsi sans entendre une parole, sauf celles que nous prononcions nous-mêmes pour nous communiquer l'impression que cette scène fantastique produisait sur nous.

J'ai trouvé, depuis, le peuple de Fès un peu moins silencieux; toutefois, lorsque je me rappelais le vacarme qui s'élève sans cesse du Caire et qu'on entend, du haut de la montagne du Mokatam qui domine la ville, comme le bruit incessant de la mer venant battre le pied d'une falaise, je ne pouvais m'empêcher d'être surpris du grand calme de Fès. Dans notre jardin, qui surplombait plusieurs quartiers populeux, nous n'étions jamais troublés par la moindre rumeur. Dès que nous paraissions dans une rue, en plein jour comme la nuit, les conversations restaient suspendues, et c'est à peine si, de loin en loin, le cri de quelque marchand d'eau, de quelque vendeur à la criée, interrompait le silence universel. Lorsque nous nous arrêtions dans les bazars pour regarder quelque objet, aussitôt la foule se portait autour de nous; peu à peu elle nous entourait, elle nous pressait, elle se collait à nous, mais cela sans bruit, sans bavardage, sans rien qui rappelât les démonstrations exubérantes des Orientaux. On nous contemplait, et c'était tout. Les marchands n'éprouvaient pas le besoin, comme ceux du Caire, de Damas et surtout de Constantinople, de nous interpeller pour nous engager à faire de longues poses devant leurs boutiques; encore moins nous y invitaient-ils, comme ceux-ci, en nous offrant des tasses de thé ou de café; si nous voulions de notre plein gré faire des achats, ils nous répondaient poliment, mais froidement. Quand nos soldats bousculaient les passants, ceux-ci se laissaient faire sans protester. Et ce n'était pas seulement notre présence qui répandait partout une si grande tranquillité. Les habitants de Fès ne sont pas naturellement bavards. Si leur ville est inquiète, mécontente, frondeuse, elle n'est point tapageuse. Il y règne en apparence un calme profond. Au premier abord, on la trouve même triste. Les maisons, comme je l'ai dit, y sont très élevées, et les façades qui donnent sur les rues sont de simples murs droits, sans aucun ornement extérieur, presque sans aucune ouverture, percées seulement de loin en loin de toutes petites fenêtres qui ressemblent à des trous. Ici, rien ne rappelle les mille décorations de l'architecture du Caire; il n'y a ni encorbellements, ni moucharabiehs, ni moulures d'aucun genre. On est sans cesse entre deux murailles de prison, extrêmement hautes, et de plus fort sombres, car on comprend que le climat de Fès noircisse assez vite les constructions. La seule chose qui charme, ce sont ces légers arceaux, dont j'ai parlé, et qui vont d'une maison à l'autre, au-dessus de la rue. Il y en a parfois plusieurs l'un sur l'autre, et quand on regarde, d'une de ses extrémités, une rue s'allonger en s'amincissant, on dirait, à les voir s'étager en enfilade, une élégante galerie de mosquée. Les quartiers des bazars sont, il est vrai, plus variés. Là, des séries de petites boutiques, semblables, comme toutes les boutiques arabes, à de grandes armoires pratiquées dans les murs, ont de la couleur et de la vie; mais elles sont peu remarquables en elles-mêmes et la vulgarité des marchandises qui s'y étalent ne rachète pas la leur. Des petits auvents délabrés les surmontent, portant une ardente et souriante végétation. En passant à cheval, il faut se courber sans cesse pour ne pas renverser ces petits jardins suspendus; ce serait un crime de détruire l'unique gaieté des ruelles monotones! De gros pieds de vigne grimpent aussi de temps en temps contre les boutiques des bazars. J'en ai mesuré un qui n'avait pas moins de soixante-dix centimètres de tour, et dont les branches portaient en tout sens de larges feuilles vertes. On s'amuse à ces détails dans une ville que la nature a plus embellie que les hommes. Quelques groupes de femmes, apparaissant au sommet des maisons, sur les terrasses, comme des corniches multicolores; quelques fleurs poussant sur les boutiques, sont à coup sûr ce qu'on y voit de plus joli, de plus frais, j'allais ajouter de plus décoratif.

J'exagère cependant; car il y a deux choses admirables à Fès; ce sont les fontaines et les mosquées. Malheureusement on n'entre pas dans les mosquées, et c'est là, parait-il, que se trouvent les fontaines les plus parfaites. Il y en a pourtant un grand nombre d'autres qu'on ne se lasse guère de voir, soit dans les rues, soit dans les maisons particulières. Elles se composent généralement d'une vasque sans aucune originalité, disposée sous un arc tantôt en ogive, tantôt en plein cintre, tantôt en arc outrepassé, mais toujours fort élégant. Le fond de cet arc est tapissé d'une mosaïque de faïence, où se déploient tous les caprices ou plutôt tous les artifices de la décoration arabe. Les Marocains sont bien dégénérés; cependant ils ont conservé une grande habileté dans la fabrication de ces mosaïques, dont ils combinent les dessins et les couleurs avec une adresse merveilleuse. Une inscription arabe, généralement noire sur fond jaune, sert de bordure. Au milieu, des tuyaux assez vulgaires laissent échapper l'eau. Mais ce qui, avec les mosaïques, contribue à faire des fontaines de Fès une œuvre d'architecture accomplie, ce sont les auvents qui les surmontent. Ils forment une toiture en bois découpé, reposant sur de petites poutres sculptées avec une délicatesse extrême, au-dessous desquelles tombent des pendentifs en ruche d'abeille colorés des tons les plus variés. Tout cet ensemble est exquis, frais, harmonieux. Quant aux mosquées, je les ai vues aussi bien qu'on peut le faire sans y entrer. Il y en a trois principales à Fès: la mosquée des Cherfa (Cherfa est le pluriel de chérif) où se trouve le tombeau de l'iman Edriss-ben-Edriss, la mosquée El-Kairouayn et la mosquée des Andalous. Il est impossible même de s'approcher de la première, tant elle est sacrée. La petite rue qui y conduit ne doit jamais être souillée par les pas d'un chrétien ou d'un juif. Il a donc fallu me borner à en regarder de loin la porte, toute couverte de faïence, et qui me laissait apercevoir à l'intérieur des arabesques en plâtre dont je n'étais pas à même d'apprécier le travail à distance. A quelque heure que je sois passé en face de cette porte, il y avait toujours un grand nombre de dévots qui la franchissaient pour aller prier auprès des restes du saint fondateur de Fès. En revanche, rien ne m'a été plus aisé que de me faire une idée à peu près exacte des deux autres grandes mosquées. J'y ai été conduit à pied, par deux soldats de notre escorte, dont l'un, orné de magnifiques papillotes, était officier, jouissait d'une véritable autorité et paraissait dépouillé de tout fanatisme. Il me faisait arrêter longuement auprès de chacune des portes ouvertes de ces mosquées, pour que je pusse en bien voir l'intérieur. Personne d'ailleurs ne semblait y trouver à redire. Au contraire, les habitants de Fès avaient l'air assez fiers de l'admiration que je manifestais pour leurs plus beaux monuments. La veille, les mêmes soldats avaient accompagné M. Henry Duveyrier, qui voulait photographier les mosquées. On l'avait laissé faire en toute liberté. Bien des gens même s'étaient écartés spontanément pour lui permettre d'opérer. Je suis persuadé qu'il ne serait pas difficile de dessiner et de prendre tout ce qu'il est possible de voir des mosquées sans y entrer directement. Un jeune peintre de beaucoup de talent qui s'était joint à notre ambassade l'aurait fait sans doute, si, au lieu de rester trois semaines à Fès, nous y étions restés trois mois. Chaque fois qu'il s'est arrêté dans les rues pour travailler, il a été l'objet d'une curiosité fatigante, mais d'aucune malveillance.

La mosquée El-Kairouayn et la mosquée El-Andalous ont la même origine. Du temps d'Edriss, un grand nombre de familles de Kairouayn était venues s'établir à Fès : de ce nombre était celle de Mohammed-el-Fehery-el-Kairouayn, qui était arrivé de la province d'Ifrikya avec sa femme et ses deux filles. L'une de ces dernières s'appelait Fathma, l'autre, Meriem ; comme elles étaient toutes deux vertueuses et pieuses, elles résolurent d'employer la grande fortune qu'elles héritèrent de leurs parents à une œuvre pieuse qui leur méritât la bénédiction de Dieu. C'est pourquoi Fathma fit construire la mosquée El-Kairouayn et Meriem la mosquée El-Andalous. Je n'en finirais plus si je voulais raconter, d'après le *Roudh-el-Kartas*, toutes les merveilles qui accompagnèrent la construction de ces mosquées, tous les prodiges qui s'y produisirent, enfin tous les privilèges que le ciel accorda immédiatement à deux temples aussi saints que magnifiques. Naturellement, les historiens arabes ont prodigué là leurs plus naïves et leurs plus extravagantes légendes. Mais la mosquée El-Andalous n'a pas eu de destinées aussi glorieuses que la mosquée El-Kairouayn. Aujourd'hui encore, celle-ci est la grande mosquée de Fès qui vient immédiatement après la mosquée des Cherfa. La mosquée El-Andalous, située dans un quartier éloigné du centre de la ville, est moins fréquentée. Toutefois, sa porte d'entrée est un monument du plus grand style, un des plus accomplis que l'art arabe du Maghreb ait produits. Elle se compose d'un arc gigantesque qui, semblable à la plupart des arcs maghrebins, n'est pas formé d'une seule ligne courbe, mais d'une série de petits arcs reliées les uns aux autres et laissant pendre leurs extrémités, comme une légère dentelure, sur le vide de l'arcade. Cette recherche d'élégance, qui n'est pas sans mièvrerie, surtout dans une œuvre pleine de grandeur, n'est pas non plus sans grâce. Par un raffinement plus complet encore, les deux extrémités de l'arc, au lieu de se terminer en un simple lobe, se rattachent aux deux montants de la porte à l'aide d'une figure en forme d'S renversée du plus ingénieux effet. Au-dessus de cet arc, à la fois joli et puissant, le mur est couvert de décorations de faïences et d'inscriptions dont je ne tenterai même pas la description ; elle serait par trop imparfaite. Ces décorations, à leur tour, sont surmontées d'un auvent en bois, pareil à celui des fontaines, mais dans des proportions monumentales et avec une richesse de ciselures inimaginable. Enfin, le mur continue à s'élever, divisé en deux tourelles carrées qui portent, en guise de créneaux, une énorme végétation d'herbes folles, couronne de verdure posée par la nature sur une splendide œuvre d'art.

Cette superbe porte de la mosquée El-Andalous domine presque toute la ville comme une sorte d'arc de triomphe. La mosquée El-Kairouayn, au contraire, est située en plein bazar, au cœur même de la cité. S'il faut en croire le *Roudh-el-Kartas*, elle possédait, au temps de sa splendeur, 270 colonnes, formant 16 nefs de 21 arcs, chacune, tant en longueur qu'en largeur. « Dans chaque nef s'établissaient, les jours de prières, quatre rangs de 210 fidèles, soit 840 fidèles par nef, somme exacte, à n'en pas douter, puisque chaque arc contenait 10 hommes d'une colonne à l'autre. Pour avoir le nombre d'hommes qui pouvaient assister à la prière, on avait donc 16 fois 840, soit 13 440, total auquel il fallait ajouter 560, nombre des fidèles qui se plaçaient, au besoin, devant les colonnes, plus 2 700 que contenait la cour; plus, enfin, 6 000 autres qui priaient sans ordre dans la galerie, les vestibules et sur le seuil des portes, ce qui faisait en tout 22 700, nombre exact ou à peu près des personnes qui pouvaient, le vendredi, entendre ensemble la prière de l'iman, comme cela s'est vu aux époques florissantes de Fès. » Peut-être cela pourrait-il se voir encore. La mosquée El-Kairouayn est fort grande : elle a cinq portes donnant dans plusieurs rues, et je me suis arrêté devant trois d'entre elles qui permettent d'admirer l'étendue intérieure de l'édifice. Il n'offre à l'extérieur aucun intérêt. Les murs en sont droits, nus, sans fenêtres, sans corniches, sans aucune espèce de décoration. L'aspect des portes seul est assez imposant mais n'a rien qui ressemble ou à la porte de la mosquée El-Andalous ou aux incomparables portes des mosquées du Caire. A l'intérieur, autant qu'il m'a été possible d'en juger, la mosquée se compose d'une série de nefs, qui s'étendent de tous côtés autour d'une cour centrale où se trouve la fontaine aux ablutions. Ces nefs ne sont pas formées par des arcs reposant sur des colonnes, comme le dit le *Roudh-el-Kartas*, mais par des arcs reposant sur de gros piliers massifs et carrés. Ils sont très bas, en plein cintre, largement outrepassés et les galeries qui s'ouvrent sous leur voûte profonde semblent s'allonger, au loin, dans une ombre sans fin. Tout cela est d'une simplicité parfaite, sans le moindre ornement ; l'œil n'est frappé que de la blancheur unie des murailles. Des lampes, qui paraissent fort belles, pendent au plafond. Des nattes de paille couvrent le plancher et tout le bas des piliers. J'ai remarqué les mêmes dispositions dans les mosquées de Meknès, et généralement dans toutes celles qu'il m'a été donné de voir au Maroc.

Mais, si les nefs sont d'une parfaite nudité, la cour centrale de la mosquée est, au contraire, remplie d'arabesques et d'ornements. Je n'en ai bien vu que trois côtés, étant moi-même placé contre celui où se trouvent les portes, et qui d'ailleurs, à cause de cela, ne saurait être très décoré. Celui de face était à l'extrémité de la partie la plus sainte de la mosquée, celle qui est tournée vers La Mecque, et qui contient le mihrab, la niche chargée d'indiquer la direction de la ville sainte. Dans le vide laissé entre eux par les piliers et la dernière nef, et sur ces piliers eux-mêmes, s'élève une balustrade de plâtre, ouvragé comme de la dentelle, qui me rappelait les moucharabiehs d'Égypte, mais des moucharabiehs blancs, sur lesquels la lumière du soleil projetait des ombres et des nuances d'une finesse transparente dont le regard était ébloui autant que charmé. Malheureusement, cette délicieuse balustrade cache la chaire de l'iman et le mihrab, qui sont peut-être des bijoux !

Les deux autres côtés de la cour sont ravissants : ils forment deux espèces de kiosques du genre de ceux de la cour des Lions à l'Alhambra, mais plus grands et sans doute plus beaux. De légères colonnes supportent des arcades au-dessus desquelles, et entre lesquelles, courent les arabesques les plus fleuries. Des auvents sculptés, des corniches, des toits de bois prodigieusement ciselées, recouvrent le tout. Au-dessous sont les fontaines aux ablutions, avec leurs mosaïques. Il faudrait pouvoir pénétrer dans la cour pour étudier de près toutes ces merveilles. A coup sûr, l'art du Maghreb n'a ni la grandeur, ni la grâce, ni l'inépuisable ingéniosité de l'art arabe du Caire. Les mêmes motifs s'y répétant à satiété, on dirait presque que ces moulures de plâtre, qui portent partout des entrelacs et des feuillages uniformes, sont sorties de quelques moules toujours semblables. Néanmoins, il y en a de si élégantes et de si fines, et qui s'unissent à des combinaisons d'architecture si imprévues, qu'on ne se lasse pas non plus de les admirer. On y revient sans cesse, l'œil s'y égare de plus en plus ravi. Je serais resté, je crois, des heures entières en contemplation devant la cour de la mosquée El-Kairouayn, si mes soldats ne m'avaient prévenu que j'insistais trop et qu'il fallait partir.

En me retournant pour m'éloigner, je fus frappé de voir, dans la maison qui fait face à la mosquée, des poutres en bois sculptées avec une largeur et une puissance de dessin très supérieures à tout ce que j'avais observé jusque-là. Cette maison est une dépendance de la mosquée, et, comme celle-ci, a été

refaite plusieurs fois, les poutres que j'admirais lui
ont certainement appartenu et sont un débris de la
plus belle époque de l'art arabe. On rencontre
encore dans Fès bien des mosquées, bien des écoles,
qui, mêmes aperçues au passage, à travers des
portes entr'ouvertes, produisent une vive impression.
Les portes elles-mêmes sont souvent des monuments
d'architecture d'une grande valeur. J'en ai trouvé
dont les battants de bronze, admirablement décorés,
n'ont pas été trop endommagés par le temps et par
la barbarie des habitants. Ces portes s'ouvrent
presque toujours sous une grande arcade en ogive;
sur le mur de la maison qui fait face, une arcade du
même genre est dessinée; enfin, deux arcades,
toujours du même genre, dominent les deux côtés
de la rue. Au-dessus de ce carré d'arcades, véritable vestibule triomphal, s'étend un plafond arabe,
et, sur les pendentifs, des motifs plus ou moins gracieux dissimulent la lourdeur des angles. Tout cela
porte la marque d'un peuple qui fut réellement et
grandement artiste. On retrouve encore la trace
de son passé dans les minarets de ses mosquées.
Lorsqu'on les compare aux minarets turcs, on est
bien vite frappé de la différence. Ces derniers, qui
n'ont aucune valeur comme architecture, ne se prêtent en outre à aucune décoration. Ce sont de sim-

ples cheminées d'usines, pour lesquelles on ne s'explique l'enthousiasme des poëtes et des écrivains romantiques que par le parti pris de tout admirer en Orient. Le minaret du Maghreb est favorable, au contraire, à de nombreuses décorations. Sa monotonie architecturale le place bien au-dessous des minarets du Caire, qui prennent, entre les mains d'artistes différents, les formes les plus variées, les plus diversement charmantes ; mais, s'il ressemble trop à une tour, cette tour peut du moins être ornée de mille manières. Elle peut même, dans une certaine mesure, donner lieu à des élégances de construction qui ne laissent pas que d'êtres rares et imprévues. Tout le monde connaît la Giralda de Séville, qui, avec la Koutoubia de Maroc et la tour d'Hassan à Rbat', sont les trois exemplaires les plus parfaits des minarets du Maghreb ; tout le monde sait qu'elles vont se rétrécissant de la base au sommet, diminuées peu à peu presque insensiblement, et toutefois assez réellement pour que leurs lignes générales en acquièrent une plus grande légèreté. Mais c'est par les décorations que ces trois tours célèbres, comme tous les minarets du Maghreb, méritent leur réputation. Elles sont couvertes d'une sorte de treillis qui les rend encore plus sveltes que leurs lignes graduellement rapprochées, ou plutôt elles ne sont pas couvertes de ce treillis, elles en sont pénétrées.

Les minarets du Maghreb supporteraient mal les encorbellements dont se parent ceux du Caire ; ils paraîtraient lourds sur de hautes masses, toujours carrées, de la base au sommet ; les ombres qu'ils projetteraient seraient trop épaisses : les minarets du Maghreb ont besoin d'être amincis, non d'être chargés. C'est ce que les décorations en bas-relief et les découpures dont on les enveloppe font à merveille. La lumière ne tourne pas autour du monument pour en faire ressortir les formes, qui sont un peu sommaires ; elle s'y enfonce, elle s'y introduit, elle joue pour ainsi dire sous sa surface, dont elle rompt la monotonie, elle lui donne quelque chose de transparent ou de coloré qui en rachète l'uniformité. L'emploi de faïences vertes, jaunes, noires, augmente encore cet effet. L'éclat de la coloration empêche de s'attarder à la constante immobilité des lignes. Le minaret du Caire n'a pas besoin de faïences, parce que l'inépuisable variété des siennes, ses moulures délicates, ses encorbellements, suffisent à des combinaisons lumineuses presque infinies. Il n'en est pas de même du minaret du Maghreb. Il est vrai de dire aussi qu'entre le soleil d'Égypte et celui du Maroc, il n'y a pas moins de distance qu'entre le minaret du Caire et celui du Maghreb ; mais chacun, sous son climat particulier, est une œuvre d'art appropriée à des conditions spéciales, auxquelles il répond admirablement.

Les mosquées de Fès n'ont pas de coupoles, mais de simples toits en pente, parfois formés de tuiles vertes qui brillent à midi comme du verre incandescent. Si je voulais les comparer à celles du Caire, ce serait une grande infériorité à constater. Extérieurement d'ailleurs, la comparaison serait impossible ; car, à part les minarets, les mosquées de Fès, je le répète, n'existent qu'à l'intérieur : au dehors, leurs murailles sont absolument nues ; elles n'ont aucune espèce de façade, aucune fenêtre, rien qui indique que ce ne sont pas des maisons ordinaires. Peut-être ce qu'il y a de plus beau comme architecture, à Fès de même qu'à Constantinople, est-ce l'enceinte ruinée qui entoure la ville. Elle se compose d'un grand mur crénelé flanqué de distance en distance de tours carrées également crénelées. Ces créneaux se terminent par une petite pyramide tronquée. Tout cela, au premier aspect, est assez ordinaire ; mais ce vieux mur est creusé de si étonnantes lézardes, ces tours à moitié éboulées sont parfois si étranges, une végétation si touffue court le long de ces débris amoncelés, que l'ensemble en est d'une puissante et saisissante poésie. D'ailleurs, cette enceinte de Fès, qui donne à la ville l'aspect d'une cité du temps des croisades, est percée de portes monumentales, d'un style magnifique et original. Elles sont disposées, comme à l'entrée des écoles et des mosquées, en carré formant un superbe vestibule par lequel on pénètre dans les rues principales. Pour avoir une idée exacte de Fès, il est bon de suivre la partie de cette enceinte qui monte au nord sur des collines d'où l'on domine toute la ville. Il y a là un vieux fort qui est censé la défendre. Sur la colline en face, de l'autre côté de la vallée, s'élève un autre fort qui a la même prétention. En réalité, comme ils sont surplombés de tous côtés par des hauteurs, ils tomberaient sous quelques coups de canon. Les sultans ne s'en servent que pour tirer sur Fès, quand il prend à celle-ci fantaisie de se révolter. Mais le fort du nord, ou plutôt les restes d'un palais mérinide situé à côté de lui, forment un observatoire singulièrement bien placé d'où le regard embrasse les deux villes, Fès-Djédid et Fès-Bali, et l'ensemble du pays environnant. C'est un splendide panorama. Fès, bâti sur le versant de plusieurs coteaux et descendant avec sa rivière jusque dans la vallée où coule cette dernière, montre à l'œil ébloui l'entassement de ses maisons. L'amoncellement est si épais, qu'on ne peut distinguer la

trace d'aucune rue. De ce fouillis confus s'élèvent de
nombreux minarets qui dressent dans l'espace leurs
flèches surmontées de trois boules d'or, auxquelles,
aux heures des prières, s'ajoute une oriflamme. Les
toitures vertes et luisantes des mosquées se détachent
de la blancheur des terrasses, et une ceinture de
jardins semble suivre la vieille muraille pour en-
serrer la ville de tous côtés. Au loin, le Sbou promène ses eaux, que le soleil fait briller comme un
serpent d'argent.

En descendant du fort du Nord, on s'enfonce dans
des sentiers tortueux taillés dans le tuf du terrain.
L'olivier, le figuier, la vigne, y poussent pêle-mêle.
De nombreuses grottes creusées par la main des
hommes et qui servent de refuge à quelques Arabes
endormis ou en prière apparaissent çà et là. Un immense cimetière éparpille ses tombes sur le versant
de la colline; ce sont de simples pierres où se lit à
peine une inscription effacée; quelques arcades so-
litaires, quelques pans de murs indiquent que des
koubba de marabouts s'élevaient naguère au milieu de
ces pierres vulgaires, auxquelles le soleil seul donne
quelque beauté. On arrive de là sur une route pavée
et en pente qui suit le cours de l'Oued-Fès, dont les
eaux, perdues au milieu d'une végétation puissante,
laissent entendre le bruissement de leur écume.

D'énormes érables bordent le chemin et lèvent dans l'air leurs bras tourmentés par le fer de l'élagueur. Le bois est si rare dans ce pays, qu'on en vient à dépouiller ces arbres de leurs pousses de chaque année. Leurs troncs, enlacés par des vignes énormes, semblent gémir sous cette étreinte. En ce frais vallon, que l'on côtoie, s'étendent de jolis jardins, d'où montent le parfum des fleurs et le chant de mille oiseaux. A l'intérieur même de Fès, de vastes espaces non bâtis sont couverts de culture, de fourrés, de véritables petits bois. Il y a des quartiers où chaque maison a son jardin. La ville paraît et disparaît à chaque détour de la route. Dans ce cadre de verdure, qui n'en laisse voir que des parties successives, elle est d'une délicieuse coquetterie. On dirait un nid blanchâtre suspendu au feuillage. Au bas du vallon, un pont fortement arrondi en dos d'âne franchit le torrent qui gronde sous son arche profonde. Le Djebel-Aït-Youssef, dont les neiges alimentent le Sbou, montre dans le lointain ses cimes brillantes. A partir de ce pont, le chemin de ceinture monte à l'ouest parallèlement à celui qu'on vient de quitter. La ligne onduleuse des remparts, tantôt cachée par la végétation, tantôt apparaissant au milieu d'elle, suit le mouvement du terrain. On arrive enfin sur une nouvelle colline couverte de tombes de marabouts et, pour faire le tour complet de la ville, on rentre par un sentier bordé d'arbres, de cactus et d'aloès magnifiques. Cette promenade ne vaut pas le tour des murs de Constantinople, mais elle le rappelle : c'est dire assez qu'elle est admirable.

XIII

LA FÊTE DES TOLBA

« Depuis sa fondation, dit l'auteur du *Roudh-el-Kartas*, Fès a toujours été propice aux étrangers qui sont venus s'y établir. Grand centre où se réunissent en grand nombre les sages, les docteurs, les légistes, les littérateurs, les poètes, les médecins et les autres savants, elle fut de tout temps le siège de la sagesse, de la science, des études nouvelles et de la langue arabe, et elle contient à elle seule plus de connaissances que le Maghreb entier. » Ce jugement est d'une entière exactitude en ce qui concerne le passé; Fès, en effet, a joui longtemps d'une réputation littéraire et scientifique méritée; ses écoles ont même été durant une assez longue période les premières du monde; c'est là que s'élaborait ce que l'on a appelé la civilisation arabe, qui partait du Maroc pour briller en Espagne d'un éclat dont les reflets commençaient à éclairer l'Europe alors barbare. Mais, de cette gloire lointaine, il ne reste rien aujourd'hui ; tout en est effacé, jusqu'au souvenir. Ce qui frappe très vite lorsqu'on cause avec les hommes réputés les plus instruits du Maroc, c'est leur profonde, leur inimaginable ignorance, je ne dis pas seulement des sciences modernes, qu'ils réprouvent comme inventions de Satan, mais de leur propre histoire, mais des hommes et des choses qui ont donné jadis à leur pays une place prépondérante à la tête des nations marchant dans la voie du progrès. « On ne trouve rien dans les bibliothèques des mosquées, écrivait M. Tissot lors de son premier voyage à Fès, rien que de la théologie, et j'ai fait ouvrir des grands yeux aux savants de Fès en leur parlant d'Édrisi et d'Aboul'feda, qu'ils ne connaissaient même pas de nom. Aussi ai-je conquis à bon marché une réputation de science qui fait en ce moment le tour du Maroc. » Et, un autre jour, revenant sur le même sujet, il écrivait : « J'ai constaté une fois de plus l'ignorance de nos savants marocains : ils entassent fautes d'orthographe sur fautes d'orthographe dans la transcription des noms géographiques. Heureusement j'avais à ma disposition leurs anciens géographes, qu'ils ne lisent plus et dont ils connaissent à peine les noms. Ils ne savent même plus qu'Ibn-Batouta, un de leurs plus savants géographes du moyen âge, était né à Tanger. L'Orient n'est décidément qu'une ruine, — plâtrée tant mal que bien en Turquie et en Égypte, — mais destinée fatalement à s'effondrer un de ces quatre matins[1]. »

Et, de fait, si c'était la science qui maintint les édifices politiques, il y a longtemps que le Maroc serait par terre avec tout l'Orient. Il n'y a plus trace de science véritable à Fès. Les bibliothèques de cette ville si fameuse pour ses écoles sont aussi vides que le disait M. Tissot. Lorsqu'on demande aux chérifs et aux tolba de la mosquée de Moula-Edriss ou de la mosquée El-Kairouayn combien de livres ils possèdent, ils répondent : « Oh ! nous en avons beaucoup ! beaucoup. » Et, lorsqu'on les presse d'en préciser le nombre, les uns disent huit mille, les autres trois cents, tout à fait au hasard, comme des gens qui ne savent pas ce qu'ils disent : personne n'arrive à un chiffre tant soit peu sérieux, parce que personne ne s'est occupé réellement des richesses intellectuelles de Fès. D'après les renseignements que j'ai pu recueillir, ces richesses ne sont en réalité ni grandes

---

1. Ch. Tissot, *Correspondance inédite*.

ni importantes; on en a publié des catalogues; M. Féraud s'en est procuré et en a rapporté de nouveaux. Il est très douteux que les uns et les autres méritent une véritable créance. Depuis de longues années, les bibliothèques de Fès sont absolument livrées au pillage; chacun y vient puiser à son gré, et, lorsque quelqu'un y trouve un ouvrage qui lui convient, il n'a garde de le rendre, il en fait sa propriété. C'est donc plutôt chez des particuliers que dans des mosquées qu'on pourrait pratiquer utilement des recherches. Mais les particuliers, si par hasard ils en connaissent la valeur, sont très jaloux de ce qu'ils possèdent et ne veulent à aucun prix en laisser soupçonner l'existence. La plupart d'ailleurs ne la soupçonnent pas eux-mêmes. Ils ont hérité de manuscrits sur lesquels ils n'ont pas jeté les yeux, et qu'ils ont profondément oubliés. Il faudrait pénétrer intimement chez eux pour découvrir ces trésors; or, leurs maisons ne s'ouvrent jamais complétement aux chrétiens. De plus, le fanatisme musulman s'est exercé dans les bibliothèques des mosquées avec une sauvage brutalité. Tout ce qui n'était pas livre de théologie a été déchiré, lacéré, brûlé sans pitié. Les réactions terribles que le Maroc a traversées, après les époques où il s'était laissé pénétrer par la civilisation, ont eu là un contre-coup désastreux. Des marabouts ignares, venus du Soudan, se sont appliqués de leur mieux à détruire tout ce qui risquait de raviver une science qu'ils regardaient comme fatale à la religion et, par suite, à eux-mêmes. Ils ont si bien réussi qu'à l'heure actuelle il ne reste probablement plus rien des treize charges de manuscrits déposés en 684 (1285 après J.-C.) dans les mosquées de Fés par l'émir Youssef, qui les avait arrachées au roi de Séville, Sancho, fils d'Alphonse X. Les prétendus savants marocains ne possèdent même pas les ouvrages d'Edrisi et d'Ibn-Kaldoun. Beaucoup nous ont affirmé ne les avoir jamais vus et par suite n'avoir jamais pu les lire. Ils nous demandaient comme la plus grande faveur que nous puissions leur faire de tâcher de les leur procurer. Tel est le degré de décadence, d'abaissement ou plutôt de nullité intellectuelle où ils sont tombés!

Si parfaitement ignorante qu'elle soit, Fés n'en a pas moins conservé un grand prestige dans tout le monde musulman. Elle le doit surtout à la présence de nombreux chérifs et de nombreux chefs de congrégations pieuses qui font d'elle un grand centre religieux, sinon intellectuel. Les étudiants y arrivent donc en foule de tous les points de l'Afrique pour s'y former aux études théologiques, réputées

— et pour cause — les seules dignes d'occuper un vrai croyant. La ville en est remplie, ce qui lui donne encore plus l'aspect d'une ville du moyen âge. Si ces étudiants ont peu gardé de la science du passé, ils en ont, au contraire, soigneusement conservé les usages. Ils vivent encore comme on vivait il y a plusieurs siècles. Nous en avons eu une preuve curieuse dans les récits que tout le monde nous a faits de la fête des tolba, qui venait à peine de s'achever au moment où nous arrivions à Fès. Elle se célèbre tous les ans avec le même cérémonial, les mêmes plaisanteries, la même comédie étrange et burlesque. Son but est, d'ailleurs, des plus louables. La plupart des tolba qui se rendent de l'étranger à Fès, afin de s'y imprégner des bonnes doctrines du Coran et du Sonna, sont dépourvus de ressources et pourvus de bon appétit. Il faut pour les nourrir faire appel à la charité publique, et la corporation emploie pour cela un moyen assez original. En vertu d'un privilège qu'elle tient des sultans, elle désigne chaque année un thaleb[1], qui prend lui aussi le titre de sultân. Il se compose immédiatement une cour sur le modèle de la cour véritable, avec les mêmes hauts personnages soigneusement

1. *Thaleb* est le singulier, *tolba* le pluriel.

copiés, soit dans le costume, soit dans les manières.
La nomination de ce sultan se fait, en principe, à
l'élection, mais en réalité à l'encan; la charge est
achetée par un étudiant plus riche que les autres,
qui désire se donner quelques jours à lui-même
l'illusion de la puissance et réaliser le rêve bien
connu de *Si j'étais roi!* Au reste, il ne se réveille
pas de ce rêve, thaleb comme devant; lorsqu'on a été
sultan des tolba, on est exempté de tout impôt pour
le reste de ses jours. Il vaut donc la peine d'acheter par un sacrifice cette précieuse faveur. Pourtant, le trône éphémère des tolba n'est jamais payé
bien cher. Il avait coûté, cette année, 50 douros
seulement. Mais ce n'est qu'une partie des ressources que leur fête annuelle procure aux étudiants
pauvres. Quand le sultan est élu et entouré
d'une cour, il a tous les signes extérieurs, tous les
attributs de l'autorité souveraine; il marche seul à
cheval, précédé de lanciers et de chasseurs de
mouches, suivi d'un porte-parasol et d'une nombreuse escorte de méchouari. Il se promène ainsi,
majestueusement entouré d'un peuple immense qui
se précipite de toutes parts sur son passage. Il parcourt tous les quartiers au milieu des cris, du son
des instruments, au bruit étourdissant de la poudre,
pendant que sa suite fait la quête en faveur de la

corporation. Il va camper alors à l'extérieur de la ville, sous une tente pareille à celle de Moula-Hassan. Là, durant plusieurs jours et plusieurs nuits, ont lieu les scènes les plus extravagantes, auxquelles tous les habitants de Fès s'empressent d'assister. Un camp de curieux entoure bientôt le camp des tolba, en sorte qu'on croirait qu'une armée véritable est arrêtée aux portes de la ville. Pour terminer les fêtes, il est de règle que le vrai sultan se rende en pompe et cérémonie auprès du sultan des tolba : celui-ci le reçoit à cheval, avec un air d'arrogance, et lui demande comment il ose se présenter, lui simple souverain du Maroc, auprès du plus grand prince de la terre, d'un prince qui a à sa disposition des armées de plusieurs millions de punaises, d'autant de poux, de puces et autres animaux malfaisants qu'il pourrait lâcher sur ses États. « Mais je suis indulgent, ajoute-t-il, et, si tu connais mon empire, je consens à t'épargner le fléau d'une épouvantable invasion. » Le vrai sultan fait un signe d'acquiescement. Alors le sultan des tolba, feignant d'être satisfait de cette soumission, dit à son confrère : « Puisque tu t'inclines devant ma puissance, je veux agrandir la tienne. Je te donne et fais hommage de tous les pays qui s'étendent depuis Bahr-el-Nil (l'Égypte) jusqu'à Bahr-el-Kébir (l'Océan), et depuis la Méditerrannée jusqu'au Soudan. Désormais tu seras le plus grand des rois, et, pour sceller notre amitié, je te convie à faire la prière avec moi. » C'est le dernier mot de la puissance du sultan des tolba : il dit la prière devant le vrai sultan, puis il rentre dans la foule obscure, heureux toutefois d'être libéré d'impôts jusqu'à sa mort.

Il va sans dire que Moula-Hassan fait don d'une splendide mouna au sultan des tolba et à toute la corporation. Les personnes riches de la ville imitent sa libéralité. D'ailleurs, pendant les semaines de réjouissances carnavalesques de leur éphémère empire, les tolba ont mille moyens de solliciter des présents du public. Déguisés en méchouari, ils se promènent dans les bazars sous prétexte d'en faire la police. Ils s'arrêtent devant chaque boutique, demandant à vérifier les poids et les mesures; naturellement, après l'enquête, ils déclarent que les grammes devraient être des kilogrammes, les mètres des kilomètres, que ce qui vaut 100 francs devrait se vendre 5 sols; qu'il y a donc fraude, vol et concussion, et qu'on ne saurait échapper que par une forte amende au châtiment que méritent tant de crimes. Ces plaisanteries, toujours les mêmes, n'en excitent pas moins la gaieté publique et n'en réveillent pas moins la charité. Les aumônes pleuvent dans la bourse vide des tolba. Ils font une collecte suffisante pour vivre jusqu'à l'année suivante. Ils adressent aussi des lettres-circulaires aux personnages influents et autres pour leur demander, sous forme de tribut, quelques cotisations. Je donnerai, comme exemple du genre d'esprit qui fleurit à l'heure actuelle dans le corps savant de Fès, une de ces lettres-circulaires reçue, il y a quelques années, par le fkhy de la légation de France, qui se trouvait à Fès avec une ambassade. On verra que cet esprit n'est point précisément de l'atticisme et que les Morocains n'ont rien gardé de la Grèce, dont jadis ils avaient importé chez eux la science et les arts.

El Haoussin el R'omari, prince des tolba
Que Dieu l'assiste !

« Louange à Dieu unique !
» Que Dieu répande ses bénédictions sur Notre Seigneur et Notre Maître Mohammed, sur sa famille et ses compagnons !
» A notre serviteur très agréable, le docte comblé de satisfaction, Sid-Ahmed-el-Badaoui, que Dieu vous fasse jouir de la sécurité, qu'il vous garde de tout mal et vous préserve de tout dommage.
» Le salut soit sur vous, ainsi que la bénédiction et la miséricorde de Dieu Très-Haut de la part de

notre bon maître, que Dieu le raffermisse et lui donne victoire !

» Ensuite notre maître le prince des tolba, détenteur de toutes les faveurs et dispensateur de toutes les nobles vertus, vous ordonne de faire parvenir le présent écrit aux seigneuries généreuses, soutenues par la religion musulmane, voyageant en votre compagnie, c'est-à-dire venues d'Alger avec vous.

» Annoncez-leur que notre bienheureuse armée viendra camper dans la journée de samedi, s'il plaît à Dieu, sur les bords de l'Oued-Djouhar[1], au milieu les populations des Beni-Bairout, des Beni-Beki et des Beni-Far[2].

» Nous leur avons imposé, pour la subsistance de notre armée protégée de Dieu, une contribution incalculable et sans limites en dehors de la contribution frappée en faveur de Notre Seigneur, que Dieu le rende victorieux, etc.

» Ordonnez-leur l'obéissance et la soumission, afin qu'ils nous envoient mille étalons de la race chevaline, que montent les moustiques sellés avec des écorces de glands ; — d'envoyer également mille porcs bien gras pour la suite du sultan.

1. La rivière des Perles, l'Oued-Fès.
2. C'est-à-dire des enfants des puces, des enfants des punaises, et des enfants des souris.

» Soyez plein de générosité à l'égard du porteur de la présente, au point qu'il ne puisse pas porter la charge que vous lui donnerez. Envoyez avec lui un cavalier d'escorte pour qu'il nous arrive en sécurité, à cause du grand nombre de coupeurs de route dans le pays des Reribia, et des désordres auxquels se livrent les populations de Kàab el-R'ouzal[1].

» Il ne faut point qu'il y ait du retard dans l'envoi de ces offrandes.

» Salut! écrit dans le courant du mois de *leben*[2], l'an du sucre et du thé et de ce qui leur ressemble.

» S'ils ne se conforment point à nos ordres, nous ferons marcher contre eux les tribus des moustiques, qui ne les laisseront en repos que lorsqu'ils auront donné ce que nous avons mentionné dans notre lettre.

» Salut. L'an 1622. »

Cette belle missive portait, en guise de signature, un cachet, en tout semblable à celui de l'empereur.

J'étais assez surpris que, dans un pays où l'auto-

---

1. La Reribia, de même que le Kàab-el-R'ouzal sont des gâteaux. Le premier est rond, fondant, au sucre, à la farine et au beurre. Le second est un petit pâté plein de noix au sucre.

2. Le *leben* est du lait aigri.

rité souveraine est environnée d'un véritable prestige religieux, où d'ailleurs elle est trop faible pour se laisser parodier, une comédie pareille à celle de la fête des tolba pût se produire librement chaque année. Mais il paraît que l'origine de cette fête se confond avec celle de la dynastie actuelle, et qu'elle est réellement une sorte d'institution nationale. D'après la légende, qu'il ne faut pas confondre avec l'histoire, ce sont les tolba qui ont fondé cette dynastie, et, si on leur permet tous les ans de créer un faux sultan, c'est en récompense du sultan vrai qu'ils ont créé autrefois. L'amour de la science n'est pour rien dans l'espèce de royauté accordée pour quelques jours au chef des étudiants. Il n'y a point là, comme on pourrait le croire, un souvenir des jours glorieux où Fès exerçait une domination intellectuelle bienfaisante et incontestée dans le monde arabe. Un simple incident historique, ou plutôt romanesque, a donné lieu à la fête des tolba. On sait ou on ne sait pas qu'à la chute des sultans mérinides une anarchie épouvantable régna quelque temps au Maroc. Le gouvernement était passé aux mains de chérifs qui ne l'exerçaient que par le pillage, le meurtre et tous les crimes. Fès, en particulier, eut cruellement à souffrir de leur violence, ainsi qu'en témoigne encore le nom donné à certaines parties de la ville. On raconte, par exemple, qu'une jeune fille d'une grande beauté, sortant un jour du bain, un chérif édrinite la suivit et la saisit devant la boutique d'un cordonnier, Bou Afia, qui était juif; la femme n'eut que le temps de lui crier : « Sauve-moi! » Le chérif l'enlevait et l'emportait malgré ses plaintes. Le cordonnier se rua sur le ravisseur, et, dans son effort pour lui arracher sa victime, il le tua. Quel que fût son respect pour le sang de Mahomet, la population se souleva, massacra les chérifs, les précipita dans le ruisseau qu'on appelle depuis l'Oued-Cherfa. Un autre jour, un chérif, entrant dans la maison d'un voisin, trouve dans la cour une femme avec son enfant; la femme se sauve, ferme la porte de sa chambre sans parvenir à entraîner l'enfant avec elle; le chérif lui déclare que, si elle ne lui ouvre pas, il tuera l'enfant; comme elle résiste, il le tue en effet. Le père arrive, trouve son enfant mort et ne prononce pas une parole. Il place le cadavre dans un mekeb [1] et invite ses amis à déjeuner. Lorsqu'ils sont assis pour prendre part au repas, le père enlève le mekeb et leur montre l'enfant égorgé. Aussitôt tous prennent les armes et se ruent encore une fois sur les chérifs.

1. Sorte de couvre-plat.

Comme il était naturel, au milieu de cette sanglante anarchie provoquée par les musulmans, les juifs parvinrent à se faire une situation importante; l'un d'eux même devint le maître de Fès et de Taza, jusqu'au jour où le premier sultan de la dynastie actuelle, Moula-Rechid, lui arracha le pouvoir et rétablit l'empire. Mais, ici, je laisse parler la légende, que je me borne à traduire mot pour mot.

Lorsque Moula-Rechid et Ismaël son frère furent venus du Tafilet, ils allèrent d'abord chez le marabout Sidi Kassem-ben-Asseria, entre Meknès et la plaine du Sbou, lequel leur prédit qu'ils posséderaient l'un et l'autre la puissance suprême; ils se rendirent ensuite à Fès, où ils entrèrent dans l'école des tolba. A cette époque, un juif du nom de Ben Mechâal (fils de l'Allumé) commandait les villes de Taza et de Fès, qu'il avait soumises à son autorité à l'aide de sortilèges. Il régnait sur les deux villes et sur le territoire qui en dépend. C'était un cruel despote, qui, parmi bien d'autres horreurs, avait institué la coutume de se faire livrer tous les ans la plus belle jeune fille de Fès et de Taza, pour l'enfermer dans son harem. Or, l'année pendant laquelle les deux jeunes princes se trouvaient à Fès, le chérif Rechid, allant se promener du côté des cimetières, aperçut une femme prosternée sur une tombe et poussant des cris de désespoir ; attiré vers elle par ses lamentations, il s'approcha et lui demanda d'où pouvait lui venir une si grande douleur ; elle lui répondit, à travers ses sanglots, qu'elle était chérifa et qu'elle pleurait sur la tombe de son mari pour qu'il intercédât auprès de Dieu, afin qu'il délivrât sa fille, que son extrême beauté avait fait désigner comme devant être abandonnée cette année à l'usurpateur. Le jeune Rechid lui dit de ne plus pleurer et qu'il se chargeait du salut de son enfant. Il rentra donc dans la medreha [1] auprès de ses condisciples, qui, lui compris, formaient un nombre de quarante élèves ; il leur raconta la scène touchante à laquelle il venait d'assister, et, quand il les vit émus de compassion pour la belle victime qui allait être sacrifiée au juif : « Voulez-vous m'aider ? s'écria-t-il. Nous allons provoquer une révolution et délivrer le pays du tyran Mechâal. » Ses camarades acceptèrent d'enthousiasme, tout en lui demandant par quels moyens il voulait amener de si grands résultats. Rechid leur répondit : « Mechâal est en ce moment à Taza, où on va lui conduire la jeune Fasyat. Je me substituerai à elle, on m'habillera

---

1. L'école.

avec le costume de la jeune fille ; j'aurai un pistolet sous mes vêtements ; vous vous embusquerez autour du palais ; quand Mechâal s'approchera de moi, je le tuerai et, au bruit de la détonation, vous arriverez immédiatement en criant : « Ben-Mechâal est » mort ! vive Moula-Rechid ! » Moula-Rechid était jeune, il était beau, il n'avait point encore de barbe ; le déguisement lui fut aisé. Il visa Mechaâl au cœur, le pistolet partit, le tyran tomba foudroyé. En apprenant cette nouvelle, la population de Fès et de Taza, qui était lasse de la domination du juif, poussa l'exclamation : *Allah iencer Moula-Rechid !* (Dieu donne la victoire à Moula-Rechid!) Et celui-ci devint sultan du Maroc. En souvenir de l'appui que lui avaient prêté les tolba, une fête commémorative s'est perpétuée depuis cette époque, fête dans laquelle, comme je l'ai dit, les étudiants sont associés en apparence au pouvoir de l'empereur. Pour faciliter, en outre, les études de ses anciens condisciples, Moula-Rechid créa une magnifique zaouia, qui subsiste toujours et qui s'appelle la Medrena-Rechidia. Il existe à propos d'elle le dicton suivant : *El naçr min Allah oua min el arba'in !* (Avec l'aide de Dieu et le corps d'armée des quarante !) contre-partie de la phrase sacramentelle : « Avec l'appui de Dieu, la victoire est promise, porte cette nouvelle aux musulmans ! (*El naçr min Allah ou fatihna garibou, ou bechcher el mouminina !*) »

Naturellement, la légende ajoute encore que Moula-Rechid épousa la jeune fille qu'il avait délivrée. Ainsi finissent les romans, ainsi s'écrit l'histoire chez les Arabes. Je doute fort que les choses se soient passées comme on le raconte dans la fête des tolba. Moula-Rechid, né d'une affreuse négresse, et féroce autant que peut l'être un mulâtre, commença par asseoir son autorité sur le Tafilet à l'aide d'une série d'expéditions et d'aventures sanglantes; c'est seulement lorsqu'il en fut maître assuré qu'il établit et consolida sa puissance dans le bassin de la Mouloua et dans le Riff, qu'il passa à Taza et finit par s'emparer de Fès à l'aide d'une surprise. Nous avons vu qu'il faisait le siège de cette ville, lorsque Roland-Fréjus fut expédié en ambassade auprès de Louis XIV, et que la présence des ambassadeurs du plus grand prince de l'Europe contribua à en amener la reddition. Le gouverneur de Fès-Bali fut immolé quoiqu'il eût livré ses trésors; celui de Fès-Djedid subit le même sort, en refusant de déclarer où il avait enfermé les siens. Pour obliger les femmes à lui donner l'argent qu'elles possédaient, Moula-Rechid les fit approcher d'un coffre à l'ouverture duquel leurs mamelles furent placées; puis il monta sur le couvercle et arracha ainsi les aveux qu'il désirait.

Il y a loin de ces mœurs-là à la pitié chevaleresque que la légende lui prête pour la malheureuse fille de la cherifa! Les caïds des environs de Fès ne se sentaient pas de taille à résister à un conquérant aussi féroce, ils se soumirent. Le seul épisode romanesque de cette conquête brutale, c'est le mariage de Moula-Rechid, qui épousa une fille de l'un de ces caïds, nommé Loueti, laquelle prit sur le cœur de son époux assez d'influence pour tempérer son atrocité naturelle. Si Moula-Rechid créa une medreha et s'intéressa au progrès des études, il n'en est pas moins vrai que, sous la dynastie fondée par lui, la décadence intellectuelle du Maroc n'a pas cessé un instant de faire les plus rapides progrès. C'est pourquoi l'histoire des origines et du règne de cette dynastie est encore plongée dans une obscurité profonde. Aucun écrivain arabe de quelque notoriété ne l'a retracée, et l'Europe n'en sait guère que ce que lui en ont appris les récits peu dignes de foi des voyageurs et des écrivains étrangers. Il existe pourtant à Fès des ouvrages encore inconnus qui, malgré leur médiocrité, doivent contenir de précieux renseignements sur les révolutions intérieures du Maroc en ces deux derniers siècles. M. Féraud en a recueilli un qui fait suite au *Rouh-el-Kartas*; il se propose de le traduire ; ce sera un véritable service rendu à la littérature historique, si pauvre pour tout ce qui concerne le Maghreb contemporain.

A partir du xviie siècle, il ne reste plus rien, en effet, des sciences, des lettres et des arts du Maroc. Un seul écrivain, Makkari, brille encore dans la première moitié de ce siècle ; mais, s'il avait achevé ses études et travaillé longtemps à Fès, la persécution l'en chassa, et c'est en Égypte qu'il dût passer les années les plus fécondes de sa vie. Quand je cherche à m'expliquer comment un pays, jadis si élevé dans toutes les connaissances humaines, a pu tomber aujourd'hui si bas, qu'il est à tous égards le dernier des pays musulmans, je ne puis en trouver d'autre raison que l'influence constante du Soudan, qui s'est exercée sur lui depuis la conquête musulmane. Toutes ses dynasties sont venues du Soudan, et toutes ont traîné après elle, avec des troupes nombreuses dont le sang nègre a alourdi le sang arabe et berbère des Marocains, des cheiks fanatiques qui ont piétiné sur la civilisation jusqu'à ce qu'ils l'aient complétement anéantie. Les révolutions marocaines ont toujours été des révolutions, ou plutôt des réactions religieuses. Quand le Maghreb, cédant à l'attrait du progrès, s'est laissé affaiblir par les mœurs plus douces qui en résultent, quand il s'est livré aux délicatesses de l'esprit qui émoussent la barbarie des courages, quand sans arriver jamais au scepticisme de la science, il s'est peu à peu relâché de ce que la discipline de la religion avait de trop étroit, de trop déprimant pour les intelligences, il s'est toujours trouvé, vers les bords du Niger, quelques marabouts strictement orthodoxes, appartenant plus ou moins à la race de Mahomet, pour soulever les éléments sauvages et belliqueux qui s'agitent dans ces tristes contrées et pour les lancer vers le Nord. Sous les pas des envahisseurs, qui ne se sont pas arrêtés en Afrique, qui ont souvent passé la Méditerranée, la fine et charmante civilisation d'Espagne s'est écroulée. Mais, quand le flot musulman, refoulé par les armées chrétiennes, a été rejeté de l'Europe, ce qui avait eu lieu sur un plus grand théâtre a continué de se produire sur le théâtre encore vaste du Maroc. C'est du Tafilet que sont venus, avec leur cortège ordinaire, les sultans actuels. Ce qu'ils ont fait du Maroc est à coup sûr douloureux à contempler. Il n'y a plus rien dans ce pays qui rappelle le passé. L'industrie n'y est pas moins morte que le reste. Quand on parcourt les bazars du Caire ou de Tunis, on est charmé de l'habileté des ouvriers, du goût et de l'élégance des artisans, des qualités ingénieuses et imprévues qu'ils ont conservées jusque dans la décadence de leur race. Les bazars du Maroc, à part quelques broderies qui répètent à satiété des modèles anciens, ne présentent que des objets parfaitement grossiers. L'industrie de Rbat' elle-même perd de plus en plus l'art des dessins compliqués et des colorations heureuses qui faisaient le mérite des tapis marocains. Mais la déception devient plus vive lorsqu'on passe de l'industrie aux arts et aux sciences. L'architecture y gâte les décorations d'autrefois en les entassant les unes sur les autres avec un mauvais goût révoltant. Pour les sciences, encore une fois, il n'y en a plus trace. On rencontre au Caire, en Syrie, en Tunisie, beaucoup d'hommes qui, malgré leurs préjugés, ont réellement quelque instruction. Au Maroc, l'ignorance est si universelle, qu'on en est rapidement écœuré. Les causes qui ont amené la décrépitude de la Turquie ont agi là avec plus d'intensité encore, la théocratie a tout étouffé sous elle; et, comme elle se retrempait sans cesse dans la barbarie du Soudan, elle a été absolument invincible; elle n'a pas rencontré de résistances, ou elle les a brisées avec une violence dont on reconnaît la trace dans les ruines amoncelées partout.

XIV

DINERS OFFICIELS

Nous étions prévenus qu'après la réception du sultan nous allions assister à une série de diners officiels, qui font partie du cérémonial obligatoire de toutes les ambassades européennes au Maroc. Quoique pleins d'une juste méfiance envers la cuisine indigène, nous ne pouvions nous refuser à des invitations qu'il eût été malséant de repousser. C'est chez le sultan lui-même que devait avoir lieu le premier de ces diners; je dis chez, mais non pas avec le sultan. Le sultan est un trop grand saint pour manger et boire en compagnie d'infidèles. Il se borne à se faire représenter auprès d'eux par des personnages de son entourage. Ce n'est même pas dans un palais impérial qu'à lieu le repas; c'est dans un des nombreux jardins qui en dépendent. En général, on se rend à quelque distance de la ville, au grand parc dont la résidence d'été de Moula-Hassan est entourée. Mais, comme la saison était très avancée au moment où nous nous trouvions à Fès et que la chaleur commençait à devenir accablante, on se contenta de nous conduire sous les murs de Fès-Djedid, au pied même du Mellah, dans une sorte de bois d'orangers, de citronniers et de grenadiers, où toutes les herbes folles du printemps poussaient en liberté sous la voûte verte des arbres. Les bluets, les coquelicots, les boutons d'or, les pâquerettes, les fleurs des champs les plus variées, mêlées aux rosiers et aux jasmins et surchauffées par un ardent et humide climat, s'élevaient avec une telle vigueur de croissance qu'elles atteignaient les fleurs des orangers, des citronniers et des grenadiers, se confondant avec elles. C'était un fouillis inextricable et charmant. Il me semblait entrevoir un coin de ce jardin enchanté, de cette forêt vierge du Paradou que l'imagination puissante de M. Zola a transplantée, du pays des rêves, dans la prétendue réalité d'une campagne française et naturaliste. Nous avions peine à y pénétrer à cheval, tant les branches nous fouettaient le visage, tandis que la végétation d'en bas s'accrochait aux jambes de nos montures. C'est au milieu de ce fourré impénétrable et multicolore qu'on avait dressé des tentes pour nous recevoir. Nous nous y établîmes à l'ombre, sinon à la fraîcheur. Autour de nous, notre escorte, répandue dans la verdure fleurie, y produisait ces effets si chers aux peintres contemporains : les jaquettes rouges des Arabes, les robes blanches des mechouari tachaient vigoureusement le paysage, dont la teinte générale, uniformisée par la lumière du midi, semblait être un indéfinissable mélange de vert doré et de bleu violacé. Les groupes se formaient et se déformaient sans cesse. Tout le monde semblait se presser pour nous servir. Néanmoins, plus on se pressait, moins on allait vite, ainsi qu'il arrive toujours en Orient et en Afrique, où le mouvement ne semble fait qu'en vue d'entraver l'action.

Après une longue attente, nous vîmes pourtant arriver le dîner du sultan. Il était porté solennellement par une longue file de nègres à la tête desquels marchait, un bâton à la main, avec la taille et la prestance d'un tambour-major, le caïd el-mechouar. Arrivés près de nous, sur un ordre de ce dernier, tous les plats furent mis à terre : placés sur une sorte de plateau de bois à bords très élevés, on avait disposé au-dessus d'eux un couvercle en paille ayant tout juste la forme d'un cône très pointu. Ce couvercle se nomme *ghata*; il est parfois décoré de broderies et recouvert de velours. Quand tous les plats furent à terre, le caïd el-mechouar, d'une voix retentissante, déclara à l'ambassadeur, au bachadour, comme il disait en son patois marocain, que le sultan lui envoyait les produits les plus fins de sa cuisine et le priait de les accepter de bon cœur et de bon appétit. Puis, ayant terminé son discours, il fit un signe avec le bâton qu'il tenait fièrement à la main, et chaque nègre, prenant son ghata par la pointe, nous montra le plat qu'il recouvrait. Affreux spectacle dont je garderai longtemps le souvenir! Qu'on se figure une série de fricassées de moutons et de poulets préparées au miel, au sucre, au sirop, aux fruits, à toutes les horreurs imaginables et inimaginables! A part un plat de méchoui, c'est-à-dire de mouton rôti, et un plat de couscoussou, il suffisait de voir tout le reste pour perdre à jamais le désir d'être invité à dîner par un sultan du Maroc. Encore le méchoui était-il déplorablement graisseux et, quant au couscoussou, lequel aurait été meilleur, le malheur voulut qu'il fût tout à fait gâté pour nous par la maladresse de celui qui le servait et qui, en ayant laissé tomber une partie dans ses mains et dans ses manches, trouva fort à propos de secouer mains et manches sur le plat pour que rien ne s'en perdit. C'est la règle, paraît-il. Quand on porte le couscoussou, on doit toujours avoir soin d'égoutter ses mains sur le plat de manière à prouver qu'on n'en dérobe pas une seule miette aux convives. Nous nous serions tous passés d'une aussi stricte probité. Je dois dire que la cuisine du sultan est la plus médiocre que nous ayons goûtée au Maroc. De tous les dîners que nous y avons faits, le sien était celui qui avait le moins d'apparence et qui, dans la réalité, valait le moins. Est-ce volontairement qu'il traite ainsi les Européens, ou n'est-il pas plus difficile pour lui-même? La seconde hypothèse me paraît la plus probable, car il ne saurait avoir aucun intérêt à se montrer moins civil que ses ministres et les hauts dignitaires de sa cour. Nous eûmes bientôt fini de voir défiler des plats auxquels les plus hardis d'entre nous n'avaient pas le courage de toucher. La chaleur était accablante; nous nous étendîmes sur des tapis à l'ombre des arbres, tandis que des serviteurs du palais nous apportaient de l'eau de roses et de l'eau de fleurs d'oranger pour en répandre sur nos cheveux, sur nos barbes, sur notre corps tout entier. Comme ils sont vêtus de robes flottantes, les indigènes ont, en effet, l'habitude de se verser des eaux odorantes dans le cou, dans les manches, partout. Ils aiment à s'en imprégner aussi complètement que possible, et ne jugent pas qu'un festin puisse se terminer sans ces douches parfumées.

Le dîner du sultan nous avait modérément intéressé; celui du grand vizir nous produisit, au premier abord, un effet tout différent. J'ai dit que le vizir possède une immense fortune. Aussi habite-t-il un véritable palais, situé au versant d'une colline disposée en gradins, où un grand jardin descend en étages jusque dans la vallée. Chacun de ces étages forme une large terrasse, dont le milieu est occupé par une plate-forme en mosaïque et dont les côtés sont recouverts de plates-bandes qui combinent heureusement l'utile et l'agréable, le jardin d'agrément et le potager. A côté de superbes rosiers et d'orangers fleuris poussent des carrés de persil pour les sauces et de menthe pour le thé. Le palais s'élève à peu près au milieu du jardin. Derrière lui, des terrasses se poursuivent jusqu'à l'enceinte de la ville et à la forêt verte qui l'entoure. Là sont construits des kiosques bons à bien des usages, avec des portes mobiles qui s'ouvrent dans tous les sens, de manière à ce qu'on puisse recevoir la brise de quelque point de l'horizon qu'elle souffle, avec des divans pour s'étendre, avec des pendules européennes pour rappeler la civilisation. La vue dont on jouit de ces kiosques est délicieuse : on a sous ses pieds presque tout Fès-Bali, dont les terrasses, sans cesse remplies de femmes, ont un mouvement et une coloration dont on ne se lasse pas; la ville s'étend dans la vallée, puis remonte sur la colline qui fait face, et se termine par la porte triomphale de la mosquée El-Andalous, qui, nulle part, ne produit un plus spendide effet. C'est dans ces kiosques qu'on reçoit les amis; c'est là aussi qu'aux heures chaudes du jour on se livre aux douceurs de la sieste; c'est là, enfin, si l'on veut, qu'on peut goûter tous les plaisirs que comporte la vie d'Orient. Le palais du grand vizir est magnifique, bien que d'une architecture trop moderne. On y entre par une porte en ogive extrêmement élevée, au-dessus de laquelle un grand panneau de faïences couvertes d'arabesques brille aux regards. Devant la porte, sous un kiosque ajouré, coule un jet d'eau à plusieurs branches. L. grand vizir nous attendait debout; sous cette porte, en costume d'intérieur, sans turban, mais le front enveloppé d'un haïk transparent qui retombait sur ses épaules et l'enveloppait jusqu'aux pieds. Il tenait à la main un éventail de plumes, dont il se servait surtout pour se donner une contenance. Quand nous fûmes tous arrivés, il prit M. Féraud de la main qui restait libre et l'introduisit dans une salle monumentale, au milieu de laquelle la table était dressée. C'est une salle très longue, décorée avec le luxe le plus fastueux, sur les deux côtés de laquelle s'ouvraient deux autres petites salles dont le plancher était un peu plus élevé et qui se terminaient elles-mêmes par une sorte d'estrade surmontée d'un arc en ogive souverainement élégant et gracieux. Le grand vizir se plaça au bord de cette estrade, fit asseoir M. Féraud à côté de lui, mais pas sur l'estrade, de manière à le dominer quelque peu, au milieu d'un groupe composé de ses principaux secrétaires et des grands dignitaires de l'empire. Tous étaient, comme le grand vizir, vêtus avec une recherche évidente, ce qui ne les empêchait point d'ailleurs d'avoir les pieds nus. Nous entrâmes à la suite de M. Féraud, et nous nous répandîmes en curieux dans tous les sens. La salle valait la peine d'être regardée. Bien que portant l'empreinte du mauvais goût moderne, elle contenait quelques décorations imitées des époques antérieures, d'une délicatesse de dessin et d'une discrétion de couleur vraiment charmantes. Des groupes d'Arabes étaient répandus çà et là. Il y en avait de bien pittoresques. Il faut venir au Maroc pour voir encore des turbans, de vrais turbans; non de simples foulards serrés autour de la tête, mais de gigantesques bobines s'étendant plus loin que les ailes du plus énorme chapeau, véritables monuments de tulle ou de soie, comme on n'en rencontre plus que dans cette contrée conservatrice des vieilles mœurs de l'islam, ou, ainsi que je l'ai dit, dans la cérémonie du *Bourgeois gentilhomme* au Théâtre-Français. Le second caïd el-mechouar, qui venait nous chercher pour nous conduire à toutes les réceptions officielles, en portait un plus semblable à la coupole d'une mosquée qu'au couvre-chef d'un musulman. C'était un nègre à figure maigre, aux yeux perçants, à la nuque relativement fine. Son turban, d'une blancheur éblouissante, terminé par la pointe rouge de son tarbouch, formait le contaste le plus drôle avec sa peau d'ébène. Quand on n'a contemplé des types de ce genre que dans les féeries et qu'on les rencontre dans la réalité vraie, dans le monde vivant, il faut se frotter longtemps les yeux pour se persuader qu'on n'est pas le jouet d'une illusion, et que le décor qu'on a devant soi ne va pas disparaître au bruit railleur d'une musique d'Offenbach.

Après le salut et les compliments d'usage, le grand-vizir fit un geste de son éventail. Aussitôt les domestiques enlevèrent un voile de gaze qui recouvrait les tables. Nous restâmes saisis de surprise! Après le dîner du sultan, nous nous attendions encore à mille horreurs : au lieu de cela, nous crûmes un instant avoir retrouvé les noces de Gamache. Des centaines de plats étaient là serrés les uns contre les autres : des couscoussous au sucre et au beurre, des oies et des poulets rôtis, des moutons grillés et préparés de toutes les manières, puis des crèmes invraisemblables, des compotes de fruits de toutes les espèces, des gâteaux de toutes les ormes, des carafes remplies d'orangeade et de citronnade, des pyramides d'amandes, que sais-je ! un spectacle à ravir les appétits les plus exigeants. Chose étrange ! il y avait même des verres et des couverts d'argent pour chacun de nous, tandis que, chez le sultan, nous avions dû porter les nôtres pour ne pas boire au goulot des carafes et ne pas manger avec les doigts. Décidément le pouvoir en certains pays rapporte plus aux ministres qu'aux souverains ! Nous nous mîmes à table pleins de confiance. Hélas ! la déception ne tarda pas à arriver. Tous ces mets de si belle apparence étaient empoisonnés des plus odieux parfums, des plus écœurantes sucreries. Il fallait un immense effort de politesse pour y toucher. Les plats les plus tentants ressemblaient à des mélanges de pommades et de beurre rance. Et cette ressemblance s'explique sans peine, puisque l'on met partout au Maroc les odeurs dont nous nous servons pour la pommade, et que le beurre y paraît d'autant meilleur qu'il y est plus ancien. On m'a affirmé qu'à Mogador on plaçait, dans la corbeille des nouvelles mariées, un vase de beurre de sept ans. C'est un don très prisé. Le beurre étant noir, il est d'une force à emporter la bouche : aussi en faut-il très peu pour chaque plat, et, pendant des années, le jeune ménage peut-il vivre sur ses présents de noce. Si le beurre n'a pas sept ans à Fès, son goût et sa saveur n'en sont pas moins insupportables. Tel ne paraissait pourtant point être l'avis du grand vizir et de son entourage de hauts dignitaires, qui dînaient dans un coin à côté de nous sur une petite table aussi mal servie que la nôtre l'était pompeusement. Lorsqu'un plat, après avoir circulé au milieu de nous, arrivait un peu ébréché sur la table des hauts dignitaires, ceux-ci se jetaient dessus avec une voracité extraordinaire. Ils mangeaient à l'arabe, avec leurs doigts, et il y en avait qui montraient un talent chirurgical de premier ordre pour enfoncer leurs mains et une partie de leurs bras dans une oie rôtie ou dans un mouton grillé, de manière à en retirer victorieusement les bons morceaux. J'avais assisté à bien des spectacles de ce genre en Orient; mais, en Orient, Dieu merci ! on ne connaît pas le couscoussou; or, la manière de manger le couscoussou est plus révoltante que tout le reste. On en remplit le creux de sa main et on avale de son mieux le contenu; toutefois il en reste toujours une certaine quantité, qu'on a grand soin de reverser dans le plat pour n'en point priver ses voisins. Même, si le dîner du vizir n'eût pas été exécrable, cette petite scène nous en eût dégoûtés. Un orchestre de musiciens hurlant de la voix et raclant à tour de bras ses instruments, faisait un vacarme à ne pas nous permettre de nous entendre. Le vizir paraissait ravi de cette cacophonie; il prenait des airs inspirés, se rejetant en arrière sur sa chaise, agitant son éventail en mesure, daignant même mêler des accents horriblement chevrotants à ceux de ses chanteurs. Il faut bien, comme on le dit, que la musique adoucisse les mœurs des hommes; car, au sortir de table, notre hôte, encore sous l'impression du concert et légèrement ému peut-être par le dîner, conduisit M. Féraud sur son balcon qui dominait le jardin du harem : « Regarde! » lui dit-il. — M. Féraud, tout surpris, s'écrie : « Mais ce sont tes femmes! — Oui, ce sont mes femmes, c'est ma famille; je veux que tu la voies : on ne doit rien avoir de caché pour un ami, et tu es tellement mon ami, que je tiens à te montrer ce que j'ai de plus précieux, ce qui fait le bonheur et la joie de ma vie. »

Le soir même de ce dîner mémorable, en dépit de
la fatigue de nos estomacs et de la fatigue plus
grande, si c'était possible, de nos tympans, nous
dûmes en accepter un autre chez le caïd el-mechouar. Nous partîmes, au coucher du soleil, d'assez
méchante humeur, il faut en convenir, à la pensée
de la nouvelle corvée que nous allions subir. Nous
ne nous attendions pas à une agréable surprise; elle
a été ravissante. Je n'ai jamais peut-être assisté à
une scène plus réellement orientale que celle de
notre dîner chez le caïd el-mechouar. Il faisait encore grand jour quand nous arrivâmes dans sa
maison. A peine en avions-nous franchi le seuil, que
nous entrions dans une cour qui nous fit pousser à
tous un cri d'admiration. Nous étions persuadés que
les maisons de Fès étaient toutes médiocres et de
mauvais goût. Nous avions sous les yeux une preuve
éclatante de notre erreur. La cour du caïd el-mechouar était très vaste, pavée de mosaïques et percée
au centre d'un vaste bassin d'où s'élevaient plusieurs jets d'eau. Les murs de deux des côtés étaient
pleins, mais également percés, en leur milieu,
de portes ogivales surmontées d'auvents en bois
sculpté et décorées de mille arabesques. A côté d'une
de ces portes se voyait une de ces fontaines avec des
mosaïques de faïence dont j'ai essayé de donner une

aible idée; la corniche et l'auvent, en bois sculpté, étaient de véritables merveilles qui défient absolument toute description. Des deux autres côtés de la cour, le mur s'ouvrait sur des chambres intérieures tendues de haïtis éblouissants; au-devant de ces murs, deux colonnes, extrêmement élevées, supportaient une large terrasse sur laquelle des femmes, coiffées de hantouzes rouges, bleues, jaunes, vertes, roses, ornées de bijoux, se penchaient pour nous regarder. Les unes étaient voilées, les autres se bornaient à placer de temps en temps, devant leurs bouches, une toute petite main. Si elles étaient jolies, je l'ignore; mais, vues ainsi dans la lumière du couchant qui brillait sur leur coiffure éclatante, elles avaient quelque chose d'étrange et de fascinant, elles ressemblaient aux figures d'une séduction énigmatique que M. Gustave Moreau aime à peindre dans ses tableaux, et dont on ne sait si on les admire ou si on en est uniquement étonné. La plupart étaient brunes, et la régularité de leurs traits était irréprochable. Mais ce qui charmait en elles, c'était la grandeur des yeux noirs, exagérée encore par le k'hol et par le contraste de la petitesse de la bouche, de la finesse du nez, de la délicatesse de l'ensemble de la figure. Nous les aurions regardées longtemps, si nous n'avions craint de manquer aux lois de la bienséance orientale. Les deux colonnes qui soutenaient la terrasse où elles circulaient étaient carrées, mais les pans en étaient coupés à la base, disposition qu'on retrouve dans toutes les maisons de Fès et de Meknès. Qu'elle soit commode pour la circulation autour des colonnes, c'est possible; elle n'en constitue pas moins une faute d'architecture évidente, car elle donne à celle-ci une apparence de faiblesse à la base qui semble compromettre la solidité de tout l'édifice. Des colonnes qui deviennent plus grosses à mesure qu'elles s'élèvent, n'est-ce pas un non-sens? Mais les Arabes ont toujours manqué, dans leurs œuvres, de logique et de raison. J'ai vu des colonnes dans les cours marocaines, qu'on avait tellement taillées et tailladées dans leur partie inférieure pour y faire des ciselures de toute sorte, qu'elles paraissaient sans cesse sur le point de tomber. Celles de la cour du caïd el-mechouar étaient loin d'avoir un aspect aussi fragile. Elles se terminaient sans chapiteau; mais à leur sommet courait une large corniche en bois, presque plate, appliquée contre le mur, à laquelle la pluie et le temps avaient donné une teinte gris passé d'une douceur exquise; à peine si de légères moulures, d'un ton plus vif, formaient saillies sur ses bords et en son milieu. De grandes lampes pendaient entre les colonnes, et la foule des serviteurs était répandue dans tous les sens en groupes colorés.

Le caïd el-mechouar nous attendait à sa porte pour nous dire son éternel : *Marhaba bikoum!* (Soyez les bienvenus !) Il avait à côté de lui une de ses filles, jeune enfant de quatre ou cinq ans, qui tenait de son père des formes massives bien différentes des formes légères des femmes que l'on voyait passer, repasser et s'arrêter sur les terrasses. M. Féraud l'ayant pris dans ses bras et lui ayant baisé la main, le caïd el-mechouar prit à son tour cette petite main dans les siennes et la baisa avec un profond respect. Le baiser de l'ambassadeur en avait fait quelque chose de sacré, même pour un père ; la politesse arabe a de ces raffinements que nous n'imaginerions jamais, nous grossiers ! Nous nous mîmes à table dans une des salles qui donnaient sur la cour, et je ne sais si ce fût à cause du décor que nous avions sous les yeux, mais le fait est que le dîner nous parut un peu plus mangeable que les précédents. Un orchestre de musiciens, placé à côté de nous, nous sembla aussi moins discordant que ceux que nous avions entendus jusque-là. La musique arabe du Maghreb est inférieure à celle d'Orient. Elle est plus lourde, moins harmonieuse, plus dépourvue encore d'idées mélodiques. Toutefois, chez le caïd el-mechouar, elle avait au moins une qualité, celle d'être discrète et de ne pas faire trop de bruit. Quand le repas fut terminé, nous allâmes nous asseoir à l'autre extrémité de la cour, de sorte que nous avions en face de nous la salle où nous venions de dîner et que nous apercevions, par la porte ouverte, ces tables encore pleines, autour desquelles les serviteurs venaient tour à tour prendre leur nourriture. Quand ils eurent tous fini, ils se disposèrent, avec un instinct secret du pittoresque, les uns accroupis ou couchés au pied des tables, les autres debout ou allongés sur des tapis, sans ordre, encore au centre, ou sur les côtés de la cour. Les musiciens s'étaient rangées en ligne devant nous : ils jouaient et chantaient plus faiblement, soit fatigue, soit sentiment de la poésie de la nuit. L'obscurité était survenue, mais on avait allumé les lampes, qui éclairaient suffisamment la cour, sans pourtant y répandre une lumière indiscrète. Au-dessus de nos têtes, la clarté des étoiles était si vive, qu'elle faisait paraître le ciel tout noir. Nous étions assis ou étendus nonchalamment, nous prenions des tasses de thé et nous regardions. Notre hôte, trop poli pour nous déranger, se tenait toujours avec modestie à la porte; nous voyions sa grande taille dominer celle de ses serviteurs. La tiédeur du printemps d'Afrique nous enveloppait. Bercés par les sons monotones et doux de notre orchestre, nous jouissions du spectacle de cette étrange fête où rien, absolument rien, ne nous rappelait l'Europe, où tout, au contraire, nous transportait dans le monde arabe et nous le montrait enfin sous l'aspect le plus cher aux imaginations. On eût dit que nous avions remonté le cours du temps, que nous avions échappé à la vie moderne, que nous étions dans la cour de quelque calife du moyen âge; et, quand nous levions nos yeux, déjà à demi clos, sur les terrasses, des ombres légères, dont une lueur égarée indiquait même parfois les formes fuyantes, ajoutaient une dernière illusion à toutes les autres et peuplaient de fantômes ce rêve réalisé d'une nuit d'Orient.

Je n'en finirais plus si je prétendais raconter en détail tous les dîners auxquels nous avons dû assister à Fès pour remplir jusqu'au bout nos devoirs diplomatiques. Je ne parlerai donc plus que d'un seul, celui du pacha de la ville, parce qu'il nous a présenté quelques particularités intéressantes. Le pacha de la ville est un vieux nègre aveugle, frère de l'ancien grand vizir Si-Mouça, et lui-même personnage d'une grande importance. Il habite une magnifique maison, qui est précédée d'une des plus belles fontaines de Fès et qui possède une cour de même genre que celle du caïd el-mechouar, bien qu'à mon avis elle lui soit très inférieure. C'est dans cette cour que le vieux pacha nous attendait. Appuyé sur un long bâton, soutien de sa décrépitude, et tout enveloppé de voiles blancs, il produisait un singulier effet avec sa figure éteinte, et pourtant encore fine et spirituelle. Il voulut qu'on lui présentât chacun de nous, et, ne pouvant nous voir, il nous prit du moins les mains avec le plus cordial empressement. Mais, s'il ne nous voyait pas lui-même, nous nous sentions vus de toutes parts. Les terrasses de sa cour regorgeaient de femmes penchées très bas pour nous mieux regarder. Elles étaient là en nombre incalculable, et néanmoins il y en avait encore bien d'autres qui aspiraient à nous apercevoir. On voyait passer des têtes de blanches et de négresses à toutes les fenêtres, à toutes les ouvertures qui donnaient sur la cour. Derrière chaque porte, il y avait foule compacte qui risquait sans cesse de la faire éclater à force de la pousser. Des nègres sévères cherchaient à refréner une curiosité si intempérante. Mais les malheureux avaient beau se fâcher, refermer avec violence les battants qui s'ouvraient, les loquets qui se soulevaient, à chaque minute, ils devaient recommencer la même besogne, l'effort des femmes étant plus vigoureux que le leur. Cette pelite scène nous expliquait l'état dans lequel se trouvait le pacha. Il a toujours eu, paraît-il, un harem immense, et depuis longtemps déjà, hélas! c'est une propriété purement platonique pour lui. Il y a sept ans, il avait fait à M. Féraud cette triste confidence. Il n'était pas aveugle alors, mais il n'en valait pas beaucoup mieux et il en souffrait beaucoup plus. S'étant aperçu, pendant le dîner qu'il donnait à l'ambassade dont M. Féraud faisait partie, que celui-ci ne mangeait pas, il l'appela auprès de lui et lui dit : « Regarde donc sur mes terrasses. » M. Féraud crut poli de lui répondre : « Au spectacle que j'y vois, je juge que tu dois être un homme heureux. — Au contraire, répondit le pacha, il n'y a pas de plus grand infortuné que moi. Tous ces trésors que tu contemples sont comme s'ils n'étaient pas à moi. » Et le malheureux pacha, développant sa confidence, entra dans les détails les plus navrants sur l'inutilité, voire même sur les inconvénients de posséder, dans de certaines conditions, un des harems les plus peuplés de l'Afrique. Depuis sept ans, il s'est peut-être fait à son sort, car il a l'air résigné. Mais, en passant à mon tour l'inspection de ses terrasses, j'ai compris ce qu'il avait dû souffrir et je n'ai pu m'empêcher d'éprouver une vive compassion pour un homme qui a si cruellement subi le supplice de Tantale.

Pour nous faire honneur et nous recevoir dignement, le pacha de la ville avait convoqué les principaux chérifs de la mosquée de Moula-Edriss, c'est-à-dire les hommes les plus saints et les plus distingués du Maroc. Nous entrâmes dans une pièce où était réunie cette sorte d'institut marocain. Le coup d'œil en valait la peine : le long des murs et sur trois lits en baldaquins, placés au centre et aux extrémités de la pièce, était rangée une série d'énormes personnages accroupis sur leurs jambes, tout pareils à des bonzes plongés avec béatitude dans la contemplation d'eux-mêmes. Les deux du milieu, les premiers de la bande, les descendants les plus directs de Moula-Edriss, étaient d'une telle corpulence, qu'ils avaient peine à tenir sur le lit à baldaquin où on les avait juchés ensemble. L'un était noir comme de l'encre, ce qui prouvait surabondamment que le sang de Mahomet, avant d'arriver à lui, s'était croisé avec celui de tous les nègres et de toutes les négresses du Soudan. Il était affreusement laid, avec ses grosses lèvres épaisses, ses joues pendantes, ses yeux petits et ternes. Pour ajouter encore à l'aspect repoussant de son visage, la nature l'avait gratifié d'une énorme tache lie de vin sur tout un côté, tache dont la coloration se combinant avec le noir de sa peau était devenue d'un bleu de moisissure horrible à contempler. Les bras nus de ce saint personnage étaient si gros que je les avais d'abord pris pour ses cuisses. Son compagnon de lit était très blanc au contraire, mais il avait l'air parfaitement hébété, sa lèvre inférieure était flasque et pendante, et, pendant trois ou quatre heures que nous avons passées chez le pacha, il n'a pas cessé d'égrener son chapelet sans faire d'ailleurs aucune autre espèce de mouvement. Le nègre, à côté de lui, moins dévot sans doute, s'était assez vite profondément endormi. Tous les types académiques de Fès étaient loin d'être aussi parfaitement pédants, lourds et niais. Il y avait même dans le nombre de belles figures ascétiques, des figures de moines bons vivants et, à côté, des figures de gens retors et délurés, de jésuites musulmans. M. Henri Duveyrier ayant entrepris une longue conversation avec deux de ces sortes de personnages, ceux-ci lui témoignèrent une grande bienveillance, sans chercher à lui cacher toutefois le peu de cas qu'ils faisaient des sciences physiques et naturelles auxquelles il leur disait qu'il s'appliquait. A leurs yeux, il n'y a de science véritable que la théologie et la jurisprudence qui en est une branche. Ils estiment très haut aussi les lettres pures et la poésie. Ils connaissent mieux leurs poètes que leurs historiens et leurs géographes. Dès qu'on leur dit qu'on aime leur littérature, ils vous demandent : « Qu'as-tu lu? qu'as-tu lu? » Et, si on peut leur citer un certain nombre d'auteurs, ils se regardent entre eux avec des airs de surprise, et vous regardent vous-même avec des airs d'admiration.

M. Féraud était resté dans un coin de la salle auprès du pacha. Un des chérifs dont la physionomie marquait le plus d'intelligence était venu se joindre à leur conversation. C'était un personnage d'importance, Si-Ahmed-ben-Souda, cadi de Meknès, prieur particulier du sultan, chargé de lui lire tous les matins un passage du Bokhari et de lui réciter les prières musulmanes. Deux ou trois autres savants les entouraient. Nous voyions ce petit groupe causer avec une gaieté surprenante, il fallait que la conversation fût bien spirituelle, car tout le monde semblait ravi. A un moment, M Féraud prit un morceau de papier et y écrivit quelque chose, nous ne savions quoi. Quand il le passa à Si-Ahmed-ben-Souda pour le lire au pacha, celui-ci manifesta sa satisfaction par les gestes les plus expressifs et par les sourires qui laissaient voir, malgré son âge, deux magnifiques rangées de dents blanches entièrement intactes. Mais il n'eut de cesse qu'après avoir fait écrire à son tour quelque chose qu'il dictait. Il s'y reprit à deux fois, et l'on riait de plus belle. Voici ce qui s'était passé. Comme on parlait à M. Féraud des poëtes arabes et qu'il en citait une telle quantité que ses auditeurs ne pouvaient s'empêcher de marquer quelque incrédulité sur des connaissances littéraires aussi étendues, pour dissiper tous ces doutes, il composa immédiatement un quatrain arabe qui disait en beau style :

> Au maître de cette maison hospitalière
> Paix et félicité !
> Que Dieu protège ses jours
> Tant que roucoulera la colombe !

Le pacha, charmé, avait tenu à répondre, et il avait dit d'abord :

> A l'ambassadeur du gouvernement français
> Que Dieu accorde tous ses bienfaits !
> Qu'il vive toujours heureux, que ses honneurs augmentent
> Jusqu'au jour de l'éternité !

En entendant ce quatrain, M. Féraud protesta, disant que, si « ses honneurs » augmentaient, il quitterait le Maroc ; or, pour lui, le bonheur suprême, unique, sans égal, était de vivre avec les gens qui l'accueillaient si bien. On voit d'ici le succès de ce compliment. Il fallut refaire tout le distique, pour mettre « la gloire » à la place des « honneurs ». Le lendemain, on ne parlait pas d'autre chose au palais du sultan que de la joute poétique qui avait eu lieu chez le pacha de la ville. Cette petite scène était bien orientale aussi; elle nous rappelait un côté charmant des mœurs anciennes des Arabes; mais ces jeux d'esprit ne se font plus aujourd'hui que par routine; l'imprévu et l'inspiration font défaut, et le charme a disparu.

FIN

TABLE

AVERTISSEMENT DE L'ÉDITEUR......................	1
I. — Tanger...............................	1
II. — Départ pour Fès.......................	26
III. — El-Araïch............................	50
IV. — Le Sbou.............................	70
V. — La vie féodale........................	91
VI. — Dernières journées de marche...........	118
VII. — Entrée à Fès.........................	136
VIII. — Avant l'audience du sultan..............	158
IX. — Réception du sultan...................	184
X. — Le sultan............................	209
XI. — La cour du sultan.....................	229
XII. — Fès.................................	253
XIII. — La fête des Tolba.....................	297
XIV. — Dîners officiels.......................	319

BOURLOTON. — Imprimeries réunies, B, rue Mignon, 2.

NOUVEAUX OUVRAGES EN VENTE

Format in-8°.

	f. c.		f. c.
DUC DE BROGLIE		**L. PEREY & G. MAUGRAS**	
FRÉDÉRIC II ET LOUIS XV, 2 vol.	15 »	LA VIE INTIME DE VOLTAIRE, 1 vol.	7 50
VICTOR HUGO		**CH. DE RÉMUSAT**	
TORQUEMADA, 1 vol.	6 »	CORRESPONDANCE, 4 vol.	30 »
J. BARDOUX		**ERNEST RENAN**	
LA COMTESSE PAULINE DE BEAUMONT	7 50	NOUVELLES ÉTUDES D'HISTOIRE RELIGIEUSE, 1 vol.	7 50
BENJAMIN CONSTANT		**G. ROTHAN**	
LETTRES A MADAME RÉCAMIER, 1 vol.	7 50	L'ALLEMAGNE ET L'ITALIE, 2 vol.	15 »
COMTE D'HAUSSONVILLE		**PAUL DE SAINT-VICTOR**	
MA JEUNESSE, 1 vol.	7 50	VICTOR HUGO, 1 vol.	7 50
PAUL JANET		**JULES SIMON**	
VICTOR COUSIN ET SON ŒUVRE, 1 vol.	7 50	THIERS, GUIZOT, RÉMUSAT, 1 vol.	7 50

Format gr. in-18 à 3 fr. 50 c. le volume.

	vol.		vol.
BLAZE DE BURY		**H. HEINE**	
ALEXANDRE DUMAS	1	POÉSIES INÉDITES	1
P. BOURDE		**F. DE JULLIOT**	
DE PARIS AU TONKIN	1	TERRE DE FRANCE	1
ÉDOUARD CADOL		**F. DE JUPILLES**	
HORTENSE MAILLOT	1	JACQUES BONHOMME CHEZ JOHN BULL	1
Psse CANTACUZÈNE-ALTIÉRI		**PIERRE LOTI**	
FLEUR DE NEIGE	1	MON FRÈRE YVES	1
GABRIEL CHARMES		**MARC MONNIER**	
STATIONS D'HIVER	1	APRÈS LE DIVORCE	1
ÉDOUARD DELPIT		**MAX O'RELL**	
SOUFFRANCES D'UNE MÈRE	1	LES CHERS VOISINS	1
E. DESCHANEL		**RICHARD O'MONROY**	
PASCAL, LAROCHEFOUCAULD, BOSSUET	1	A GRANDES GUIDES	1
H. DE LA FERRIÈRE		**QUATRELLES**	
TROIS AMOUREUSES AU XVIᵉ SIÈCLE	1	LETTRES A UNE HONNÊTE FEMME	1
O. FEUILLET		**E. QUINET**	
LA VEUVE	1	LETTRES D'EXIL, I ET II	1
ANATOLE FRANCE		**H. RABUSSON**	
LE LIVRE DE MON AMI	1	ROMAN D'UN FATALISTE	1
JEAN GIGOUX		**GEORGE SAND**	
CAUSERIES SUR LES ARTISTES DE MON TEMPS	1	CORRESPONDANCE, I A VI	6
GYP		**Cᵗ TCHENG-KI-TONG**	
ELLES ET LUI	1	LES CHINOIS PEINTS PAR EUX-MÊMES	1
LUDOVIC HALÉVY		**L. DE TINSEAU**	
CRIQUETTE	1	L'ATTELAGE DE LA MARQUISE	1
GUSTAVE HALLER		LA MEILLEURE PART	1
LE SPHINX AUX PERLES	1	***	
		L'IMPÉRATRICE WANDA	
		MARIO UCHARD	
		MADEMOISELLE BLAISOT	1

Collection de luxe petit in 8°, sur papier vergé à la cuve.

	vol.		vol.
OCTAVE FEUILLET		**PROSPER MÉRIMÉE**	
JULIA DE TRÉCŒUR	1	CARMEN	1
LUDOVIC HALÉVY		**MELCHIOR DE VOGÜÉ**	
LA FAMILLE CARDINAL	1	HISTOIRES D'HIVER	1
PIERRE LOTI		**L. ULBACH**	
LES TROIS DAMES DE LA KASBAH	1	INUTILES DU MARIAGE	1

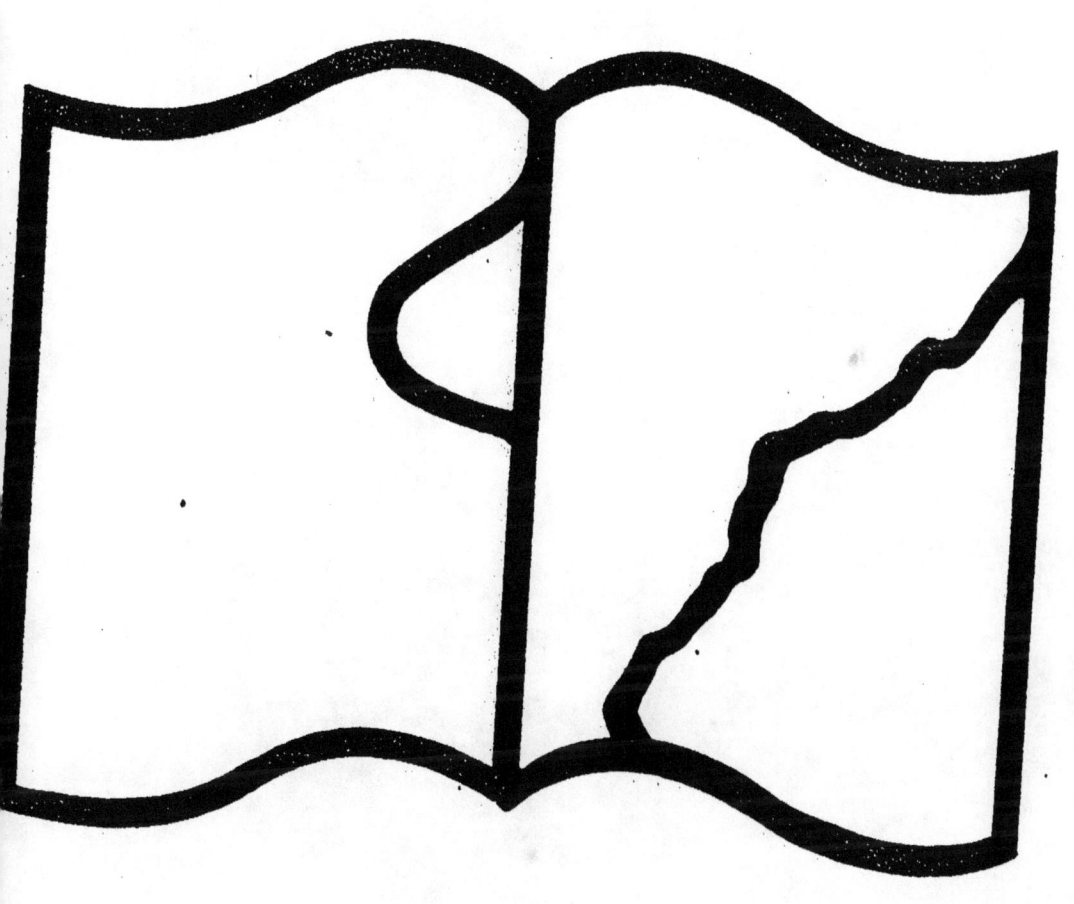

Texte détérioré — reliure défectueuse
NF Z 43-120-11

www.ingramcontent.com/pod-product-compliance
Lightning Source LLC
Chambersburg PA
CBHW050759170426
43202CB00013B/2494